轨道交通装备制造业职业技能鉴定指导丛书

叉车司机(内燃)

中国北车股份有限公司　编写

中国铁道出版社

2015年·北京

图书在版编目(CIP)数据

叉车司机:内燃/中国北车股份有限公司编写.—北京:中国铁道出版社,2015.4
(轨道交通装备制造业职业技能鉴定指导丛书)
ISBN 978-7-113-19988-3

Ⅰ.①叉… Ⅱ.①中… Ⅲ.①铁路运输—货物运输—叉车—职业技能—鉴定—自学参考资料 Ⅳ.①U294.27

中国版本图书馆CIP数据核字(2015)第039087号

书　名:轨道交通装备制造业职业技能鉴定指导丛书
叉车司机(内燃)

作　者:中国北车股份有限公司

策　划:江新锡　钱士明　徐　艳
责任编辑:徐　艳　　**编辑部电话**:010-51873193
封面设计:郑春鹏
责任校对:王　杰
责任印制:郭向伟

出版发行:中国铁道出版社(100054,北京市西城区右安门西街8号)
网　址:http://www.tdpress.com
印　刷:北京市昌平百善印刷厂
版　次:2015年4月第1版　2015年4月第1次印刷
开　本:787 mm×1092 mm　1/16　印张:12.5　字数:312千
书　号:ISBN 978-7-113-19988-3
定　价:40.00元

中国北车职业技能鉴定教材修订、开发编审委员会

序

在党中央、国务院的正确决策和大力支持下，中国高铁事业迅猛发展。中国已成为全球高铁技术最全、集成能力最强、运营里程最长、运行速度最高的国家。高铁已成为中国外交的新名片，成为中国高端装备“走出国门”的排头兵。

中国北车作为高铁事业的积极参与者和主要推动者，在大力推动产品、技术创新的同时，始终站在人才队伍建设的重要战略高度，把高技能人才作为创新资源的重要组成部分，不断加大培养力度。广大技术工人立足本职岗位，用自己的聪明才智，为中国高铁事业的创新、发展做出了重要贡献，被李克强同志亲切地赞誉为“中国第一代高铁工人”。如今在这支近 5 万人的队伍中，持证率已超过 96%，高技能人才占比已超过 60%，3 人荣获“中华技能大奖”，24 人荣获国务院“政府特殊津贴”，44 人荣获“全国技术能手”称号。

高技能人才队伍的发展，得益于国家的政策环境，得益于企业的发展，也得益于扎实的基础工作。自 2002 年起，中国北车作为国家首批职业技能鉴定试点企业，积极开展工作，编制鉴定教材，在构建企业技能人才评价体系、推动企业高技能人才队伍建设方面取得明显成效。为适应国家职业技能鉴定工作的不断深入，以及中国高端装备制造技术的快速发展，我们又组织修订、开发了覆盖所有职业(工种)的新教材。

在这次教材修订、开发中，编者们基于对多年鉴定工作规律的认识，提出了“核心技能要素”等概念，创造性地开发了《职业技能鉴定技能操作考核框架》。该《框架》作为技能人才评价的新标尺，填补了以往鉴定实操考试中缺乏命题水平评估标准的空白，很好地统一了不同鉴定机构的鉴定标准，大大提高了职业技能鉴定的公信力，具有广泛的适用性。

相信《轨道交通装备制造业职业技能鉴定指导丛书》的出版发行，对于促进我国职业技能鉴定工作的发展，对于推动高技能人才队伍的建设，对于振兴中国高端装备制造业，必将发挥积极的作用。

中国北车股份有限公司总裁：

2015.2.7

前　言

鉴定教材是职业技能鉴定工作的重要基础。2002 年，经原劳动保障部批准，中国北车成为国家职业技能鉴定首批试点中央企业，开始全面开展职业技能鉴定工作。2003 年，根据《国家职业标准》要求，并结合自身实际，组织开发了《职业技能鉴定指导丛书》，共涉及车工等 52 个职业（工种）的初、中、高 3 个等级。多年来，这些教材为不断提升技能人才素质、适应企业转型升级、实施"三步走"发展战略的需要发挥了重要作用。

随着企业的快速发展和国家职业技能鉴定工作的不断深入，特别是以高速动车组为代表的世界一流产品制造技术的快步发展，现有的职业技能鉴定教材在内容、标准等诸多方面，已明显不适应企业构建新型技能人才评价体系的要求。为此，公司决定修订、开发《轨道交通装备制造业职业技能鉴定指导丛书》（以下简称《丛书》）。

本《丛书》的修订、开发，始终围绕促进实现中国北车"三步走"发展战略、打造世界一流企业的目标，努力遵循"执行国家标准与体现企业实际需要相结合、继承和发展相结合、坚持质量第一、坚持岗位个性服从于职业共性"四项工作原则，以提高中国北车技术工人队伍整体素质为目的，以主要和关键技术职业为重点，依据《国家职业标准》对知识、技能的各项要求，力求通过自主开发、借鉴吸收、创新发展，进一步推动企业职业技能鉴定教材建设，确保职业技能鉴定工作更好地满足企业发展对高技能人才队伍建设工作的迫切需要。

本《丛书》修订、开发中，认真总结和梳理了过去 12 年企业鉴定工作的经验以及对鉴定工作规律的认识，本着"紧密结合企业工作实际，完整贯彻落实《国家职业标准》，切实提高职业技能鉴定工作质量"的基本理念，在技能操作考核方面提出了"核心技能要素"和"完整落实《国家职业标准》"两个概念，并探索、开发出了中国北车《职业技能鉴定技能操作考核框架》；对于暂无《国家职业标准》、又无相关行业职业标准的 40 个职业，按照国家有关《技术规程》开发了《中国北车职业标准》。经 2014 年技师、高级技师技能鉴定实作考试中 27 个职业的试用表明：该《框架》既完整反映了《国家职业标准》对理论和技能两方面的要求，又适应了企业生产和技术工人队伍建设的需要，突破了以往技能鉴定实作考核中试卷的难度与完整性评估的"瓶颈"，统一了不同产品、不同技术含量企业的鉴定标准，提高了鉴定考核的技术含量，保证了职业技能鉴定的公平性，提高了职业技能鉴定工作质量和管理水平，将成为职业技能鉴定工作、进而成为生产操作者技能素质评价的新标尺。

本《丛书》共涉及98个职业(工种)，覆盖了中国北车开展职业技能鉴定的所有职业(工种)。《丛书》中每一职业(工种)又分为初、中、高3个技能等级，并按职业技能鉴定理论、技能考试的内容和形式编写。其中：理论知识部分包括知识要求练习题与答案；技能操作部分包括《技能考核框架》和《样题与分析》。本《丛书》按职业(工种)分册，并计划第一批出版74个职业(工种)。

本《丛书》在修订、开发中，仍侧重于相关理论知识和技能要求的应知应会，若要更全面、系统地掌握《国家职业标准》规定的理论与技能要求，还可参考其他相关教材。

本《丛书》在修订、开发中得到了所属企业各级领导、技术专家、技能专家和培训、鉴定工作人员的大力支持；人力资源和社会保障部职业能力建设司和职业技能鉴定中心、中国铁道出版社等有关部门也给予了热情关怀和帮助，我们在此一并表示衷心感谢。

本《丛书》之《叉车司机(内燃)》由长春轨道客车股份有限公司《叉车司机(内燃)》项目组编写。主编于洪波，副主编毛传威；主审李红兵，副主审盛立刚、李江；参编人员陈亮、郑继斌、冯政龙、杨远超。

由于时间及水平所限，本《丛书》难免有错、漏之处，敬请读者批评指正。

中国北车职业技能鉴定教材修订、开发编审委员会

二〇一四年十二月二十二日

目　录

叉车司机(内燃)(职业道德)习题

一、填 空 题

1. 职业综合能力也称为(　　)。

2. 技能可以分为很多种,常用的分类有(　　)。

3. 一般能力是指观察、记忆、思维、想象等能力,通常也叫(　　)。

4. 工勤技能岗位职业能力是指一个人能学会做什么,即一个人获得新的知识、技能和能力的(　　)。

5. 个体职业能力的提高除了在实践中磨练和提高之外,最有效的途径就是接受(　　)。

6. 要评价从业人员职业能力的高低,最主要也是最便捷的途径就是(　　)。

7. 爱岗敬业是职业道德(　　)、最起码、最普通的要求。

8. 爱国守法是每个公民都应履行的(　　)。它既是道德底线,又是崇高而重要的道德责任。

9. 守法,首先是遵守(　　);其次,是要遵守国家的行政法规和地方性法规;最后,要遵守劳动纪律、技术规范和一些群众自治组织所制定的乡规民约等。

10. 以社会主人翁的责任感维护和珍惜国家、集体财产,爱护公物,是(　　)的基本要求。

11. 在正常情况下,自觉遵守和服从社会主义法律,是现代文明教养即(　　)的基本要求。

12. 职业道德是从事一定职业的人们在职业活动中应该遵循的(　　)的总和。

13. 职业道德在特定的职业生活中形成,但不能离开(　　)或阶级道德独立存在。

14. 爱岗敬业的具体要求是树立职业理想、(　　)、提高职业技能、抓住择业机遇。

15. 职业道德是(　　),不具有社会普遍适用性。

16. 道德是一种社会意识,使人们社会行为规范和准则的总和,是调整人与人之间和(　　)之间关系的准则。

17. 职业是人们在(　　)和劳动分工中,比较长期稳定地从事某种专门业务或履行某项特定职责的社会活动。

18. 遵章守法、(　　)是叉车司机职业道德的重要内容。它是由叉车司机的职业特点决定的。

19. 社会主义职业道德是维护正常的生产、(　　),保证其顺利进行的重要条件。

20. 社会主义职业道德对培养人才和促进人们的(　　)起着重要的指导作用。

21. 天车司机的生产、生活范围大,接触面广,其所从事的工作具有一定的危险性,因此更要团结协作,(　　),确保安全。

二、单项选择题

1. 强化职业责任是(　　)职业道德规范的具体要求。

(A)团结协作 (B)诚实守信 (C)勤劳节俭 (D)爱岗敬业

2. 党的十六大报告指出,认真贯彻公民道德建设实施纲要,弘扬爱国主义精神,以为人民服务为核心,以集体主义为原则,以( )为重点。

(A)无私奉献 (B)爱岗敬业 (C)诚实守信 (D) 遵纪守法

3. 下面关于以德治国与依法治国的关系,说法正确的是( )。

(A)依法治国比以德治国更为重要

(B)以德治国比依法治国更为重要

(C)德治是目的,法治是手段

(D)以德治国与依法治国是相辅相成,相互促进

4. 办事公道是指职业人员在进行职业活动时要做到( )。

(A)原则至上,不徇私情,举贤任能,不避亲疏

(B)奉献社会,襟怀坦荡,待人热情,勤俭持家

(C)支持真理,公私分明,公平公正,光明磊落

(D)牺牲自我,助人为乐,邻里和睦,正大光明

5. 关于勤劳节俭的说法,正确的是( )。

(A)阻碍消费,因而会阻碍市场经济的发展

(B)市场经济需要勤劳,但不需要节俭

(C)节俭是促进经济发展的动力

(D)节俭有利于节省资源,但与提高生产力无关

6. 以下关于诚实守信的认识和判断中,正确的是( )。

(A)诚实守信与经济发展相矛盾

(B)诚实守信是市场经济应有的法则

(C)是否诚实守信要视具体对象而定

(D)诚实守信应以追求利益最大化为准则

7. 要做到遵纪守法,对每个职工来说,必须做到( )。

(A)有法可依 (B)反对"管"、"卡"、"压"

(C)反对自由主义 (D)努力学法,知法、守法、用法

8. 下列关于创新的论述,正确的是( )。

(A)创新与继承根本对立 (B)创新就是独立自主

(C)创新是民族进步的灵魂 (D)创新不需要引进国外新技术

9. 下列关于爱岗敬业的说法,正确的是( )。

(A)市场经济鼓励人才流动,再提倡爱岗敬业已不合时宜

(B)即便在市场经济时代,也要提倡"干一行、爱一行、专一行"

(C)要做到爱岗敬业就应一辈子在岗位上无私奉献

(D)在现实中,我们不得不承认,"爱岗敬业"的观念阻碍了人们的择业自由

10.《公民道德建设实施纲要》提出,要充分发挥社会主义市场经济机制的积极作用,人们必须增强( )。

(A)个人意识、协作意识、效率意识、物质利益观念、改革开放意识

(B)个人意识、竞争意识、公平意识、民主法制意识、开拓创新精神

(C)自立意识、竞争意识、效率意识、民主法制意识、开拓创新精神

(D)自立意识、协作意识、公平意识、物质利益观念、改革开放意识

11. 下列没有违反诚实守信要求的是(　　)。

(A)保守企业秘密

(B)派人打进竞争对手内部,增强竞争优势

(C)根据服务对象来决定是否遵守承诺

(D)凡有利于企业利益的行为

12. 现实生活中,一些人不断地从一家公司"跳槽"到另一家公司。虽然这种现象在一定意义上有利于人才的流动,但它同时也说明这些从业人员缺乏(　　)。

(A)工作技能　　(B)强烈的职业责任感

(C)光明磊落的态度　　(D)坚持真理的品质

13. 以下关于"节俭"的说法,正确的是(　　)。

(A)节俭是美德,但不利于拉动经济增长

(B)节俭是物质匮乏时代的需要,不适应现代社会

(C)生产的发展主要靠节俭来实现

(D)节俭不仅具有道德价值,也具有经济价值

14. 下列说法中,不符合从业人员开拓创新要求的是(　　)。

(A)坚定的信心和顽强的意志　　(B)先天生理因素

(C)思维训练　　(D)标新立异

15. 要做到平等尊重,需要处理好(　　)之间的关系。

(A)上下级　　(B)同事

(C)师徒　　(D)上下级、同事、师徒

16.(　　)是指坚持某种道德行为的毅力,它来源于一定的道德认识和道德情感,又依赖于实际生活的磨炼才能形成。

(A)道德观念　　(B)道德情感　　(C)道德意志　　(D)道德信念

17. 营造良好和谐的社会氛围,必须统筹协调各方面的利益关系,妥善处理社会矛盾,形成友善的人际关系。那么社会关系的主体是(　　)。

(A)社会　　(B)团体　　(C)人　　(D)以上都是

18. 无产阶级世界观和马克思主义思想的基础是(　　)。

(A)改革创新　　(B)实事求是　　(C)廉洁奉公　　(D)勤政爱民

19. 人们对未来的工作部门、工作种类、职责业务的想象、向往和希望称为(　　)。

(A)职业文化　　(B)职业素养　　(C)职业理想　　(D)职业道德

20. 在社会主义市场经济条件下,要促进个人与社会的和谐发展,集体主义原则要求把社会集体利益与(　　)结合起来。

(A)国家利益　　(B)个人利益　　(C)集体利益　　(D)党的利益

21. 人生的基本内容决定人生是一个充满矛盾的生活过程,概括地说,人生的基本内容是(　　)。

(A)物质生活　　(B)精神生活

(C)物质生活和精神生活　　(D)以上都不是

22. 以下行为活动中,不属于爱人民的行为表现的是(　　)。

(A)处处尊重人民,尊重人民的首创精神

(B)关心人民的疾苦,一心一意为人民谋利益

(C)要同一切危害人民利益的行为作坚决斗争

(D)维护人民群众的一切权益

23. 促进社会和谐的重要因素是坚持正确的(　　)。

(A)社会新闻播报　　(B)思想舆论导向

(C)政策方针指引　　(D)优惠政策扶持

24. 不同于其他的行为准则,能够区分善与恶、好与坏、正义与非正义的行为准则是(　　)。

(A)法律规范　　(B)政治规范

(C)道德理论体系　　(D)道德规范

25. 集体主义原则的出发点和归宿是(　　)。

(A)集体利益高于个人利益

(B)集体利益服从个人利益

(C)集体利益与个人利益相结合

(D)集体利益包含个人利益

26. 道德的特点有(　　)。

(A)独立性　　(B)历史性和阶级性

(C)全人类性和批判继承性　　(D)以上都是

27. 下面选项中,没有体现出社会信用制度特征的是(　　)。

(A)道德为支撑　　(B)产权为基础　　(C)诚信为根本　　(D)法律为保障

28. 做人的最高标准是(　　)。

(A)道德认识　　(B)道德意志　　(C)道德信念　　(D)道德理想

29. 人民的利益高于一切是无产阶级道德观的最集中概括和共产党人人生价值的选择,为人民服务是(　　)的核心。

(A)马克思主义的科学人生价值观　　(B)社会主义道德建设

(C)邓小平理论　　(D)社会主义荣辱观

30. 道德理论体系通常可以叫做(　　)。

(A)社会学　　(B)伦理学　　(C)人类学　　(D)公共关系学

31. 在所有社会主义价值目标中处于统摄和支配的地位的是(　　),它决定着社会主义的发展模式、制度体制和目标任务。

(A)科学的发展观体系　　(B)人生价值体系

(C)社会主义世界观体系　　(D)社会主义核心价值体系

32. 为了实现可持续发展,在加快发展的同时,要充分考虑环境、资源和生态的承受能力,因此必须把控制人口、节约资源、(　　)放到重要位置。

(A)保护环境　　(B)改革开放　　(C)发展创新　　(D)节省成本

33. 建立在一定的利益和义务的基础之上,并以一定的道德规范形式表现出来的特殊的社会关系是(　　)。

(A)道德关系 (B)道德情感 (C)道德理想 (D)道德理论体系

34. 在我国现阶段,集体主义原则维护的集体利益,是全体劳动人民的共同利益,它是以(　　)为核心的。

(A)党和政府 (B)工人阶级 (C)农民阶级 (D)广大知识分子

35. 反映一定阶级的利益和要求并为阶级的利益和要求服务的各种道德体系和道德规范指的是道德的(　　)。

(A)进步性 (B)历史性 (C)阶级性 (D)全人类性

36. 在改革开放的今天,国家、社会的安定祥和得到保证是由于(　　)。

(A)公民的生活幸福 (B)社会的繁荣昌盛

(C)国家综合国力的提高 (D)社会文化繁荣发展

37. 社会主义市场经济的建设和发展,不仅需要良好的道德秩序,而且需要建立与之相适应的道德环境。加强职业道德是市场经济道德(　　)的内在要求。

(A)经济建设 (B)文化建设 (C)环境建设 (D)社会建设

38. 贯彻正面引导原则,一个重要的方式就是就是利用(　　)来教育从业人员。

(A)启发自觉 (B)职业道德榜样 (C)反面教材 (D)耐心说服疏导

39. 从业人员的职业责任感是自觉履行职业义务的前提,是社会主义职业道德的要求。职业道德的最基本要求是(　　),为社会主义建设服务。

(A)勤政爱民 (B)奉献社会 (C)忠于职守 (D)一心为公

40. 我国的市场经济发展还处于初级阶段,市场经济体制还很不完善,存在的问题很多。当前社会主义市场经济发展中存在的突出问题是(　　)。

(A)物价上涨过快 (B)通货膨胀突出

(C)市场经济秩序混乱 (D)国民生产总值下降

41. 职业道德的根本是(　　),它是社会主义职业道德区别于其他社会职业道德的本质特征。

(A)服务群众 (B)爱岗敬业 (C)奉献社会 (D)诚实守信

42. 道德可以依靠内心信念的力量来维持对人们行为的调整。内心信念是指(　　)。

(A)调整人们之间以及个人与社会之间关系的行为规范

(B)善恶观念为标准来评价人们在社会生活中的各种行为

(C)依靠信念、习俗和社会舆论的力量来调整人们在社会关系中的各种行为

(D)一个人发自内心的对某种道德义务的强烈责任感

43. 道德是(　　)。

(A)人们行为规范和准则的总和 (B)每天每时都要遇到的问题

(C)维护社会秩序的规章 (D)受国家强制力保护

44. 在不同的社会中和不同的发展阶段,下列说法中正确的是(　　)。

(A)人的素质都一样 (B)有不同的道德规范和道德准则

(C)有相同的道德规范和道德准则 (D)道德就是不在乎是否合他人的意

45. 随着社会科技与经济的不断发展和社会文明的不断进步,职业道德(　　)。

(A)是永恒的 (B)在世界各国都一样

(C)也在不断发展和完善 (D)是保持不变的

三、多项选择题

1. 爱岗敬业的具体要求是(　　)。
(A)树立职业理想　(B)强化职业责任
(C)提高职业技能　(D)抓住择业机遇

2. 坚持办事公道,必须做到(　　)。
(A)坚持真理　(B)自我牺牲　(C)舍己为人　(D)光明磊落

3. 在企业生产经营活动中,员工之间团结互助的要求包括(　　)。
(A)讲究合作,避免竞争　(B)平等交流,平等对话
(C)既合作,又竞争,竞争与合作相统一　(D)互相学习,共同提高

4. 关于诚实守信的说法,正确的是(　　)。
(A)诚实守信是市场经济法则
(B)诚实守信是企业的无形资产
(C)诚实守信是为人之本
(D)奉行诚实守信的原则在市场经济中必定难以立足

5. 创新对企事业和个人发展的作用表现在(　　)。
(A)是企事业持续、健康发展的巨大动力
(B)是企事业竞争取胜的重要手段
(C)是个人事业获得成功的关键因素
(D)是个人提高自身职业道德水平的重要条件

6. 职业纪律具有的特点有(　　)。
(A)明确的规定性　(B)一定的强制性
(C)一定的弹性　(D)一定的自我约束性

7. 无论你从事的工作有多么特殊,它总是离不开一定的(　　)的约束。
(A)岗位责任　(B)家庭美德　(C)规章制度　(D)职业道德

8. 关于勤劳节俭的说法正确的是(　　)。
(A)消费可以拉动需求,促进经济发展,因此提倡节俭是不合时宜的
(B)勤劳节俭是物质匮乏时代的产物,不符合现代企业精神
(C)勤劳可以提高效率,节俭可以降低成本
(D)勤劳节俭有利于可持续发展

9. 下列说法中,符合"语言规范"具体要求的是(　　)。
(A)多说俏皮话　(B)用尊称,不用忌语
(C)语速要快,节省客人时间　(D)不乱幽默,以免客人误解

10. 职业道德主要通过(　　)的关系,增强企业的凝聚力。
(A)协调企业职工间　(B)调节领导与职工
(C)协调职工与企业　(D)调节企业与市场

11. 创新对企事业和个人发展的作用表现在(　　)。
(A)对个人发展无关紧要
(B)是企事业持续、健康发展的巨大动力

(C)是企事业竞争取胜的重要手段
(D)是个人事业获得成功的关键因素
12. 下面关于“文明礼貌”的说法正确的是( )。
(A)是职业道德的重要规范
(B)是商业、服务业职工必须遵循的道德规范与其他职业没有关系
(C)是企业形象的重要内容
(D)只在自己的工作岗位上讲,其他场合不用讲
13. 职工个体形象和企业整体形象的关系是( )。
(A)企业的整体形象是由职工的个体形象组成的
(B)个体形象是整体形象的一部分
(C)职工个体形象与企业整体形象没有关系
(D)没有个体形象就没有整体形象,整体形象要靠个体形象来维护
14. 关于办事公道的说法,不正确的是( )。
(A)办事公道就是要按照一个标准办事,各打五十大板
(B)办事公道不可能有明确的标准,只能因人而异
(C)一般工作人员接待顾客时不以貌取人,也属办事公道
(D)任何人在处理涉及他朋友的问题时,都不可能真正做到办事公道
15. 下列选项中,不符合平等尊重要求的是( )。
(A)根据员工工龄分配工作 (B)根据服务对象的性别给予不同的服务
(C)师徒之间要平等尊重 (D)取消员工之间的一切差别
16. 在职业活动中,要做到公正公平就必须( )。
(A)按原则办事 (B)不循私情
(C)坚持按劳分配 (D)不惧权势,不计个人得失
17. 关于爱岗敬业的说法,正确的是( )。
(A)爱岗敬业是现代企业精神
(B)现代社会提倡人才流动,爱岗敬业正逐步丧失它的价值
(C)爱岗敬业要树立终生学习观念
(D)发扬螺丝钉精神是爱岗敬业的重要表现
18. 以下( )情况属不诚实劳动。
(A)出工不出力 (B)炒股票
(C)制造假冒伪劣产品 (D)盗版
19. 以下说法正确的是( )。
(A)办事公道是对厂长、经理职业道德要求,与普通工人关系不大
(B)诚实守信是每一个劳动者都应具有的品质
(C)诚实守信可以带来经济效益
(D)在激烈的市场竞争中,信守承诺者往往失败
20. 企业文化的功能有( )。
(A)激励功能 (B)自律功能 (C)导向功能 (D)整合功能
21. 道德作为一种社会意识形态,具有相对独立性,表现在( )。

(A)道德的变化同经济关系变化的不完全同步性
(B)道德的发展同经济发展水平的不平衡性
(C)道德的发展进程受到经济发展的制约
(D)道德有自身相对独立的历史发展过程

22. 贯穿社会主义荣辱观的思想主线是(　　)。
(A)以人为本　(B)以德为先　(C)以教为本　(D)以德立人

23. 为人民服务作为社会主义职业道德的核心精神,是社会主义职业道德建设的核心,体现了中国共产党的宗旨,其低层次的要求是(　　)。
(A)人人为我　(B)为人民服务　(C)人人为党　(D)我为人人

24. 和谐文化是和谐社会的反映,建设和谐文化是构建社会主义和谐社会的重要任务,也是一项基础性工程。建设和谐文化的意义在于(　　)。
(A)丰富人们的精神文化生活,为和谐社会奠定精神文化基础
(B)有利于激发全社会的创造活力,促进社会的全面、协调、可持续发展
(C)有利于坚持以人为本的理念,整合社会力量,化解矛盾,凝聚人心
(D)有利于加强文化自身的发展,实现和维护人民群众的文化权益

25. 加强诚信建设,既是促进社会主义市场经济健康发展的迫切需要,也是社会主义精神文明建设的重大课题。加强诚信建设的重要意义是(　　)。
(A)加强诚信建设是整顿和规范市场经济秩序,促进先进生产力发展的根本要求
(B)加强诚信建设是适应进一步扩大对外开放的新形势,提高国民经济整体素质和竞争力的迫切需要
(C)加强诚信建设是维护人民群众根本利益,为群众多办好事实事的具体体现
(D)加强诚信建设是提高公民文明素质和社会文明程度,把用先进思想武装人民群众的任务落到实处的重要内容

26. 社会主义核心价值体系是内涵十分丰富的完整体系,这个体系是由(　　)构成。
(A)经济价值观　(B)政治价值观　(C)文化价值观　(D)社会价值观

27. 在社会主义市场经济条件下,坚持集体主义原则具有的重要作用包括(　　)。
(A)增强企业和全社会的凝聚力
(B)激发劳动者的主人翁责任感,调动各行业劳动者生产和工作的积极性
(C)反对个人主义、损公肥私,保证国有资产的保值增值和防止流失
(D)推动社会主义市场经济秩序建设

28. 所谓民族素质,是一个民族改造自然、改造社会的能动力量的综合反映。民族素质的主要内容包括(　　)。
(A)教育科学文化素质　(B)思想道德素质
(C)心理素质　(D)人的身体素质

29. 以下有关社会主义核心价值体系的说法,正确的是(　　)。
(A)建设社会主义核心价值体系,最根本的是坚持马克思主义的指导地位
(B)中国特色社会主义共同理想是社会主义核心价值体系的主题
(C)民族精神和时代精神是社会主义核心价值体系的精髓
(D)社会主义荣辱观是社会主义核心价值体系的基础

30. 社会主义职业道德必须以集体主义为原则,这是(　　)的必然要求。

(A)社会主义道德要求　(B)社会主义经济建设

(C)社会主义政治建设　(D)社会主义文化建设

31. 加强职业道德修养有利于(　　)。

(A)职业情感的强化　(B)职业生涯的拓展

(C)职业境界的提高　(D)个人成才成长

32. 敬业的特征包括(　　)。

(A)主动　(B)务实　(C)持久　(D)乐观

33. 诚信的本质内涵是(　　)。

(A)智慧　(B)真实　(C)守诺　(D)信任

34. 诚信要求(　　)。

(A)尊重事实　(B)真诚不欺　(C)讲求信用　(D)信誉至上

四、判 断 题

1. 职业道德是职业活动中的“交通规则”。(　　)

2. 职业道德风险就是一种“职业道德缺失”。(　　)

3. 员工忠于职守最直接的体现就是服从管理,遵守规章制度,符合岗位要求。(　　)

4. 职业纪律是以规章制度为表现形式。(　　)

5. 职业道德就是社会公共道德。(　　)

6. 天车工必须加强职业道德方面的修养,这是对从事特种设备作业人员提出的最基本的职业要求。(　　)

7. 良好的道德就是一个天车司机具有对人民高度负责的具体表现。(　　)

8. 作为天车工只要有熟练的操作技术就行,至于职业道德无关紧要。(　　)

9. 生产活动是人类的基本活动,在道德体系的三大部分中职业道德占有十分重要的地位。(　　)

10. 文明生产的具体要求不包括语言文雅、行为端正、精神振奋、技术熟练。(　　)

11. 道德对社会生活的作用方式是非强制性的。(　　)

12. 道德以善恶、荣辱为评价标准。(　　)

13. “五爱”的核心是爱祖国。(　　)

14. 集体主义是社会主义道德的核心。(　　)

15. 创新是文化的本质特征。(　　)

16. 纵观职业道德的发展史只有到了社会主义时期,职业道德才获得了充分发展。(　　)

17. 诚实守信是社会主义职业道德的主要内容和基本原则。诚实是守信的基础,守信是诚实的具体表现。(　　)

18. 公正是处理人际关系时的公平与正义的伦理原则。(　　)

19. 社会主义财经职业道德的基本原则是为民理财原则和自主原则。(　　)

20. 献身科学是科学发展的内在要求,是科技工作者应具备的品质,是科技道德的首要规范。(　　)

叉车司机(内燃)(职业道德)答案

一、填 空 题

1. 职业核心能力　2. 职业技能、运动技能　3. 智力
4. 潜力　5. 教育和培训　6. 职业能力测试　7. 最基本
8. 首要道德责任　9. 宪法和法律　10. 社会公德　11. 社会公德
12. 职业行为规范　13. 社会　14. 强化职业责任　15. 行业道德
16. 个人与社会　17. 社会分工　18. 安全行车　19. 工作秩序
20. 自我完善　21. 顾全大局

二、单项选择题

1. D　2. C　3. D　4. C　5. C　6. B　7. D　8. C　9. B
10. C　11. A　12. B　13. D　14. B　15. D　16. C　17. C　18. B
19. C　20. B　21. C　22. D　23. B　24. D　25. A　26. D　27. C
28. D　29. B　30. B　31. D　32. A　33. A　34. B　35. C　36. D
37. B　38. B　39. C　40. C　41. D　42. D　43. A　44. B　45. C

三、多项选择题

1. ABC　2. AD　3. BCD　4. ABC　5. ABC　6. AB　7. ACD
8. CD　9. BD　10. ABC　11. BCD　12. AC　13. ABD　14. ABD
15. ABD　16. ABD　17. ACD　18. ACD　19. BC　20. ABCD　21. ABD
22. AD　23. AD　24. BCD　25. ABCD　26. ABCD　27. ABCD　28. ABCD
29. ABCD　30. BCD　31. BCD　32. ABC　33. BCD　34. ABCD

四、判 断 题

1. √　2. √　3. √　4. √　5. √　6. √　7. √　8. ×　9. √
10. ×　11. √　12. √　13. ×　14. ×　15. √　16. ×　17. √　18. √
19. ×　20. √

叉车司机(内燃)(初级工)习题

一、填 空 题

1. 发电机正常工作水温是(　　)℃。

2. 蓄电池是由两个电压为 12 V,容量为 150 A 的蓄电池串联而成,串联后系统电压为(　　)V。

3. 应经常检查蓄电池的电液平面,并添蒸馏水至液面高出护板(　　)。

4. 凸轮轴的转动是通过一对(　　)。

5. 拆卸发动机必须在(　　)的状态下进行。

6. 气缸体和气缸盖裂纹修复后,要进行(　　),以检查是否仍有渗漏。

7. 发动机曲轴的作用是将(　　)传来的推力变成旋转的转矩,并将这转矩传给传动系统。

8. 发动机的飞轮和曲轴装在一起都要进行(　　)试验。

9. 发动机的润滑系统是(　　)组合式。

10. 机油由(　　)注入发动机机油盘。

11. 注油口用油盖紧紧盖着,防止(　　)进入机油。

12. 每次更换新机油时,应(　　)滤清器滤芯。

13. 汽油发动机的燃料系统通常为(　　)发动机燃料系统。

14. 柴油机发动机燃料系统通常为(　　)发动机燃料系统。

15. 叉车最常见的形式是(　　)式叉车,约占叉车的 80%以上。

16. 适用于对长件货物的装卸和搬运是(　　)式叉车。

17. 叉车的起重架是实现货物的(　　)。

18. 叉车的工作属具能(　　)货物。

19. 液压油过滤器安装在(　　)上,用来过滤从油缸回来的油。

20. 叉车在恶劣的道路条件下,应以(　　)行驶。

21. 变速器互锁装置的作用是:当移动一根拨叉轴时,另外两根拨叉轴被锁球和锁钉固定在(　　)位置,以防乱挡。

22. 功率、扭矩和(　　)是表明发动机动力性与经济性的主要指标。

23. 内燃叉车的运行速度一般为(　　)。

24. 载荷中心是指货物重心到货叉垂直段前壁的距离。叉车的载荷中心一般为(　　)。

25. 最大起升高度是按重量不同而不同,通常最大起升高度为(　　)。

26. 气缸内气体每秒钟对活塞所作的功叫(　　)。

27. 女司机发辫必须(　　)在帽内。

28. 驾驶员有权拒绝执行(　　),发现机械有病症现象,必须及时处理好,方可作业。

29. 出车前要按机动车保养作业( )制度规定内容进行。

30. 叉车冬季起动应采取( )后再启动,必要时用手摇柄摇动发动机 10～20 圈再启动。

31. 叉车启动待水温表指示( )以上,气压表达到规定值,即超过危险标志后,方可起步作业。

32. 机械未处于静止状态时,严禁( )开车(为避免安全事故外)。

33. 严守规程规则,不得( )行驶。

34. 因天气、场地和货物影响安全操作时,不得强行( )行驶。

35. 发现机械不正常或有( ),应立即停止作业查明原因,不得带病作业或行驶。

36. 不准超载,驾驶室外任何部位不准( )。

37. 不准擅自把机械交给( )或驾驶与执照不相符的运输机械。

38. 不准将货物悬吊在空中停留而( )驾驶室或进行检修及长距离行驶等。

39. 汽油发动机在运行时,不准添加( )。

40. 指示直行左转弯标志的特征一般为( )。

41. 禁止通行标志是( )。

42. 车辆方向盘的最大自由转动盘从中间位置向左、右各不得大于( )。

43. 大部分肇事的机动车驾驶员都有一个共同的弱点,即存在着( )心理,以为"不会那么巧"。

44. 倾斜油缸主要由活塞、活塞杆、缸体、缸底、( )及密封件组成。

45. 齿轮式有级变速器是通过拨叉完成( )动作。

46. 场(厂)内机动车辆在最高车速按国家标准为( )km/h,仓库或车间内最高车速为 3 km/h。

47. 场(厂)内机动车辆驾驶员,除其他必备条件外,年龄还必须满( )周岁 。

48. 为了使轮胎的磨损尽可能均匀,因此要定期地进行( )。

49. 四行程内燃机的活塞在气缸内运动一个行程,曲轴相应旋转( )。

50. 驾驶员视觉的反应时间,是驾驶员受光刺激后的反应时间,为( )。

51. 如果轮胎外侧顺线裂口,应当( )。

52. 发动机润滑系统内的油面必须保持适当高度。检查油面高度时,应把车停放在平坦的地方,并在( )检查。

53. 车辆制动时,如果前轮单侧制动器起作用,将会引起车辆( ),此时极易发生事故。

54. 水温表时用来指示发动机内部( )的工作情况。

55. 车辆转弯或在不平道路上行驶时,左右驱动轮( )的速度滚动。

56. 车辆横向翻车的原因是( )。

57. 配气机构的功用是使新鲜可燃混合气得以进入气缸,( )得以及时排除。

58. 在测量一个电路的电流时,电流表必须与这个电路( )。

59. 为了清除机油中的杂质,减轻机件磨损,发动机润滑系统装有( )。

60. 场(厂)内机动车辆驾驶员必须做到"四懂",除了懂得原理、懂构造、懂性能外,还必须( )。

61. 如发动机第一次不能成功启动,应间隔( )左右再启动。

62. 叉车作业完毕后,应将叉车停放在(   )。
63. 喇叭不响、灯光不亮、方向器不灵、安全设备不齐全和(   )是“五不出车”的具体规定。
64. 车辆行驶中,脚不要放在离合器踏板上运行的目的是为了保护(   )。
65. 机械变速箱内加注的润滑油为(   )。
66. 当车辆在路上直线行驶时,差速器两只半轴齿轮旋转的情况是(   )。
67. 叉车液压传动装置动力部分是指(   )。
68. 叉车装载行驶时,铲件离地高度最大不得大于(   )mm。
69. 制动开始时的车速对(   )的影响特别大。
70. 场(厂)内机动车辆由(   )来负责安全使用。
71. 车辆上下坡时,驾驶员主要考虑(   )。
72. 控制货叉下降快慢的是(   )。
73. 方向盘操纵时,左右转角不等应调整(   )。
74. 泡沫灭火机喷出泡沫覆盖在燃烧物表面,达到灭火目的,泡沫的作用是(   )。
75. 扑救油脂类、石油产品及一般固体物资的初起火灾,一般用的是(   )。
76. 根据叉车安全操作规定,货叉载货下降时,发动机应(   )。
77. 自燃是在一定环境下(   )。
78. 发动机润滑油的作用是(   )。
79. 在人、事、物等诸多要素中,最主要的因素是(   )。
80. 超载会导致(   ),造成倾翻事故。
81. 人的不同性格和各种各样的不良情绪都会给(   )带来不同程度的影响。
82. 叉车在基准无载状态以 20 km/h 车速行驶时,制动距离应不大于(   )。
83. 叉车载货下坡时应(   )。
84. 夜间在车道停车时一定要开启(   )。
85. 车辆转向角一定时,轴距越大,最小转弯半径(   )。
86. 电路中的电源线金属外露部分与车辆的金属部分接触就构成(   )。
87. 在黑暗处检查油箱存油量时,应用(   )作照明。
88. 驾驶员应熟悉自己所驾驶车辆的性能和技术状况,并能(   )。
89. 电器设备是叉车的一个主要组成部分,由(   )和用电设备两部分组成。
90. 蓄电池电解液因渗漏而不足,应加入(   )。
91. 叉车在进行物品的装卸过程中,必须用(   )制动叉车。
92. 齿轮油泵是一种能量转换装置,它是液压系统中的(   )。
93. 蓄电池电解液液面必须高出极板(   )mm。
94. 差速器应该间隙合理,并且(   )灵活。
95. 机油窜入燃烧室内,排气烟色为(   )。
96. 内燃发动机按照冷却方式不同可以分为(   )和风冷发动机。
97. 叉车的工作装置是由货叉、门架、起升链条、链轮和(   )等组成。
98. 用来改变液压油路方向的液压阀是(   )。
99. 液压制动不灵的原因可能是(   )。

100. 叉取码高货物时,要将货盘升至距下盘货物(　　)m,不挂碰其他货物时平稳落叉。

101. 调速器的作用是当柴油机工作时,随外界(　　)的变化而自动调节供油量,使柴油机的转速保持稳定。

102. 能贮存发电机发出的部分电能的元件是(　　)。

103. 造成车辆行驶跑偏的主要原因是(　　)。

104. 例行保养是各级保养的基础,并以清洁(　　)为中心。

105. 二级保养以检查、(　　)为中心。

106. 检查并紧固轮胎的螺栓、螺母属(　　)保养。

107. 调整制动踏板自由行程属(　　)保养。

108. 行驶中发现水温过高,冷却水大量损失应(　　)。

109. 液压制动系统制动不良的原因是(　　)。

110. 液压制动系统制动突然失灵的原因是(　　)。

111. 手制动器是(　　)制动装置。

112. 造成叉车门架自行前倾的原因是(　　)损坏。

113. 叉载货物起升后下面严禁(　　)。

114. 机动车倒车时,驾驶员须先查明周围情况,确定(　　)后,才准倒车。

115. 在起动发动机前应按照例行保养规定的项目,做好(　　)的检查工作。

116. 车辆保养的目的是减小车辆噪声和对环境的(　　)。

117. 发动机起动后,应(　　)放开起动按钮。

118. 叉车的最大起重量属(　　)性能。

119. 如果排气管或消声装置堵塞使排气不畅,会引起(　　) 运转无力。

120. 润滑叉车工作装置链条时,应用(　　)。

121. 轮胎气压长期高于标准,会造成轮胎(　　)。

122. 叉车的最小转弯半径属(　　)性能。

123. 发动机油压力始终过低时,应先看(　　)检查油量。

124. 机油压力表是用来检测发动机(　　)工作情况的。

125. 在冰雪路面上,使用方向盘应避免(　　)。

126. 在冰路上行驶车辆作业时,应保持中速或低速行驶,(　　)猛抬或急踏加速踏板。

127. 排气管"放炮"的主要原因是(　　)。

128. 在离合器结合的情况下,为了使发动机的动力不能传递驱动轮,必须将变速器的变速杆置于(　　)。

129. 冬季收车后,为了防止发动机冷却箱结冰,必须防水。防水时应打开各放水开关和(　　)。

130. 柴油发动机进气行程和汽油发动机不同,它所进的是(　　)。

131. 蓄电池的负极板总是比正极板(　　)。

132. 液压变矩器中(　　)与发动机连接。

133. 力对物体的作用取决于力的大小、方向和(　　)。

134. 重力是(　　)对其附近物体的吸引力。

135. 重心是物体各个部分重力(　　)的作用点。

136. 勾股定理表示的是,直角三角形的两个直角边的平方和等于(　　)的平方。
137. 物体的平衡是(　　)。
138. 电流的单位是(　　)。
139. 电压的单位是(　　)。
140. 电阻的单位是(　　)。
141. 正弦交流电的三要素是(　　)、角频率、初相位。
142. 活塞环是具有(　　)的开口环,有气环和油环之分。
143. 同方向行驶的车辆,前后两车应保持在至少(　　)m 的间距。
144. 操作人员离开驾驶座时,将货叉平放在地面,拉紧(　　),关掉电门,取下钥匙后方可离开。
145. 运输液化气的罐体及附件必须固定在车辆的底架上,并设有(　　)。
146. 驾驶员应根据道路情况(　　),以提高轮胎的使用寿命。
147. 新车、大修车在(　　)不应拖带抛锚车辆。
148. 装载危险品行驶时,不要(　　)、紧急停车。
149. 在拆卸轮胎时,应放完轮胎内的(　　)。
150. 对(　　)的要求是完好、工作可靠、吸收能量快。
151. 蓄电池的充电方法有定电压充电、(　　)和快速充电等。
152. 发动机的作用是将燃料燃烧的热能转变为(　　),为驱动车辆行驶提供动力。
153. 叉车的传动系统主要由离合器、(　　)、传动装置和驱动桥等组成。
154. 液压制动系统主要由制动总泵、分泵、车轮制动器、油管和(　　)等组成。
155. 交通信号灯由红灯、绿灯和(　　)组成。
156. 交通标志分为指示标志、(　　)、禁令标志、指路标志、道路施工标志和辅助标志等。
157. 驾驶员违反厂内限速规定,超速行驶,(　　),又未鸣号,事故判定驾驶员负全责。
158. 驾驶员酒后违章开车,事故判定驾驶员负(　　)。
159. 行驶中车辆不得突然(　　)或停车。
160. 活塞可与(　　)共同构成燃烧室。
161. 通常所讲的(　　)就是从驾驶员开始踏下制动踏板到完全停住时车辆所行驶的距离。
162. 输油泵把柴油从油箱中泵出,并泵送到柴油(　　)。
163. 机油必须有(　　)和流动性。
164. 一部发动机有(　　)机油滤清器。
165. 机油粗滤清器滤出机油中的(　　)的杂质。
166. 叉车一般由发动机、底盘、(　　)、电气设备四大部分组成。
167. 当叉车制动开始时的初速度(　　)时,制动距离就增加。

二、单项选择题

1. 叉车可以分为前叉式叉车、前移式叉车和侧式叉车等,这种区分方法的依据是(　　)。
(A)动力装置不同　(B)使用燃料不同　(C)稳定发放不同　(D)机构特点不同
2. 内燃动力叉车还可以分为以汽油、柴油、液化石油气和(　　)为动力的叉车。

(A)电动 (B)双动力 (C) 双燃料 (D)煤油

3. 步行操作式叉车是一种主要靠(　　)进行作业的叉车。

(A)人的情绪 (B)人的步行 (C)人的体能 (D)人的语言

4. 当叉车停车或紧急制动时,叉车司机除了使用行车制动外,还应同时使用(　　)操纵杆。

(A)驻车制动 (B)自动 (C)换向 (D)加速

5. 在叉车行驶过程中,控制其制动的机构是(　　)。

(A)停车按钮 (B)加速踏板 (C)行车制动 (D)离合器踏板

6. 下车时,叉车司机应在完成(　　)操作后,从驾驶室规定的一侧下车。

(A)停熄发动机 (B)手扶门框 (C) 打开车门 (D)停车

7. 在启动叉车发动机时,一次按启动按钮的时间不得超过(　　)。

(A)5 s (B)10 s (C)15 s (D)20 s

8. 指示直行左转弯标志的特征一般为(　　)。

(A)白色直箭头 (B)黄色直箭头 (C)白色弯箭头 (D)红色弯箭头

9. 禁止通行标志是(　　)。

(A)绿色 (B)蓝色 (C)红色 (D)黄色

10. 机动车辆在(　　)时才允许添加燃油。

(A)运转 (B)运行 (C)发动机停熄 (D)起动发动机

11. 叉车行驶时货叉高出地面(　　)为宜。

(A)10 cm (B)30 cm (C)20 cm (D)50 cm

12. 叉车装载高大货物时(　　)。

(A)升高货物到不阻挡视线高度,前行 (B)升高货物到不阻挡视线高度,后行

(C)降低货物到不阻挡视线高度,前行 (D)降低货物到不阻挡视线高度,后行

13. 内燃叉车的行驶速度一般为(　　)。

(A)5～10 km/h (B)10～30 km/h (C)30～50 km/h (D)50～60 km/h

14. 叉车总体构造由(　　)组成。

(A)发动机、底盘、车身、电气设备

(B)发动机、底盘、车身、工作装置、电气设备

(C)发动机、底盘、电气设备

(D)发动机、底盘、车厢

15. 按动力装置,叉车可分为(　　)。

(A)内燃叉车和蓄电池叉车 (B)内燃叉车和平衡重式叉车

(C)蓄电池叉车和平衡重式叉车 (D)跨车和侧式叉车

16. 车辆都配备照明装置和光信号装置,属光信号装置的是(　　)。

(A)小灯 (B)后灯 (C)大灯 (D)动灯

17. 飞轮的作用是提高发动机转动的(　　)。

(A)功率 (B)扭矩 (C)转速 (D)均匀性

18. 内燃叉车采用直流电源,(　　)线制。

(A)单 (B)双 (C)三 (D)四

19. 当货物重心在(　　)范围内,叉车能以最大的起重量进行正常的装卸和作业。

(A)载荷中心　(B)合成重心

(C)货叉中心　(D)货叉的水平段顶端

20. 叉车货叉水平段长应一般为载荷中心距的(　　)倍。

(A)3　(B)2　(C)1　(D)1/2

21. 叉车定期保养按(　　)划分。

(A)行驶里程　(B)使用时间　(C)运行里程　(D)货载变化程度

22. 在保养发动机时,必须使发动机(　　)。

(A)急速运转　(B)慢速运转　(C)飞快运转　(D)怠速运转

23. 发动机属于叉车的(　　)。

(A)动力部分　(B)工作部分　(C)辅助部分　(D)启动部分

24. 叉车安全装置检查周期是(　　)。

(A)每周　(B)每月　(C)每天　(D)半月

25. 一级保养应在叉车累计作业(　　)h 后进行一次。

(A)100　(B)50　(C)200　(D)300

26. 二级保养应在叉车累计作业(　　)h 后进行一次。

(A)300　(B)350　(C)450　(D)500

27. 我国叉车标准规定,叉车应进行(　　)种稳定性试验。

(A)2　(B)4　(C)6　(D)8

28. 车辆走合期一般按规定减载(　　)。

(A)10%～20%　(B)20%～25%　(C)25%～40%　(D)40%～60%

29. 叉车在额定载荷下,10 min 门架自沉量不大于(　　)。

(A)15 mm　(B)20 mm　(C)25 mm　(D)30 m

30. 车辆起步前,应先检查车辆周围及底下有无人、障碍物,然后将货叉升离地面(　　)左右,并稍向后倾。

(A)200～300 mm　(B)300～400 mm　(C)500～600 mm　(D)600～700 mm

31. CPC3 表示发动机是(　　)。

(A)柴油机　(B)汽油机　(C)蓄电池叉车　(D)双动力叉车

32. 最小离地间隙是指除车轮以外,车体上固定的(　　)至车轮接地表面的距离。

(A)最高点　(B)最低点　(C)中间位置　(D)终点

33. 液压油温度控制在(　　)℃以下。

(A)90　(B)120　(C)65　(D)80

34. 封存维护设备应在(　　)个月以上不使用时进行封存。

(A)1　(B)2　(C)3　(D)4

35. 日常维护是由(　　)负责进行清洗、检查和调试。

(A)修理工　(B)班长　(C)驾驶员　(D)其他人员

36. 发动机的正常工作温度保持在(　　)℃的范围内。

(A)70～80　(B)80～90　(C)90～95　(D)95～100

37. 驾驶员要坚持"三检",即(　　)的检查。

(A)早晨、中午、晚上　(B)出车前、维修中、修复后

(C)出车前、作业中、收车后　(D)早期、中期、后期

38.(　　)称为走合期。

(A)机动车辆起步阶段　(B)每月月初

(C)新车或大修后的车辆,在使用初期　(D)每年年底

39. 车辆的转向系一般由(　　)组成。

(A)转向器和前轮定位　(B)转向器和转向传动机构

(C)转向盘和转向器　(D)转向盘和前轮定位

40. 叉车负载运行时,载荷应处在不妨碍行驶的(　　)位置。

(A)中间　(B)最上　(C)最低　(D)最高

41. 影响叉车纵向稳定性的因素是(　　)。

(A)行驶路面倾斜度　(B)货物的重量

(C)行驶速度　(D)驾驶员的素养

42. 工作完毕叉车停车后,驾驶员要将承载装置(　　)。

(A)降到中间位置　(B)升到最高位置　(C)降到最低位置　(D)保持原样

43. 可以搬运油桶、纸卷等的叉车属具是(　　)。

(A)串杆　(B)集装箱　(C)侧夹　(D)桶夹

44. 叉车的例行保养周期是(　　)。

(A)每班　(B)每天　(C)一个星期　(D)两个星期

45. 反映叉车通过性的参数是(　　)。

(A)最小离地间隙　(B)转弯半径　(C)最小转弯半径　(D)轴距

46. 二级维护是以检查、(　　)、防腐为中心的项目。

(A)修复　(B)换油　(C)清洗　(D)调整

47. 叉车的平衡重块是为了保持(　　)。

(A)叉车直线行驶　(B)纵向稳定性　(C)横向稳定性　(D)整体稳定性

48. 叉车的稳定性是指叉车进行装卸作业和在各种道路上行驶时抵抗倾覆的能力。可分为(　　)。

(A)纵向稳定性和横向稳定性　(B)制动稳定性和转向稳定性

(C)装卸稳定性和行驶稳定性　(D)装卸稳定性和转向稳定性

49. 欲保持车辆技术状况良好,必须对车辆进行科学管理,正确使用,强制维护,视情修理。其中(　　)。

(A)车辆是基础,技术是关键　(B)管理是基础,使用是关键

(C)群众是基础,领导是关键　(D)保养是基础,安全是关键

50. 中华人民共和国境内(　　)以及与道路交通活动有关的单位和个人,都应当遵守《道路交通安全法》。

(A)车辆驾驶员、行人　(B)车辆驾驶员、乘车人

(C)车辆驾驶员、行人、乘车人　(D)行人、乘车人

51. 驾驶场(厂)内机动车辆行驶,作业时应随身携带(　　)。

(A)驾驶证　(B)特种设备作业人员证

(C)身份证　　　　　　　　　　　　　(D)操作证

52. 特种设备监督管理部门对场(厂)内机动车辆实行每(　　)定期检验一次,未经检验或检验不合格的或者检验合格标志超过有效期的不得使用。

(A)1年　　(B)2年　　(C)6个月　　(D)半年

53. 国家实行机动车强制报废制度,根据机动车的(　　)规定不同的报废标准。

(A)安全技术状况和不同用途　　(B)使用年限

(C)行驶里程　　(D)维修情况

54.《道路交通安全法》中所称的"交通事故"是指(　　)在道路上因过错或者意外造成的人身伤亡或者财产损失事件。

(A)车辆　　(B)机动车　　(C)非机动车　　(D)厂内机动车辆

55. 车辆各部位在发动机运转及停车时,应无(　　)和漏气现象。

(A)漏油、漏水、漏电　　(B)漏油　　(C)漏水、漏电　　(D)漏水

56. 国家对持有特种设备操作证资格的作业人员实行每(　　)年进行定期复审制度。

(A)1年　　(B)2年　　(C)3年　　(D)4年

57. 在滑溜的路面上制动时最容易使车轮打滑,当出现车轮拖带现象时,车辆会出现(　　)。

(A)倾翻　　(B)倒溜　　(C)侧滑　　(D)前倾

58. 发生事故后,应严格区分责任,严肃处理事故,按规定对事故处理要做到(　　)。

(A)清理现场　　(B)四不放过　　(C)向领导汇报　　(D)不报

59. 车辆上坡时变速器换低挡位行驶的目的是(　　)。

(A)降低发动机转速　　(B)增加发动机动转速

(C)加大变速比,增加驱动轮扭矩　　(D)加大变速比

60. 人们通常把(　　)称为叉车,这也是使用最广泛、用量最大的一个系列。

(A)平衡重叉车　　(B)前移式叉车　　(C)高架堆垛机　　(D)拖盘车

61. 如果轮胎外侧顺线裂口,应当(　　)。

(A)放气减压　　(B)及时换胎　　(C) 给内胎充气　　(D)停止使用

62. 在冰雪路面上,使用方向盘应(　　)。

(A)猛打方向盘　　(B)避免猛打　　(C)不要打方向盘　　(D)紧急制动

63. 车辆横向翻车的原因是(　　)。

(A)转弯时速度过快　　(B)超载行驶

(C) 避让行人　　(D)超速行驶

64. 叉车装货时的操作规程是(　　)。

(A)在水平或稍向后倾位置升高　　(B)前倾位置升高

(C)直接升高运行　　(D)任何情况下都可升高

65. 驾驶员必须做到"三个过得硬",即安全设备过得硬、复杂情况下过得硬和(　　)。

(A)安全措施过得硬　　(B)操作技术过硬

(C)心理素质过得硬　　(D)职业素养过硬

66. 车辆上下坡时,驾驶员主要考虑(　　)。

(A)纵向稳定性　　(B)横向稳定性

(C)横向和纵向稳定性　　(D)前方

67. 控制货叉下降快慢的是(　　)。

(A)溢流阀　　(B)安全阀　　(C)限速阀　　(D)制动器

68. 叉车在基准满载状态以 10 km/h 车速行驶时,制动距离应不大于(　　)。

(A)6 m　　(B)3 m　　(C)2 m　　(D)1 m

69. 发动机转速高,全液压转向器操纵方向盘的力(　　)。

(A)不可能小　　(B)可能小　　(C)与之无关　　(D)与之有关

70. 夏季高温季节,在中午(　　)装运、领发易燃品。

(A)可以　　(B)不可以　　(C)严禁　　(D)一定情况下可以

71. 根据叉车安全操作规定,货叉载货下降时,发动机应(　　)。

(A)熄火　　(B)保持怠速状态　　(C)加大油门　　(D)保持原样

72. 车辆修理时,应用的照明是(　　)。

(A)行灯　　(B)36 V 行灯　　(C)手电筒　　(D)220 V 照明灯

73. 叉车不该停放在坡度大于(　　)的路段上。

(A)2%　　(B)5%　　(C)10%　　(D)15%

74. 叉车载货运行时,必须使货叉(　　)。

(A)前顷　　(B)垂直　　(C)后顷　　(D)垂直或后顷

75. 场(厂)内机动车辆驾驶员两眼视力最低要求是(　　)。

(A)0.5　　(B)0.6　　(C)0.7　　(D)0.8

76. 厂内道路的主次干道最大纵坡一般不得大于 8%,经常运送易燃、易爆危险品的专用道路,最大纵坡不得大于(　　)。

(A)8%　　(B)6%　　(C)5%　　(D)3%

77. 车辆在运行中(　　)将脚放在离合器踏板上半联动运行。

(A)不可以　　(B)可以　　(C)没关系　　(D)不一定

78. 制动效果的良好与否,主要取决于(　　)。

(A)路面制动力的大小　　(B)驾驶员的操作技能

(C)车辆的行驶速度　　(D)车辆本身的情景

79. 行驶途中,喇叭、灯光发生故障时,(　　)。

(A)可继续行驶　　(B)只要能坚持行驶,不熄火,仍可行驶

(C)应停车修复后,方准继续行驶　　(D)报废

80. 下列构件不是叉车双轮偏转机械的转向组件的是(　　)。

(A)转向盘　　(B)纵拉杆　　(C)转向轴　　(D)转向器

81.(厂)内机动车辆的登记,分(　　)和报废审核制度。

(A)购置、转移　　(B)购置、变更

(C)购置、变更、转移　　(D)变更、转移

82. 叉车工作装置起升机构液压油路中,起升油缸进油口装置限速阀,其功用是限制(　　)的速度,以保证安全。

(A)货叉起升　　(B)货叉下降　　(C)货叉前倾　　(D)货叉后倾

83. 当出现险情时,驾驶员一般要在(　　)时间内迅速作出正确判断,采取相应的措施。

(A)0.5～1 s　(B)2～5 s　(C)10 s　(D)15 s

84. 车辆制动时,如果前轮单侧制动器起作用,将会引起车辆(　　),此时易发生事故。

(A) 侧滑　(B)溜车　(C)跑偏　(D)倾翻

85. 在冰路上行驶,应尽量利用(　　)的牵制作用降速。

(A)发动机　(B)手制动器

(C)脚制动器　(D)手制动器和脚制动器

86. 叉车卸货时的操作规程是(　　)。

(A)在水平或后倾位置下降　(B)先前倾后水平下降

(C)直接下降　(D)水平下降

87. 行驶中发现水温过高、冷却水大量损失,应(　　)。

(A)熄火马上补充冷却水　(B)降温后加注冷却水

(C)降温后着车加注冷却水　(D)继续作业

88. 每天须检查机械设备安全装置的人员是(　　)。

(A)安全员　(B)操作者　(C)班组长　(D)维修人员

89. 手制动器是(　　)制动装置。

(A)行车　(B)停车　(C)减速　(D)加速

90. 路面状况的附着系数越大,车辆制动距离(　　)。

(A)越短　(B)越长　(C)与之无关　(D)不一定

91. 制动开始时的车速对制动距离的影响(　　)。

(A)一般　(B)较大　(C)特别大　(D)较小

92. 场(厂)内机动车辆由(　　)来负责安全使用。

(A)特种设备作业人员　(B)检验检测机构

(C)使用单位　(D)国家机构

93. 自燃是在一定环境下(　　)引起燃烧。

(A)明火　(B)摩擦

(C)自行氧化产生热量　(D)静电

94. 稳定性是保证叉车安全作业的(　　)条件。

(A)最重要　(B)不可忽视　(C)最基本　(D)无关

95. 叉车起步时,左脚掌抬起离合器踏板时应(　　)。

(A)平稳缓慢　(B)快慢结合　(C)随意　(D)快速踏下

96. 油类着火,禁止用(　　)扑救。

(A)沙　(B)灭火器　(C)水　(D)泡沫

97. 车辆启动应在几秒内启动,如不能启动,应间隔(　　)再启动,以免造成电瓶放电过快和启动机过热而影响使用寿命。

(A)1 min　(B)2～3 min　(C)立即启动　(D)5 min

98. 车辆的重心越高,离心力产生的横向倾翻力矩(　　)。

(A)越小　(B)越大　(C)无关　(D)不一定

99. 柴油具有(　　)的特点。

(A)不易蒸发,且其自燃温度比汽油低　(B)不易蒸发,且其自燃温度比汽油高

(C)易蒸发,适宜做溶剂 (D)易蒸发,且其自燃温度比汽油高

100. 机动车倒车时,驾驶员须先查明周围情况,确定(　　)后,才准倒车。

(A)安全 (B)无人 (C)良好 (D)清楚

101. 差速器作用之一是(　　)。

(A)转弯时保证驱动车轮处于纯滚动状态

(B)转弯时驱动轮转速一致

(C)降低转速增大轴矩

(D)使两驱动轮在转弯时转速不同,实现转弯

102. 驱动桥的作用是(　　)。

(A)起驱动发动机转速、改变传动系扭矩的作用

(B)起换挡使异向、转向轻便的作用

(C)支持车架承受车辆的主要负载,行驶时承受车轮传动的反作用力

(D)保证有效制动的作用

103. 机动车辆的电器设备由(　　)两部分组成。

(A)供电设备和用电设备 (B)蓄电池和灯光

(C)蓄电池和仪表 (D)蓄电池和发电机

104. 机动车辆普遍使用的是(　　)蓄电池。

(A)铅 (B)锂 (C)氢 (D)碱性

105. 制动距离是指机动车在规定的初速度下急踩制动时(　　)。

(A)轮胎在路面的拖痕长度

(B)前、后轮胎在路面上的拖痕之和

(C)从脚接触制动踏板时起至车辆停止时车辆驶过的距离

(D)制动的总距离

106. 驾驶员离开汽车应确保车辆能可靠地停放在坡道上,不自动滑溜需用(　　)。

(A)行车制动装置 (B)驻车制动装置 (C)踩离合器 (D)挂入低速挡

107. 机动车车架的作用是(　　)。

(A)提供动力,便于操作安全行驶

(B)保持车辆稳定的直线行驶和转向轻便及减少轮胎和转向机件的磨损

(C)承受全车的载荷和保证各种装置的相互位置

(D)保安全驾驶和货物运输

108. 车辆的转向系一般由(　　)组成。

(A)转向盘和前轮定位 (B)转向器和转向机构

(C)转向器和前轮定位 (D)转向盘和转向器

109. 主减速起着(　　)。

(A)变换车速的作用

(B)降低转速增大扭矩和改变传动旋转方向的作用

(C)连接和传递两轴线不相重合的动力作用

(D)降低车速的作用

110. 发动机是(　　)实现动力输出。

(A)把电能转化为机械能　　(B)把热能转化为电能
(C)把机械能转化为电能　　(D)把热能转化为机械能

111. 蓄电池电解液因渗漏而不足,应加入(　　)。
(A)自来水　(B)蒸馏水　(C)标准电解液　(D)矿泉水

112. 企业内机动车辆分为(　　)。
(A)8 大类　(B)9 大类　(C)10 大类　(D)12 大类

113. CPCD30 型叉车的动力装置是(　　)。
(A)电动车　(B)发动机　(C)注塑机　(D)空压机

114. 叉车倾斜油缸是(　　)。
(A)伸缩式套筒液压缸　　(B)液压马达
(C)单向作用缸　　(D)双向作用缸

115. 调速器的作用是当柴油机工作时,随外界(　　)的变化而自动调节供油量,使柴油机的转速保持稳定。
(A)转速　(B)负荷　(C)路面　(D)环境

116. 行驶途中喇叭灯光发生故障时(　　)。
(A)可继续行驶　　(B)只要能坚持不熄火即可行驶
(C)有情况灵活解决　　(D)应停车修复后,方准继续行驶

117. 叉车的工作装置由(　　)两部分组成。
(A)驱动桥和转向桥　　(B)起重机构和液压驱动系统
(C)吊杆和吊钩　　(D)变速器和发动机

118. 齿轮油泵主要包括(　　)。
(A)主动齿轮、从动齿轮及泵体等
(B)主动螺旋齿轮从动螺旋伞齿轮及泵体等
(C)蜗轮蜗杆及泵体等
(D)泵轴柱塞及泵体

119. 气门间隙是指(　　)。
(A)气门杆与导杆之间的间隙　　(B)气门头与气门座圈之间的间隙
(C)气门脚与气门摇臂之间的间隙　　(D)气门摇臂与摇臂轴之间的间隙

120. 出油阀的作用是瞬间关闭通道使喷油器(　　)。
(A)喷油　(B)不喷油　(C)滴油　(D)不滴油

121. 调速器的作用是根据柴油机的负荷变化自动地调节(　　)的供油量。
(A)喷油器　(B)柱塞　(C)出油阀　(D)喷油泵

122. 喷油器的作用是将(　　)均匀地喷射到燃烧室中。
(A)柴油　(B)汽油　(C)机油　(D)冷却液

123. 不属于发动机润滑系统的零部件是(　　)。
(A)机油滤清器　(B)机油泵　(C)节温器　(D)限压阀

124. 连续使用的叉车,液压系统一般使用(　　)要清洗一次。
(A)三个月　(B)两年　(C)半年至一年　(D)不定期

125. 叉车具备的选用条件是(　　)。

(A)使用安全可靠　(B)美观大方安全使用
(C)灵活、可靠　(D)使用

126. 15 W/40CD 指的是(　　)。
(A)汽机油　(B)柴机油　(C)齿轮油　(D)液压油

127. 机油经机油泵流过滤清器再到各润滑表面的润滑方式叫做(　　)。
(A)飞溅润滑　(B)回流式润滑　(C)压力式润滑　(D)复合式润滑

128. 机油的作用是润滑、冷却、清洁(　　)。
(A)防腐　(B)防锈　(C)密封　(D)防水

129. CPCD30 型叉车所用的是(　　)式离合器。
(A)单片　(B)双片　(C)干式多片　(D)油浴多式

130. 检查冷却水温度是否过高主要是检查(　　)工作是否失效。
(A)散热器盖　(B)节温器　(C)散热器　(D)滤清器

131. 齿轮油泵是一种能量转换装置,它是液压系统中的(　　)。
(A)动力元件　(B)执行元件　(C)控制元件　(D)辅助元件

132. 制动拖滞发动机部分动力用于(　　),因此燃料消耗过大。
(A)克服起动扭矩　(B)克服坡道扭矩
(C)克服制动阻力　(D)克服滑行阻力

133. 柴油油路出现渗气现象无法正常工作是因为(　　)。
(A)空气具有可压缩性　(B)柴油具有可压缩性
(C)空气具有可凝固性　(D)柴油具有凝固性

134. 一、二级维护属于(　　)。
(A)季节维护　(B)不定期维护　(C)生产维护　(D)定期维护

135. 发动机怠速时发出“锴、锴”的清脆声,单缸断火响声减弱或消失,可怀疑是(　　)响。
(A)气门　(B)气门顶杆　(C)活塞敲缸　(D)连杆轴承

136. 在故障诊断时,可用(　　)去体验故障部位。
(A)看　(B)听　(C)摸　(D)试车

137. 电路中的电源线金属外露部分与车辆的金属部分接触就构成(　　)。
(A)开路　(B)回路　(C)断路　(D)短路

138. 内燃叉车下坡时严禁(　　)。
(A)熄火滑行　(B)高挡滑行　(C)低速挡滑行　(D)空挡滑行

139. 叉车液压系统由(　　)组成。
(A)动力装置、控制装置、执行装置、辅助装置
(B)发动机、控制装置、执行装置、辅助装置
(C)发动机、操作杆、执行装置、运动装置
(D)油管、门架总成、分配阀、油缸

140. 车辆转弯时方向盘至极限位置前外轮所滚动的轮迹半径叫做(　　)。
(A)转向角　(B)最小转弯半径　(C)接近角　(D)离去角

141. 直齿圆柱齿轮的轮齿折断可能造成传动系统(　　)的故障。
(A)驱动桥发响　(B)驱动桥过热

(C)驱动装置不稳固　　(D)电机运转但叉车不行走

142. 在车间厂房的进、出口处应设置(　　)标志。

(A)禁止　(B)指示　(C)提示　(D)安全限速

143. 二级维护保养时应对轮胎进行(　　)。

(A)分解检查　(B)更换　(C)换位　(D)保养

144. 叉车在装卸货物时,车辆应(　　)。

(A)制动　(B)挂入空挡

(C)门架垂直　(D)货叉置于水平位置

145. 叉车安全规程规定叉车不准将货物升高于(　　)mm 以上做长距离行驶。

(A)300　(B)500　(C)800　(D)1 000

146. 限速阀是限制(　　)的速度。

(A)起重油缸起升　(B)起重油缸下降

(C)门架前倾　(D)门架后倾

147. 轮胎气压长期高于标准,会造成轮胎(　　)。

(A)爆裂　(B)行驶跑偏　(C)打滑　(D)行驶摇摆

148. 清脆的"哒哒"响声是发动机的(　　)响声。

(A)曲轴瓦　(B)连杆瓦　(C)活塞敲杠　(D)气门角

149. 液压制动的叉车,当刹车无力时应(　　)。

(A)检修总泵　(B)调整制动蹄间隙

(C)在分泵上放空气　(D)更换制动液

150. 齿轮油泵检修时,检查齿顶与泵壳间隙,一般不大于(　　)mm,超限时应更换。

(A)1　(B)0.5　(C)0.2　(D)0.1

151. 判断活塞敲缸最有效的方法之一是(　　)。

(A)听响声位置　(B)断火试验

(C)往缸里注少量机油　(D)机油压力低

152. 液压刹车总泵皮碗磨损严重时表现为(　　)。

(A)制动踏板压力不足且刹车较软　(B)分泵能放出空气,刹车较软

(C)刹车总泵漏油　(D)无刹车

153. 能贮存发电机发出的部分电能的元件是(　　)。

(A)蓄电池　(B)调节器　(C)起动机　(D)电枢

154. 叉车叉货行驶中禁止(　　)。

(A)打急方向　(B)猛加油门　(C)无序换挡　(D)踩急刹车

155. 四支点叉车一般有(　　)个轮胎。

(A)4～6　(B)3～6　(C)4～8　(D)6～8

156. 叉车液压密封件主要由(　　)材料制成。

(A)尼龙　(B)橡胶　(C)铜　(D)铝

157. 内燃机活塞是由(　　)材料制成的。

(A)铝　(B)铝合金　(C)铸铁　(D)铸铁合金

158. 操纵叉车货架液压系统工作的是(　　)。

(A)液压油泵 (B)分配器 (C)多路换向阀 (D)限速阀

159. 在操做机械传动叉车行驶时,为确保叉车行驶中不晃动,可用( )方法来控制车速。

(A)挂入低速挡 (B)踩下离合器且使用半联动

(C)用手制动器 (D)用右脚跟部踩刹车脚尖踩油门

160. 国产发动机的发火次序是( )。

(A)1—2—3—4—5—6 (B)1—3—5—2—4—6

(C)1—5—3—6—2—4 (D)1—6—5—4—2—3

161. 制动器是叉车制动系统的重要组成部分,叉车广泛采用( )制动器。

(A)带式 (B)盘式 (C)鼓式 (D)管式

162. 在新车投入使用前,先要( )。

(A)组织驾驶员和维修工进行培训 (B)了解熟悉叉车结构性能

(C)磨合保养 (D)核对班次、安排好工作

163. 不同的可燃性液体有不同的闪点,闪点越( ),其中火灾危害性则越大。

(A)低 (B)高 (C)浓 (D)大

164. 叉车的前桥为( ),后桥为转向桥,前轮大,后轮小。

(A)支持桥 (B)转向桥 (C)驱动桥 (D)复合桥

165. 车辆走合期满,( )。

(A)进行一次大修 (B)即可满载运行

(C)即可提高车速 (D)进行一次走合维护

166. 柴油机冒白烟的原因之一是( )。

(A)喷油时间过早 (B)喷油时间过迟

(C)喷油量过大 (D)气缸压力过高

167. 燃料在气缸中燃烧不完全,则会排( )。

(A)蓝烟 (B)白烟 (C)黑烟 (D)青烟

三、多项选择题

1. 使用牵引车的制动踏板时,应两手紧握方向盘( )。

(A)先放松油门踏板

(B)然后用左脚踩下离合器踏板

(C)然后用右脚掌踩在制动踏板上,以膝关节的屈伸动作踩下或放松

(D)先拉起手制动杆

2. 机油压力异常的外在特征是( )。

(A)油温过高 (B)油温过低 (C)机油压力过高 (D)机油黏度过大

3. 发电机调节器的断流器的作用是( )。

(A)自动调节电压

(B)当发电机电压高于蓄电池电压时,可向蓄电池充电

(C)当发电机发出的电压低于蓄电池电压时,将发电机和蓄电池之间的电路断开

(D)自动调节电流

4. 液压式制动驱动机构主要包括制动( )等。

(A)主缸 (B)轮缸 (C)油管 (D)电磁阀

5. 决定车辆制动性能的因素有(　　)。

(A)开始制动时的车速 (B)驾驶员的反应时间

(C)制动器起作用的滞后时间 (D)路面状况的好坏

6. 内燃叉车由(　　)等组成。

(A)底盘 (B)发动机 (C)工作装置 (D)电气设备

7. 牵引车的操纵装置由(　　)组成。

(A)方向盘和手制动器操纵杆 (B)变速杆

(C)离合器踏板 (D)制动踏板

8. 叉车工作装置由(　　)来操纵。

(A)变速杆 (B)架升降操纵杆 (C)手制动杆 (D)门架倾斜操纵杆

9. 会车时,驾驶员必须(　　),选择适当地点靠右边通过。

(A)先过 (B)先停 (C)先慢 (D)先让

10. 严禁(　　)滑行。

(A)叉车载货、运载高大、贵重货物 (B)牵引车载货

(C)装载机载货 (D)运载危险品

11. 倒置气门式配气机构由(　　)组成。

(A)气门 (B)气门弹簧 (C)正时齿轮 (D)凸轮轴

12. 柴油机燃料供给系由(　　)等部分组成。

(A)柴油箱、输油泵

(B)柴油滤清器、喷油泵总成

(C)喷油器、空气滤清器和点火提前装置

(D)进排气支管和消声器

13. 装卸车辆电气系统的特点是(　　)。

(A)双线制 (B)单线制

(C)采用直流电源 (D)电源电压多采用 12 V 或 24 V

14. 机油压力异常的外在特征是(　　)。

(A)油温过高 (B)油温过低 (C)机油压力过高 (D)机油粘度过大

15. 发电机调节器的断流器作用是(　　)。

(A)自动调节电压

(B)当发电机电压高于蓄电池电压时,可向蓄电池充电

(C)当发电机发出的电压低于蓄电池电压时,将发电机和蓄电池之间的电路断开

(D)自动调节电流

16. 变速器中变速传动机构的主要作用是改变(　　)。

(A)转矩 (B)转速 (C)旋转方向 (D)旋转角度

17. 决定车辆制动性能的因素有(　　)。

(A)开始制动时的车速

(B)驾驶员的反应时间

(C)制动器起作用的滞后时间

(D)路面状况的好坏

18. 预防蓄电池极板短路的有效措施是(　　)。

(A)防止活性物质大量脱落　(B)定期充电

(C)及时清除已脱落的活性物质　(D)经常加入硫酸

19. 减速箱内润滑油变质可能造成传动系统的故障有(　　)。

(A)驱动桥发响　(B)驱动桥过热

(C)驱动装置不稳固　(D)电机运转但叉车不行走

20. 根据转向系统的作用原理不同,转向系统可分为(　　)。

(A)机械式转向　(B)助力式动力转向

(C)全液压式动力转向　(D)电力转向

21. 转向系统如果按照转向轮数目不同,可分为(　　)。

(A)三轮偏转　(B)单轮偏转

(C)双轮偏转　(D)全轮偏转

22. 蓄电池点火系中的分电器主要由(　　)机件组成。

(A)分电器壳体　(B)断电器　(C)配电器

(D)容电器　(E)点火提前装

23. 蓄电池的功能是(　　)。

(A)储存电能　(B)电能转化为化学能

(C)化学能转化为电能　(D)受电　(E)放电

24. 叉车双轮偏转机械的转向组件有(　　)。

(A)转向节　(B)转向盘　(C)转向器　(D)转向轴

25. 叉车是一种搬运机械,它可以(　　)。

(A)将货物提升和下降　(B)进行堆垛作业　(C)装卸作业

(D)搬运作业　(E)拖拉车辆

26. 穿越铁路应一气通过,严禁在火车通过区内(　　)。

(A)变速　(B)制动　(C)停车

(D)会车　(E)超车

27. 人力起动发动机的主要方法是(　　)。

(A)摇　(B)拉　(C)踏

(D)拖　(E)推

28. (　　)柴油机排气冒黑烟。

(A)空气滤清器堵塞　(B)喷油量过大

(C)进气管堵塞　(D)空气滤清器漏气

(E)超负荷运转

29. 发动机起动后应维持其较高的急速运转,使水温逐渐升高到 50～60 ℃,然后再经(　　)速运转检查。

(A)低　(B)中　(C)高

(D)超高　(E)超低

30. 发电机调节器的断流器作用是(　　)。

(A)自动调节电压
(B)当发电机电压高于蓄电池电压时,可向蓄电池充电
(C)当发电机发出的电压低于蓄电池电压时,将发电机和蓄电池之间的电路断开
(D)自动调节电流
31. 按能量转换方式不同,工业车辆的动力装置可分为(　　)。
(A)内燃机　(B)汽油机　(C)柴油机　(D)电动机
32. 例行保养是各级保养的基础,以(　　)为中心。
(A)清扫　(B)清洗　(C)清洁
(D)紧固　(E)检查
33. 发动机冷却水沸腾的原因有(　　)。
(A)天气炎热,长期大负荷行驶　(B)润滑油不适当
(C)冷却风被泥沙污物堵塞　(D)节温器失灵
(E)点火过迟
34. 叉车的液压系统主要由(　　)组成。
(A)油泵　(B)换向阀　(C)起升油缸　(D)油箱
35. 叉车出入(　　)时速不得超过 5 km。
(A)厂门　(B)厂区　(C)库房门　(D)车间
36. 叉车车辆作业前应检查(　　)等装置是否灵敏可靠，严禁带病出车。
(A)刹车　(B)方向盘　(C)喇叭　(D)照明
37. 叉车在以下(　　)不允许停放车辆。
(A)坡度大于 5°的路段
(B)交叉路口、厂房门口 15 m 以内的地段
(C)道路一侧有障碍物时,与障碍物长度相等的地段两端各 20 m 以内的地段
(D)通勤车站地段
38. 叉车作业不准(　　)。
(A)不准将货物升高作长距离运输
(B)不准用单叉作业
(C)不准用惯性力取货
(D)不准用制动惯性溜放圆形或易滚物品
39. 叉车转向沉重是因为(　　)。
(A)后轮气压不足　(B)前轮气压不足
(C)前束失调　(D)前轴或车架弯扭变形
40. 叉车在作业中应遵守(　　)。
(A)不准铲运货物倒车行驶　(B)不准用单货叉作业
(C)不准货叉上带人作业　(D)不准将货物升高做长距离行驶
41. 叉车可分为(　　)。
(A)动力装置　(B)底盘
(C)车身及工作装置　(D)电气设备
42. 叉车的工作装置由(　　)等组成。
(A)货叉　(B)叉架　(C)门架　(D)起升链条

43. 叉车使用的链条主要是(　　)。

(A)单链　(B)双链　(C)片式　(D)套筒滚子链

44. 根据叉车工作需要,常用的叉车属具有(　　)等。

(A)横移货叉　(B)铲斗　(C)桶夹　(D)挑杆

45. 二级维护作业的中心内容是(　　)。

(A)检查、调整转向节、转向摇臂、制动蹄片、悬架等

(B)拆检轮胎,进行轮胎换位

(C)检查和调整发动机工作状况

(D)排气污染控制装置

46. 起步的顺序有(　　)。

(A)按启动发动机的顺序及方法,启动发动机,观察仪表指示情况是否正常

(B)踏下离合器踏板,将变速杆挂入起步挡

(C)开左转向灯,同时观察车辆周围情况

(D)解除手制动,握稳转向盘

(E)松抬离合器踏板,同时适当地踏下加速踏板

47. 让超车过程中,若遇障碍物,(　　)防止与超越车辆相撞。

(A)应减速直到停车　(B)应快速越过障碍

(C)不可突然向左行驶　(D)直行通过暂不让超

48. 车辆加注燃油时的安全防火管理规定是(　　)。

(A)工作人员必须穿戴工作服,不准戴手套,周围禁止烟火

(B)发动机熄火前,不得加注燃油

(C)加注燃油时,不准检修和调试发动机,不准在注油容器附近进行锤击磨削

(D)应用扳手旋拧油桶螺塞,不准用铁器敲击和刮擦汽油容器

(E)禁止在雷雨天气及高压电源线下加注燃油

49. 对驾驶员安全教育的内容是(　　)。

(A)安全生产方针政策教育　(B)遵章守纪教育

(C)安全技术知识教育　(D)典型经验和事故案例教育

50. 驾驶员复审的内容有(　　)。

(A)复试车辆驾驶安全技术理论和实际操作

(B)检查违章驾驶和事故责任

(C)进行体格检查

(D)相关证件的查验

51."五不出车"是(　　)。

(A)刹车不灵　(B)灯光不亮

(C)方向器不灵　(D)喇叭不响和安全设备不齐全

52. 厂内事故一般涉及到(　　)。

(A)人　(B)天气　(C)车辆　(D)道路环境

53. 车辆装载的物品应严禁"四不超",包括(　　)。

(A)超长、超宽　(B)超速　(C)超高

(D)超载　　　　　　　　(E)超座

54.(　　)的车辆技术状况对安全行车影响最大。

(A)转向系　　(B)车轮　　(C)灯光和喇叭　　(D)制动系

55. 柴油发动机不能启动的原因是(　　)。

(A)启动转速低　　(B)油路不正常　　(C)压缩压力不够　　(D)水温太低

56. 灭火的方法有(　　)。

(A)隔离法　　(B)冷却法　　(C)窒息法　　(D)吹熄法

57. 一般车辆失火应采取(　　)措施。

(A)切断电路　　(B)切断油路　　(C)人离驾驶室　　(D)弃车离开

58. 行车制动器由(　　)组成。

(A)制动泵　　(B)传动机构　　(C)车轮制动器　　(D)前桥

59. 特种作业人员应当具备的职业道德是(　　)。

(A)安全为公　　(B)严格自律　　(C)好学上进

(D)精益求精　　(E)团结同志

60. 车辆运行中发现下列(　　)情况应立即停车检查。

(A)异声　　(B)异味　　(C)异样　　(D)异状

61. 驾驶员离车时,应(　　)。

(A)拉紧手刹　　(B)切断电路　　(C)锁好车门　　(D)钥匙留车内

62. 制动装置按操纵的方式分为(　　)。

(A)手制动　　(B)脚制动　　(C)全自动　　(D)合力制动

63. 不准驾驶(　　)的车辆。

(A)安全设备不全　　(B)机件失灵　　(C)违章装载　　(D)厂内

64. 厂内运输的主要方式有(　　)。

(A)道路运输　　(B)铁路运输　　(C)机械运输　　(D)人力搬运

65. 驾驶车辆时,驾驶员禁止(　　)。

(A)吸烟　　(B)饮食　　(C)闲谈　　(D)打喷嚏

66. 按事故的事态可分为(　　)等。

(A)运输事故　　(B)搬运装卸事故　　(C)失火事故

(D)维修事故　　(E)翻车事故

67. 车桥的作用是(　　)。

(A)安装车轮

(B)传递车架与车轮间的各方向作用力及其产生的弯矩和转矩

(C)支承连接汽车的各零部件

(D)增加载重量

68. 全液压转向系统中转向装置总成有(　　)。

(A)全液压转向器　　(B)转向管柱　　(C)万向节　　(D)方向盘

69. 不安全的行为包括(　　)。

(A)酒后开车　　(B)疲劳驾驶　　(C)违章作业　　(D)无证驾驶

70. 下列(　　)地点不得停放车辆。

(A)距通勤车站

(B)加油站
(C)消防车库门口和消防栓 20 m 以内的地段
(D)厂内空置区
71. 两车交会,应自觉做到"礼让三先",即(　　)。
(A)先慢　(B)先让　(C)先停　(D)先走
72. 下列正确的让车是(　　)。
(A)装载一般货物车让危险的车　(B)有障碍的一方让无障碍的一方先行
(C)重车让空车　(D)直行车让转弯车
73. 车辆的熄火应(　　)。
(A)先将变速杆置于空挡位置
(B)然后拉起手制动杆,让发动机怠速运转数分钟
(C)然后拉动熄火拉杆,使发动机熄火
(D)随意停在路边
74. 日常维护中轮胎的维护包括(　　)。
(A)检查轮胎外表及气压　(B)更换轮胎
(C)检查轮胎螺母的紧固情况　(D)清除双胎间和胎纹中的嵌石
75. 疲劳在心理上表现为(　　)等。
(A)动作迟钝　(B)注意力难以集中
(C)思维迟钝　(D)反应速度及准确性下降
76. 饮酒对人精神和心理方面的影响是(　　)。
(A)首先使人的色彩感觉功能降低,视力受到影响
(B)思考、判断能力受到影响,触觉感受性降低
(C)对大脑记忆产生危害,情感发生很大变化,危机感被麻痹
(D)对各种事物的注意力下降
77. 二氧化碳灭火器用于扑灭(　　)。
(A)电气　(B)精密仪器　(C)油类火灾　(D)任何火灾
78. 企业内机动车辆普遍备用和携带的灭火器材有(　　)等。它是扑救初起火灾的最有效的灭火工具。
(A)二氧化碳灭火器　(B)1301 灭火器
(C)干粉灭火器　(D)水龙头
79. 确保四洁,即保持(　　)的清洁。
(A)燃油　(B)机油　(C)空气滤清器　(D)蓄电池
80. 下列正确的让车方式是(　　)。
(A)下坡车让上坡车　(B)叉车、电瓶车让汽车
(C)小车让大车　(D)大车让小车
81. 根据安全生产法,从业人员应当遵守的四项义务是(　　)的义务。
(A)佩戴和使用劳保用品　(B)钻研技术
(C)遵章作业　(D)接受安全教育培训
(E)安全隐患报告

82. 特种作业人员必须持双证上岗,即特种作业(　　)证。
(A)合格　(B)技能证　(C)上岗　(D)特种作业操作资格
83. 从业人员应当具备的基本职业道德是(　　)。
(A)爱岗、尽责　(B)文明、礼貌　(C)文明、守则　(D)保证质量
84. 厂内交通安全标志包括(　　)。
(A)警告标志　(B)禁令标志　(C)停止标志　(D)指示标志
85. 下面(　　)属于一级维护的内容。
(A)清洁、补给　(B)清洁、润滑、紧固为主
(C)检查有关制动、操纵等安全部件　(D)拆检轮胎,进行轮胎换位
86. 属于定期维护的是(　　)。
(A)入夏维护　(B)入冬维护　(C)一级维护　(D)二级维护
87. 车辆如不按时维护修理,就会造成车辆(　　)下降。
(A)可靠性　(B)经济性　(C)安全性　(D)动力性
88. 属于非定期维护的是(　　)。
(A)入夏维护　(B)入冬维护　(C)一级维护　(D)二级维护
89. 信号装置由(　　)装置组成。
(A)转向信号　(B)制动信号　(C)灯光信号　(D)声响信号
90. 车辆的用电设备有(　　)等。
(A)起动机　(B)信号　(C)仪表　(D)汽油机的点火系
91. 车辆维护作业包括(　　)等。
(A)清洁、检查　(B)补给、润滑　(C)紧固　(D)调整
92. 灯光信号装置主要包括(　　)等。
(A)转向信号灯　(B)制动信号灯　(C)报警信号灯　(D)示廓信号灯
93. 起动机一般由(　　)三部分组成。
(A)直流电动机　(B)交流电动机　(C)传动机构　(D)电磁开关
94. 前照灯由(　　)三部分组成。
(A)灯泡　(B)反射镜　(C)配光镜　(D)充气气体
95. 车辆快速转弯时的离心力过大会使车辆(　　)。
(A)失稳　(B)失控　(C)发生侧滑　(D)稳定
96. 液压元件容易实现(　　),便于设计、制造和推广使用。
(A)系列化　(B)标准化　(C)通用化　(D)简单化
97. 下列(　　)地点不准超车。
(A)行径交叉路口　(B)人行横道　(C)库房内　(D)铁路道口
98. 转弯时,要根据路面的宽窄、弯度的大小等交通情况确定合适的(　　)。
(A)转向时机　(B)转弯车速　(C)转弯半径　(D)转向间隙
99. 在较窄的路面或路两边均有障碍时,应提前选择(　　)单车通过。
(A)会车路段　(B)会车时机　(C)停车路段　(D)有利时机

四、判 断 题

1. 汽车传动系的功用是将发动机发出的动力传送给驱动车轮。(　　)

2. 低温环境下，柴油发动机要选用低凝点的柴油。( )

3. 车辆走合期时要减载、不减速。( )

4. 企业内机动车辆是指仅行驶于厂矿内或作业区内的机动车辆。( )

5. 轮胎气压符合标准是指充气气压不得低于标准，无上限。( )

6. 车辆转弯时，会产生离心力，车速越快，离心力越大。( )

7. 气体着火时，应先切断气源，再用二氧化碳和干粉灭火器。( )

8. 内燃叉车又分为普通内燃叉车、重型叉车、集装箱叉车和侧面叉车。( )

9. 凡是重量大于叉车额定载荷的物件，都不能进行叉货作业。( )

10. 堆垛时，叉车门架必须尽量后倾，以保证载荷稳定。( )

11. 货叉叉货时，应采用最小的门架前倾来稳定载荷。( )

12. 装有属具的叉车在无载时，应作为部分承载来使用。( )

13. 在特殊情况下，可采用附加平衡重的方式，适当增加车辆的起重量。( )

14. 电动叉车主要适用于室内作业。( )

15. 在冰雪路面上，应避免猛打方向盘。( )

16. 叉车行驶时应注意使门架保持前倾。( )

17. 在拆卸轮胎时，应放完轮胎内的余气。( )

18. 平衡重式柴油叉车体积较大，但其稳定性好，宜于重载使用时间无限制，场地一般在室外。( )

19. 侧叉式叉车主要用来叉取长条型的货物，如木条、钢筋等。( )

20. 叉车的起升油缸是通常制作成双作用式油缸，以便使物叉取货物时顺利起升和下降。( )

21. 叉车的稳定性是保证安全作业的重要条件。( )

22. 额定起重量是指叉车的最大起升重量。( )

23. 为了保证发动机的润滑良好，机油压力越高越好。( )

24. 蓄电池是内燃叉车上唯一电器。( )

25. 在叉车装卸，搬运长体货物时，应尽量采用侧面式叉车。( )

26. 由地面到货叉的起升高度叫做叉车的自由起升高度。( )

27. 叉车的技术参数是用来说明和反映叉车的结构特性和工作性能的。( )

28. 叉车可以代替起重机使用。( )

29. 传动系是接受动力并把动力传递给行驶系的装置。( )

30. 车轮与轮胎的安全技术要求，要给予必要的重视。( )

31. 叉车传动装置的基本作用是将动力装置的动力传递给驱动车轮。( )

32. 因为车辆具备纵向稳定性，所以不必担心前后翻车的可能性。( )

33. 发动机机油宁多勿少。( )

34. 发动机油黏度越高越好。( )

35. 内燃叉车的特点是动力性和机动性能好，适用范围非常广泛。( )

36. 起升速度是指叉车在坚实的地面上满载时，门架处于垂直位置，货叉上升的最高速度。( )

37. 门架倾角指无载叉车在平坦坚实的地面上，门架自垂直位置向前或向后倾斜的最大

角度。(　　)

38. 冬季应该做好电瓶的防冻工作。(　　)

39. 夏季一般用黏度比较低的机油。(　　)

40. 润滑脂具有较好的润滑性、可塑性和一定的黏附性。(　　)

41. 道路交通标志中的警告标志、禁令标志属于主标志,指示标志、指距标志属于辅助标志。(　　)

42. 平衡重式叉车在转向桥的后面设置了平衡重块。(　　)

43. 同一轴上的轮胎型号和花纹没有规定。(　　)

44. 叉车液压驱动系统是为叉车起重机构提供各工作油缸的高压油。(　　)

45. 叉车纵向稳定性是指叉车抵抗侧翻和侧滑的能力。(　　)

46. 叉车门架不得有变形和焊缝脱焊现象。(　　)

47. 左右货叉尖的高度差不得超过货叉水平段长度的3%。(　　)

48. 多路换向阀的操纵手柄定位应准确、可靠,不得因振动而变位。(　　)

49. 车辆技术状况的好坏直接影响车辆行驶作业安全。(　　)

50. 从事特种作业的人员,必须经过专门的安全技术培训和考核。(　　)

51. 车辆起步时,应完全踏下离合器,先松开驻车制动器,后挂挡。(　　)

52. 叉车空载时可以带人行驶。(　　)

53.《特种设备作业人员监督管理办法》自2005年7月1号起施行。(　　)

54. 车辆行驶中,驾驶员的视觉判断与车辆性能有直接关系。(　　)

55. 场(厂)内机动车辆因在场(厂)区内部作业,所以不需要遵守道路交通安全法律、法规的规定,但应遵守操作规程、安全驾驶、文明操作。(　　)

56. 用人单位应当定期对劳动者进行劳动保护教育培训。(　　)

57. 对违反规定作业的企业,监督部门可视情节轻重,并根据有关规定,分别给予通报、停驾、罚款的处罚。(　　)

58. 两车相会时,应空车让重车,室内车让室外车,支线车让干线车。(　　)

59. 在用场(厂)内机动车辆有下列情形的,应当报废:(1)超过国家标准、行业标准或者技术规范规定的寿命期限要求的;(2)经检验不能保证安全运行又无维修价值的。(　　)

60. 实习驾驶员可以驾驶运输危险物品的车辆。(　　)

61. 场(厂)内机动车辆使用单位,必须制定以岗位责任制为核心的特种设备使用的安全管理制度,并予以严格执行。(　　)

62. 车辆应靠右侧行驶,坚持中速行驶,转弯减速。(　　)

63. 事故三要素理论中的"三要素"指的是人、车、路环境三要素均等,人不是最重要的因素。(　　)

64. 车辆技术性能状况的好坏对安全行驶不起重要作用。(　　)

65. 劳动者对危害生命安全和身体健康的行为,有权提出批评、检举和控告。(　　)

66. 在爆炸危险场所使用的特种设备,必须符合《中华人民共和国爆炸危险场所电气安全规程》等相关规章或者标准中关于防爆安全技术的要求。(　　)

67. 场(厂)内机动车辆驾驶员一天作业时间以连续作业不超过6 h为好。(　　)

68. 只要取得厂里发放的安全作业证,就可驾驶叉车。(　　)

69. 30 岁以前和 55 岁以后,这两个年龄段驾驶员发生车辆肇事的事故发生率高。( )

70. 同方向行驶的车辆,前后两车应保持在至少 5 m 的间距。( )

71. 叉车按照动力不同可分为内燃叉车和电瓶叉车。( )

72. 脚制动无论是气制动或液压制动均要求一脚有效。( )

73. 叉车装卸货物,装货起升时要先水平面或稍向后倾再升高,卸货时应先下降后再水平或稍向前倾。( )

74. 车辆着火时,最好用水灭火。( )

75. 叉车在运行中应时刻将脚踏在离合器踏板上,便于控制车。( )

76. 蓄电池经过使用,应添加电解液或自来水。( )

77. 驾驶员应根据道路情况减速,以提高轮胎使用寿命。( )

78. 正式驾驶员没有携带操作证开车,不能说他违章无证驾驶。( )

79. 机动车辆的制动器、转向器、喇叭、灯光、雨刷和后视镜必须齐全有效,行驶途中上述部件发生故障,要注意谨慎行驶。( )

80. 驾驶员对信号刺激物的反应时间,听觉、触觉最短,痛觉最长。( )

81. 动力换挡变速器是通过拨叉完成换挡动作。( )

82. 为了使轮胎的磨损尽可能均匀,因此要定期地进行轮胎换位。( )

83. 只要不超载就可预防轮胎早期磨损。( )

84. 驾驶机动车辆作业时不能打手机,但可以用耳塞听。( )

85. 机动车辆上陡坡时采用慢速挡的作用是增加驱动轮的扭矩。( )

86. 沿曲线运动的物体将产生离心力,离心力是使车辆横向倾覆的主要外力。( )

87. 重心位置越低,对纵向稳定越有利,对横向稳定越不利。( )

88. 叉车在作业时的稳定性与驾驶员操作无关。( )

89. 对制动装置的要求是完好、工作可靠、吸收能量快。( )

90. 制动器起作用的时间与驾驶员踩下制动踏板的速度无关。( )

91. 内燃叉车可以进入化学危险品仓库作业。( )

92. 为便于装卸特殊体积货物的需要,允许拆卸挡货架。( )

93. 人的一切行动都是受心理活动控制的,而人的心理活动又都是受周围存在的客观事物影响。( )

94. 叉车采用前轮为驱动轮,后轮为转向轮,前轮能通过的地方后轮不一定能通过,是因为后轮外缘的转弯半径要大于前轮外缘的转弯半径。( )

95. 遇险情要先顾制动,后顾方向。( )

96. 发生事故后应迅速停车,积极抢救伤者,并迅速向主管部门报告。( )

97. 判断错误所引起的车辆事故,大都是因为驾驶员自己主观危险感与实际危险有差距。( )

98. 禁令标志形状分为圆形和顶角向下的等边三角形。( )

99. 叉车液压油分配阀是由溢流阀和多路换向阀组成的。( )

100. 叉车纵向稳定性差时,极易造成转向失控。( )

101. 叉车货叉裂纹不超过该处断面的 50%以上仍可正常使用。( )

102. 场(厂)内机动车辆作业人员应当严格执行场(厂)内机安全操作规程和有关的安全

规章制度,杜绝违章操作。(　)

103. 特种设备使用单位应当按照安全技术规范的定期检验安全检验合格有效期届满前一个月向特种设备检验提出定期检验要求。(　)

104. 在用场(厂)内机动车辆定期检验周期为一年。定期检验不合格或者安全检验合格标志超过有效期的不准继续使用,特种设备安全监察机构应当收回牌照。(　)

105. 新增场(厂)内机动车辆的单位,应到所在地特种设备安全监察机构注册登记,经验收检验合格,领取场(厂)内机动车辆牌照,并粘贴《安全检验合格》标志后,方可投入使用。(　)

106. 特种设备的使用单位不需要对其特种设备的使用安全负责。(　)

107. 场(厂)内机动车辆使用性质变更、过户、跨地区使用、报废等均必须到当地特种设备监督管理部门进行登记。(　)

108. 特种设备监督检验部门,在企业对场(厂)内机动车辆进行年、季、月度及日常检查基础上,进行年度检验,对检验不合格的车辆,监督检验部门限期整顿,并予以定检。(　)

109. 只要厂长同意,安全技术部门批准就可以操作机动车辆。(　)

110. 完好的车辆是搞好安全行驶、安全作业的唯一条件。(　)

111. 驾驶疲劳是指驾驶员在运输作业中,由于心理、生理上的某些变化,客观上出现驾驶机能低落的现象。(　)

112. 道路、场地宽敞时,往往主观估计的车速要比实际速度低。(　)

113. 车辆速度过快,延长了车辆的制动距离,扩大了车辆的制动非安全区。(　)

114. 叉车在结构上采用后轮为转向轮,所以转弯半径小。(　)

115. 场(厂)内机动车辆作业员只要随身携带《特种设备作业人员证》就可以上道路行驶作业。(　)

116. 例行保养是指每日行驶中的检查。(　)

117. 场(厂)内机动车辆或者其零部件,达到或者超过执行标准或超过执行标准或者技术规程规定的寿命期限后应予报废处理。(　)

118. 蓄电池在使用中,也会发生爆炸事故。(　)

119. 调整作业的要求:熟悉各部的调整技术要求,认真细致地进行调整。(　)

120. 柴油叉车在一、二级维护中须清洗或更换机油、柴油滤芯。(　)

121. 叉车检查维护中应检查风扇皮带的松紧度。(　)

122. 因维护而拆散的零件需认真装配调整即可。(　)

123. 转动轴滑动叉的安装无特殊规定。(　)

124. 拆检调整和润滑前后轮段并进行半轴换位,是一级维护作业内容。(　)

125. 车辆走合期内应对车辆做一次维护。(　)

126. 叉车行驶中找不到挡位或挂错挡统称为乱挡。(　)

127. 变速箱和驱动桥过热,多为车速过快所致。(　)

128. 活塞烧顶主要是温度过高所致。(　)

129. 如传动系统、制动系统调整不当,会使阻力增大,造成油耗增加。(　)

130. 叉车在制动失效时不准被牵引。(　)

131. 叉车驾驶内禁止带人超员。(　)

132. 叉车司机要身体好、思想好、技术好,才能操作叉车作业。(　)

133. PQD30 型叉车是指 3 t 柴油液力传动平衡式叉车。(　　)

134. 判断叉车故障,首先要了解叉车的构造原理和工作关系。(　　)

135. 叉车故障症状外部表现是故障诊断的关键依据。(　　)

136. 叉车在正常使用中自然产生的故障是渐进性故障。(　　)

137. 叉车在使用保养中由于人的因素,很容易导致人为故障发生。(　　)

138. 气门漏气是因为气门烧蚀,气门弹簧过软所致。(　　)

139. 发动机温度过高可造成粘缸、活塞烧顶抱瓦等严重事故。(　　)

140. 离合器打滑、制动拖带可表现为发动机动力不足、车没劲、车速起不来。(　　)

141. 叉车的维护保养中要做到:一清洁;二调整;三检查。(　　)

142. 调节器火线接柱与磁场接柱若互相接反,会使调节烧坏。(　　)

143. 叉车的机动性是指叉车在最小工作场地回转和通过狭窄曲折通道的能力。(　　)

144. 安全是最大的节约,事故是最大的浪费。(　　)

145. 由于叉车在厂房、仓库、站台等场所作业限制性较大,因为此对驾驶员的技术素质要求较高,安全意识和责任心要强。(　　)

146."三不放过"是指:事故原因分析不清不放过;事故责任者未受到教育不放过;没有改进措施不放过。(　　)

147. 厂车在厂内生产现场、装卸做作业区,按规定时速不超过 10 km/h。(　　)

148. 发动机是将燃料燃烧的热能转化为机械能的机器。(　　)

149. 日常维护作业中心内容是眼看、耳听、手摸。(　　)

150. 连续使用的叉车,液压系统一般使用半年至一年要清洗一次。(　　)

151. 离合器踏板的自由行程 35～45 mm。(　　)

152. 驾驶员的反应时间值,会因各种因素形响而产生差异。(　　)

153. 机动车辆驻车制动性能要求车辆空载正反两个方向在 30%坡道上使用驻车制动装置 5 min 以上保持固定不动。(　　)

154. 叉车行驶在雪中时车速不可太快,转向不可太急,必要时应该制动。(　　)

155. 叉车起重升降或行驶时禁止任何人员站在货叉上把持物件或起平衡作用。(　　)

156. 叉车充电器具有互通性,要轻拿经放。(　　)

157. 叉车运行后应检查外泄露情况并及时维修。(　　)

158. 在交叉路口应小心慢行并随时准备停车。(　　)

159. 在叉车任何场地驾驶操过程中均不得中途熄火出现随意停车。(　　)

160. 在叉车任何场地操作中,均不允许使用半联动、停车后打方向。(　　)

161. 叉车在狭路上运行中必须与左右两侧的障碍物保持一种最小的侧向安全间距,才能不发生碰撞。(　　)

162. 坡道起步操作中松手制动器时间一般应在 3～5 s 内完成。(　　)

163. 叉车维护作业中,除主要总成发生故障必须解体时,一般不得对其解体。(　　)

五、简 答 题

1. 什么是轴矩?

2. 什么是压缩比?

3. 什么是制动性?
4. 什么是有效扭矩?
5. 什么是上止点?
6. 什么是直流电?
7. 什么是电流?
8. 什么是交流电?
9. 什么是下止点?
10. 什么是超车?
11. 什么是会车?
12. 什么是道路阻力?
13. 什么是附着力?
14. 什么是汽油机?
15. 什么是柴油机?
16. 什么是上坡阻力?
17. 什么是载荷中心?
18. 什么是机动车辆?
19. 请写出5种有色金属材料的名称。
20. 简述机动车辆安全生产的重要意义。
21. 什么是钢的热处理?
22. 普通热处理包括哪些方法?
23. 安全生产的方针是什么?
24. 叉车紧急制动的操作方法是什么?
25. 指挥灯信号有哪三种颜色?
26. 厂内机动车辆安全驾驶规程中规定哪些行为是严格禁止的?
27. 叉车的安全操作规程有哪些?
28. 定期保养工作有哪几种?
29. 叉车送货的八个动作是什么?
30. 叉车停放的安全技术要求是什么?
31. 零件箱堆码的要求是什么?
32. 离合器接合时有声响的原因是什么?
33. 叉车时施作业标准中对"起车"的技术要求是什么?
34. 什么是设备的"三好"、"四会"? 什么是润滑工作的"五定"?
35. 简述叉车额定起重量定义?
36. 简述叉车载荷中心距定义?
37. 请列举以内燃机为动力的叉车电气系统的组成。
38. 差速器的作用是什么?
39. 列举叉车重要安全部件。
40. 车辆分道行使的规定有哪些?
41. 叉车传动系统驱动装置不稳固的原因是什么?

42. 一般货物堆码标准的技术要求是什么?
43. 叉车的电气系统包括哪些?
44. 什么叫活塞行程?
45. 叉车传动系的作用是什么?
46. 电源总开关的作用是什么?
47. CPQ3 型叉车字母各代表什么意义?
48. 内燃叉车的优点是什么?
49. 液压变矩器传动的优点是什么?
50. 叉车每班的日常保养基本任务是什么?
51. 机体组由哪些部件组成?
52. 什么叫柴油机的工作循环?
53. 活塞连杆组是由哪些部件组成的?
54. 柴油机润滑方式有哪些?
55. 车辆传动系的功用有哪些?
56. 叉车传动系统的基本组成是什么?
57. 叉车传动系统的结构原理是什么?
58. 液压阀的种类有哪些?
59. 对制动系的要求是什么?
60. 简述叉车全液压转向系统中转向油缸的工作原理。
61. 车辆上常用的橡胶密封制品中静态密封和动态密封的往复运动各用哪些产品?
62. 柴油发动机有哪些技术性能?
63. 什么是轮距?
64. 叉车传动系统驱动桥发热的原因是什么?
65. 常用的螺纹连接件有哪些?如何确定它们的规格?
66. 螺纹连接中垫圈的基本作用有哪些?
67. 转向器的作用是什么?
68. 什么是液压控制阀?

六、综 合 题

1. 为什么要制定交通法规?
2. 机动车驾驶为什么要遵守《道路交通管理条例》?
3. 叉车空载试验有哪些具体要求?
4. 转向太重或卡住有哪些可能原因(指机构转向)?
5. 差速器由哪几部分组成?有什么作用?
6. 为什么在一般情况下不允许走行电机与油泵电机同时工作?
7. 怎样正确测定转弯半径?
8. 叉车及时进行修理的意义是什么?
9. 叉车转向的注意事项是什么?
10. 出车前叉车检查的内容有哪些?

11. 机动车装载时停车距离应遵守哪些规定?
12. 叉车拆码垛作业的注意事项是什么?
13. 何谓超标装载?
14. 超车应遵守哪些程序?
15. 机动车驾驶员应遵守的10项规定的具体内容是什么?
16. 机动车倒车应遵守哪些规定?
17. 机动车在冰雪、泥泞的道路上行驶应遵守哪些规定?
18. 车辆伤害事故的主要原因有哪些?
19. 车辆起步的注意事项有哪些?
20. 叉车司机"五不叉"的内容是什么?
21. 叉车在作业中有什么规定?
22. 叉车日常保养的内容是什么?
23. 飞轮的作用是什么?
24. 叉车叉取搬运货物中提叉有哪些技术要求?
25. 叉车落货有哪些内容和技术要求?
26. 叉车内外门架的构成及作用有哪些?
27. 哪些地点不得停车?
28. 叉车机械故障的类型有哪些?
29. 防止叉车装卸事故的发生,驾驶员必须注意哪些?
30. 驾驶员考核、复审的主要目的是什么?
31. 内燃叉车是由哪五大部分组成?
32. 厂内夜间行车注意事项有哪些?
33. 叉车液压系统的清洗步骤是什么?
34. 空气滤清器有什么作用?

叉车司机(内燃)(初级工)答案

一、填 空 题

1. 80～90	2. 24	3. 10～15 mm	4. 正时齿轮
5. 完全冷却	6. 水压试验	7. 连杆	8. 动平衡
9. 循环	10. 注油口	11. 机械杂质	12. 清洗
13. 化油器式	14. 压缩式	15. 平衡重	16. 侧叉
17. 起放与升降	18. 支撑和夹取	19. 低压油管	20. 低速挡
21. 空挡	22. 油耗率	23. 10～30 km/h	24. 400～600 m
25. 3 m	26. 指示功率	27. 卷放	28. 违章指挥
29."三检"	30. 预热方法	31. 50 ℃	32. 反向
33. 超速	34. 作业	35. 异响	36. 乘坐、站人
37. 他人驾驶	38. 离开	39. 汽油	40. 白色弯箭头
41. 红色	42. 30°	43. 侥幸	44. 导向套
45. 换挡	46. 10	47. 18	48. 轮胎换位
49. 180°	50. 0.10～0.15 s	51. 及时换胎	52. 未启动前
53. 跑偏	54. 冷却系统	55. 以不同	56. 转弯时速度过快
57. 废气	58. 串联	59. 机油滤清器	60. 懂交通法规
61. 2 min	62. 指定位置	63. 刹车不灵	64. 离合器分离轴承
65. 齿轮油	66. 转速相等	67. 油泵	68. 500
69. 制动距离	70. 使用单位	71. 纵向稳定性	72. 安全阀
73. 转向限位螺钉	74. 隔绝空气	75. 泡沫灭火器	76. 保持怠速状态
77. 自行氧化产生热量	78. 冷却、润滑、清洗、密封		79. 人
80. 稳定性破坏	81. 安全行车	82. 6 m	83. 倒车行驶
84. 小灯和尾灯	85. 越大	86. 短路	87. 手电筒
88. 及时发现和排除隐患		89. 供电设备	90. 标准电解液
91. 制动器	92. 动力元件	93. 10～15	94. 转动
95. 白色	96. 水冷发动机	97. 叉架	98. 换向阀
99. 油路中有空气	100. 0.1	101. 负荷	102. 蓄电池
103. 左右轮胎气压相差大		104. 检查	105. 调整
106. 一级	107. 二级	108. 降温后加注冷却水	
109. 总泵皮碗老化	110. 制动油管破裂	111. 停车	112. 活塞密封圈
113. 站人	114. 安全	115. 出车前	116. 污染
117. 立即	118. 起重	119. 发动机	120. 润滑脂

121. 爆裂　122. 通过　123. 压力尺刻度　124. 润滑系统
125. 猛打方向盘　126. 禁止　127. 混合气过浓　128. 空挡位置
129. 散热器盖　130. 空气　131. 多 1 片　132. 泵轮
133. 作用点　134. 地球　135. 合力　136. 斜边
137. 相对的　138. 安培　139. 欧姆　140. 伏特
141. 峰值　142. 弹性　143. 5　144. 手制动
145. 安全标志　146. 减速　147. 走合期　148. 急骤起步
149. 余气　150. 制动装置　151. 定电流充电　152. 机械能
153. 变速器　154. 制动踏板　155. 黄灯　156. 警告标志
157. 判断失误　158. 全部责任　159. 制动　160. 气缸盖
161. 制动距离　162. 滤清器中　163. 黏性　164. 三种
165. 中粒度　166. 工作装置　167. 增加

二、单项选择题

1. D　2. B　3. C　4. A　5. C　6. D　7. A　8. C　9. C
10. C　11. B　12. D　13. B　14. B　15. A　16. D　17. D　18. A
19. A　20. B　21. B　22. D　23. A　24. C　25. A　26. D　27. B
28. B　29. B　30. A　31. A　32. B　33. C　34. B　35. C　36. B
37. C　38. C　39. B　40. C　41. A　42. C　43. D　44. B　45. C
46. D　47. B　48. A　49. B　50. C　51. B　52. A　53. A　54. A
55. A　56. D　57. C　58. B　59. C　60. A　61. B　62. B　63. A
64. A　65. B　66. A　67. C　68. B　69. A　70. C　71. B　72. C
73. B　74. C　75. C　76. B　77. A　78. A　79. C　80. B　81. C
82. B　83. A　84. C　85. A　86. A　87. C　88. B　89. B　90. A
91. C　92. C　93. C　94. A　95. A　96. C　97. B　98. B　99. A
100. A　101. D　102. C　103. A　104. B　105. C　106. B　107. C　108. C
109. B　110. D　111. C　112. C　113. B　114. D　115. B　116. D　117. B
118. A　119. C　120. D　121. D　122. A　123. C　124. C　125. A　126. B
127. C　128. C　129. D　130. B　131. A　132. C　133. A　134. D　135. C
136. D　137. D　138. A　139. A　140. B　141. D　142. D　143. C　144. A
145. B　146. B　147. A　148. D　149. B　150. C　151. C　152. A　153. A
154. D　155. A　156. B　157. B　158. D　159. D　160. B　161. C　162. A
163. B　164. C　165. C　166. B　167. C

三、多项选择题

1. AC　2. CD　3. BC　4. ABC　5. ABCD　6. ABCD　7. ABCD
8. BD　9. BCD　10. ABCD　11. ABCD　12. ABCD　13. BCD　14. CD
15. BC　16. ABC　17. ABCD　18. AC　19. AB　20. ABC　21. BCD
22. ABCDE　23. ABCDE　24. BCD　25. ABCD　26. ABC　27. ABCDE　28. ABCE

29. ABC 30. BC 31. AD 32. CE 33. ACD 34. ABCD 35. ACD
36. ABCD 37. ABC 38. ABCD 39. BCD 40. BCD 41. ABCD 42. ABCD
43. CD 44. ABCD 45. ABCD 46. ABCDE 47. AC 48. ABCD 49. ABCD
50. ABC 51. ABCD 52. ABCD 53. ABCD 54. AD 55. ABCD 56. ABC
57. ABC 58. ABC 59. ACD 60. ABD 61. ABC 62. AB 63. ABC
64. ABCD 65. ABC 66. ABCD 67. AB 68. ABCD 69. ABCD 70. ABC
71. ABC 72. AB 73. ABC 74. ACD 75. BCD 76. ABCD 77. ABC
78. AC 79. ABCD 80. ABC 81. ACDE 82. BD 83. AC 84. ABD
85. BC 86. CD 87. ABCD 88. AB 89. CD 90. ABCD 91. ABCD
92. ABCD 93. ACD 94. ABC 95. ABC 96. ABC 97. ABCD 98. AB
99. AC

四、判 断 题

1. √ 2. √ 3. × 4. √ 5. × 6. √ 7. √ 8. √ 9. √
10. × 11. × 12. × 13. × 14. × 15. √ 16. × 17. √ 18. √
19. √ 20. × 21. √ 22. × 23. × 24. × 25. × 26. √ 27. √
28. √ 29. √ 30. √ 31. √ 32. × 33. × 34. × 35. √ 36. ×
37. √ 38. √ 39. × 40. √ 41. × 42. √ 43. × 44. × 45. ×
46. √ 47. √ 48. √ 49. √ 50. √ 51. × 52. × 53. × 54. ×
55. × 56. √ 57. √ 58. √ 59. √ 60. × 61. × 62. √ 63. ×
64. × 65. √ 66. √ 67. × 68. × 69. √ 70. √ 71. √ 72. √
73. √ 74. × 75. × 76. × 77. √ 78. × 79. × 80. √ 81. ×
82. √ 83. × 84. × 85. √ 86. √ 87. × 88. × 89. √ 90. ×
91. × 92. √ 93. √ 94. √ 95. × 96. √ 97. √ 98. √ 99. √
100. √ 101. × 102. √ 103. √ 104. √ 105. √ 106. × 107. √ 108. √
109. × 110. × 111. √ 112. × 113. √ 114. √ 115. × 116. × 117. √
118. √ 119. × 120. √ 121. √ 122. × 123. × 124. × 125. × 126. √
127. × 128. √ 129. √ 130. √ 131. √ 132. √ 133. × 134. × 135. √
136. √ 137. √ 138. × 139. √ 140. √ 141. √ 142. × 143. √ 144. √
145. √ 146. × 147. × 148. √ 149. × 150. √ 151. × 152. √ 153. ×
154. × 155. √ 156. × 157. √ 158. × 159. √ 160. √ 161. √ 162. ×
163. √

五、简 答 题

1. 答:是指汽车前后两轴线之间的距离(5 分)。

2. 答:是指压缩前汽缸中气体的最大容积与压缩后的最小容积之比(5 分)。

3. 答:指汽车在行驶中能强制降低行驶速度直致停车,或下坡时保证一定速度的能力(5 分)。

4. 答:发动机通过飞轮对外输出的扭矩称为有效扭矩(5 分)。

5. 答:活塞离曲轴最远处,即活塞顶在汽缸中的最高位置(5 分)。

6. 答:电流强度和方向不随时间变化的电流叫直流电(5 分)。

7. 答:电子在导体中的流动就形成电流(5 分)。

8. 答:电流强度和方向随时间的变化而变化的电流叫交流电(5 分)。

9. 答:活塞离曲轴中心最近处,即活塞顶在汽缸中的最低位置(5 分)。

10. 答:驾驶机动车超越同一道路上同方向行驶的机动车为超车(5 分)。

11. 答:驾驶机动车与其他机动车在同一道路上相对方向行驶为会车(5 分)。

12. 答:机动车行驶时滚动阻力与上坡阻力之和称为道路阻力(5 分)。

13. 答:轮胎与路面间所能传递的最大牵引力,它等于作用在车轮上重量与滚动阻力系数的乘积(5 分)。

14. 答:使用汽油作燃料的内燃机(5 分)。

15. 答:使用柴油作燃料的内燃机(5 分)。

16. 答:机动车在上坡时,机动车总重沿路面方向的分力形成上坡阻力(5 分)。

17. 答:载荷中心是指货物重心到货叉垂直段前臂的距离(5 分)。

18. 答:用内燃机、电动机等动力装置驱动的车辆,称为机动车辆(2 分),它包含三个特点:(1)具有独立的原动机;(2)通过控制、传动机构驱动车轮;(3)在道路上自行推进的车辆(3 分)。

19. 答:铜、铝、锌、铬、铅及其合金等(5 分)。

20. 答:(1)机动车辆安全生产是我们党的一贯方针(2 分);
(2)机动车辆安全生产是我们国家的一项重要政策(1 分);
(3)机动车辆安全生产是厂矿企业管理的一项基本原则(2 分)。

21. 答:简单讲,就是将钢在固体下进行不同温度的加热、保温和冷却的工艺方法(5 分)。

22. 答:普通热处理包括退火、正火、淬火、回火和调质(5 分)。

23. 答: 安全生产的方针是“安全第一、预防为主”(5 分)。

24. 答:掌握好方向盘,两眼注视前方,迅速抬起加速踏板,并立即用力踏下制动踏板,同时拉紧手制动杆,发挥车辆的最大制动力,使叉车立即停住(5 分)。

25. 答:指挥灯信号有红、黄、绿三种颜色(5 分)。

26. 答:(1)严禁无证驾驶;(2)严禁超标装载;(3)严禁人货混载;(4)严禁开带病车;(5)严禁酒后驾车;(6)严禁违章超车;(7)严禁超速行驶(5 分)。

27. 答:(1)检查车辆(1 分);(2)起步(1 分);(3)行驶(1 分);(4)装卸(2 分)。

28. 答:包括一级保养、二级保养、日常保养和磨合保养四种(5 分)。

29. 答:(1)载货到位;(2)升叉对高;(3)缓行对位;(4)调整门架;(5)落叉卸架;(6)门架前倾;(7)后退抽叉;(8)降叉运行(5 分)。

30. 答:禁止在坡道上停放,禁止在站台边垂直于线路方向停放。遇有故障不能行走时,应拉紧手制动以三角木掩住车轮后才可排除故障(5 分)。

31. 答;堆码零件箱时,禁止横放、倒放,禁止用叉车顶撞零件箱。码放零件箱时,箱应按地面划线位置区域内摆放,禁止摩擦碰撞(3 分)。多层码放的零件箱,上下箱的四角要对齐,防止倒塌(2 分)。

32. 答:(1)分离轴承缺油咬住,座套松旷(1 分)。(2)分离杠杆损坏(1 分)。(3)分离叉松动(1分)。(4)摩擦片碎裂或铆钉松动、露头(1分)。(5)减振弹簧折断(1分)。

33. 答:起车应达到以下技术要求:(1)门架后倾。(2)提叉至地面0.2～0.3m。(3)瞭望、鸣笛(3分)。(4)一挡起步,逐极换挡。(5)平稳加速(2分)。

34. 答:"三好"即管理好、使用好、检修好;"四会"即会使用、会保养、会检查、会排除一般故障(3分);"五定"即定时、定量、定点、定机、定人(2分)。

35. 答:是指货叉上的货物重心位于规定的载荷中心上时,允许起升的货物最大质量(5分)。

36. 答:是指额定起重量货物的重心至货叉垂直段前表面的水平距离(5分)。

37. 答:主要由蓄电池、照明、信号设备、控制仪表以及与发动机配套的启动电机、点火系组成(5分)。

38. 答:使车辆转弯或在不平路面行驶时,能自动地使两个驱动车轮差速保持纯滚动,并将主减速器传来的动力分配给两侧车轮(5分)。

39. 答:制动器、转向器、轮胎、安全阀、高压胶管、限流保护器、胡护顶架、货叉、链条等(5分)。

40. 答:(1)道路上行使的车辆一律右侧通过(1分)。(2)在没有分道线的道路上机动车在中间行使,非机动车靠右侧行使(2分)。(3)同一车道行使的车辆低速车应靠右侧行使(2分)。

41. 答:驱动装置支撑短轴的紧定螺钉松动(2分),或支撑短销上环槽太浅使紧定螺钉未锁住,引起支撑短轴松动或脱落(3分)。

42. 答:稳固整齐,大不压小,重不压轻,箭头向上(3分)。卸车货物要好坏分码,破损不入垛,车内空隙较大时要阶梯码放(2分)。

43. 答:包括电源部分和用电部分(2分)。主要有蓄电池、发电机、起动电机、点火装置、照明装置和喇叭等(3分)。

44. 答:活塞行程是指活塞从上止点(或下止点)移到下止点(或上止点)间的距离(5分)。

45. 答:是把发动机发出的动力传给汽车驱动轮(3分)。它还要保证汽车能减速、增扭;改变发动机的动力传动方向;能变速,以改换汽车行驶速度(2分)。

46. 答:其主要作用是当电路主回路或控制回路发生故障或车辆失控时能够拉开此开关,切断电源,避免事故发生(5分)。

47. 答:CP是指平衡重式叉车,Q是指动力装置为汽油机,3是指额定起重量为3 t(5分)。

48. 答:内燃叉车具有功率大、运动速度快、装卸效率高、使用寿命长、对路面适应性强以及能进行多种作业等优点(5分)。

49. 答:(1)发动机不易熄火(1分)。(2)可增大发动机输出转矩,提高工作效率(1分)。(3)可实现无机变速(1分)。(4)减轻司机的劳动强度,改善司机的劳动条件(1分)。(5)有利于提高柴油机和传动系统零件的使用寿命(1分)。

50. 答:整机或每个部件的外部检查,以保证该班工作期间不发生故障,加注燃料和润滑材料以及电解液、冷却水和制动液等(5分)。

51. 答:机体组由气缸体、曲轴箱、气缸套、气缸盖、气缸垫和油底壳等组成(5分)。

52. 答:柴油机每作一次功,都必须经过进气、压缩、膨胀作功、排气四个过程,这四个过程称为一个工作循环(5分)。

53. 答:活塞连杆组主要由活塞、活塞环、活塞销、连杆等机件组成(5分)。

54. 答:(1)压力润滑;(2)飞溅润滑;(3)喷油润滑;(4)定期润滑(5分)。

55. 答:(1)降速增扭;(2)实现倒向行驶;(3)中断动力传递;(4)差速作用(5分)。

56. 答:叉车传动系统主要是由变矩器、变速箱、万向传动装置和驱动桥(包括主减速器、差速器、半轴、轮边减速器和桥壳等)组成(5分)。

57. 答:叉车传动系统的传动过程是将发动机输出的动力,由变矩器通过中间的传动轴传递给变速箱,再通过传动轴传递给驱动桥(5分)。

58. 答:按用途分类:(1)压力控制阀;(2)流量控制阀;(3)方向控制阀(5分)。

59. 答:制动系统必须满足下列要求:

(1)具有良好的制动性能(1分);(2) 操纵轻便(1分);(3) 制动稳定性好(1分);(4) 制动平顺性好(1分);(5) 散热性好(1分)。

60. 答:转向油缸是双作用贯通式(2分),活塞杆两端通过连杆与转向节相连,来自全液压转向器的压力油通过转向油缸使活塞杆左右移动,从而实现左右转向(3分)。

61. 答:车辆上常用的橡胶密封制品中静态密封用O形圈、垫圈、门窗密封胶条、防尘罩、垫片等(3分)。动态密封的往复运动用O形圈、密封圈、皮碗、皮圈、隔膜、防尘罩等(2分)。

62. 答:柴油发动机额定转速低,压缩比高,产生动力大(2分)。但它的振动和噪声较大,缸厚而坚硬,因此,它的体积和重量都较汽油机大(3分)。

63. 答:是指同一轴上左右两轮(或轮组)中心的距离(5分)。

64. 答:减速箱内主、被动齿轮,差速器齿轮咬合间隙过小(2分);主、被动螺旋锥齿轮轴承装配过紧;润滑油不足或变质造成润滑不良(3分)。

65. 答案:常用的连接件有螺栓、双头螺柱、螺钉、螺母、垫圈等(2分)。以螺纹大径作为这些标准件的公称尺寸来确定标准件的规格(3分)。

66. 答:主要作用是保护接触面,防止在拧紧螺母时被擦伤(2分)。光垫圈可扩大接触面积以减少表面的挤压力,弹簧垫圈还可以防止螺栓在工作中因振动等原因自动回松,起到防止回松的作用(3分)。

67. 答:将驾驶员加在转向盘上的力矩放大、降速并改变力的方向后传给转向传动机构(5分)。

68. 答:用来控制和调节液压系统压力、流量、方向以及动作顺序的元件(5分)。

六、综 合 题

1. 答:为了加强道路交通管理,维护交通秩序,保障交通安全和通畅,以适应社会主义现代化建设的需要,所以要制定交通法规(10分)。

2. 答:《道路交通管理条例》是国家在管理道路交通方面的一项行政法规,也是车辆行人在交通活动中所必然遵守的行为规范(3分)。机动车驾驶员是否遵守《道路交通管理条例》关系到驾驶员本人和人民生命财产的安全以及交通运输的顺利完成(4分)。违反《道路交通管理条例》会扰乱交通秩序,影响道路通畅(3分)。

3. 答:此试验在无载荷情况下操作(2分)。进行空载试验时,应反复观察原动机和传动机的工作状况,应保证起重性能良好,运转均应、平稳,声音正常,温升在允许范围内;各种仪表显示准确;操作系统动作灵活可靠(4分)。

叉车空载试验:油缸上下动作灵活,前后倾斜自如,转向轻便,走行正常,无漏油、漏水、漏气或漏电现象(4 分)。

4. 答:有以下几种可能原因:(1)转向器内零件磨损或润滑不良(3 分);(2)转向节轴承磨损或润滑不良(3 分);(3)球销磨损或润滑不足(2 分);(4)后轮轮压不足(2 分)。

5. 答:差速器由被动弧齿螺旋伞齿轮、半轴齿轮、十字轴、行星齿轮、壳体等组成(2 分)。

差速器的作用是:(1)当车辆直线行驶时,使两驱动轮转速相等(4 分);(2)在转弯或不平道路上行驶时,自动使两驱动轮以不同转速转动,起差速作用(4 分)。

6. 答:当两电机同时工作时,会造成蓄电池放电电流过大,而影响其使用性能和寿命(10 分)。

7. 答:在叉车空载,以最低运行速度打满方向盘,测定叉车最外侧和最内侧的转弯半径,分别测定前、后、左、右转弯运行四次,取最大值(10 分)。

8. 答:叉车经过长期使用后,由于机件的磨损和损伤,会造成运行技术性能下降,还因其他原因产生故障,这时叉车需要及时修理,以便达到或基本上恢复叉车技术状况和性能(4 分),从而维持其原有装备以及原有的动力性、经济性、坚固性、效率,确保叉车能继续正常使用(6 分)。

9. 答:(1)换挡时两眼应注视前方,保持正确的驾驶姿势,不得向下看变速杆(3 分)。

(2)变速杆移至空挡后不要来回晃动(2 分)。

(3)齿轮发响和不能换挡时,不准硬推,应重新换挡(3 分)。

(4)换挡时要掌握好转向盘(2 分)。

10. 答:(1)叉车作业前,应检查外观,加注燃料、润滑油和冷却水(2 分)。

(2)检查启动、运转及制动性能(2 分)。

(3)检查灯光、音响信号是否齐全有效(2 分)。

(4)叉车运行过程中应检查压力、温度是否正常(2 分)。

(5)叉车运行后还应检查外泄露情况并及时更换密封件(2 分)。

11. 答:(1)多辆机动车同时进行装卸时,沿纵向前后车的距离应不小于 2 m,沿横向两车栏板的间距不小于 1.5 m(4 分);

(2)车后栏板与建筑物的间距应不小于 1.5 m(2 分);

(3)与货垛间的距离应不小于 1 m,与滚动货物的间距应不小于 2 m(2 分);

(4)不准在 5%以上的坡道上横向起吊作业,如必须作业时,须将车身垫平(2 分)。

12. 答:(1)叉车作业,不论是装货还是卸货,都必须重复完成叉货、卸货两个基本程序动作(3 分)。

(2)一定要由慢到快,循序渐进,养成良好的操作习惯(2 分)。

(3)要特别注意行驶速度与操纵动作的协调、操作动作与制动动作的配合(3 分)。

(4)严禁超载,同时要控制起升和下降速度(2 分)。

13. 答:指长、宽、高、重不得超过规定标准。

(1)装载宽度。其左右最多不得超出车箱 20 cm(2 分)。

(2)装载高度。从地面算起,大型货车(3 t 以上)不超过 4 m,小型货车不超过 3 m;载重 2 t 以下的拖拉机和简易机动车不超过 2.5 m(2 分)。

(3)装载长度。载重汽车和大中型拖拉机装载长度前后不得超过车身 2 m;小型及手扶拖拉机前后不得超过车身 1.5 m;超长部分不准触地,货物必须栓牢(4 分)。

(4)装载质量。均不准超过额定载荷(2 分)。

14. 答:(1)机动车超车前先鸣喇叭,夜间用断续灯光示意,待前车让路后,从左侧超越,超越后在不影响被超车行驶的情况下,再驶入正常的行驶路线。更不允许超越后立即紧急停车(5 分)。

(2)被超车辆驾驶员发现超车信号后,应主动向右侧靠拢,并适当减速,做到安全礼让,不应置之不理,更不允许在超车时加速行驶、故意不让而并行(5 分)。

15. 答:(1)须接受企安全部门、主管部门及其管理人员的监督、检查和处理(1 分)。

(2)驾驶车辆时,必须携带驾驶证、行驶证以及安全帽(无护顶驾驶室、进出危险现场),并不得转借、涂改驾驶证(1 分)。

(3)不准驾驶与准驾车类不相符的车辆(1 分)。

(4)不准将车辆交给无驾驶证的人驾驶(1 分)。

(5)驾驶室内不准超额坐人(1 分)。

(6)严禁酒后驾车(1 分)。

(7)驾车时,不得吸烟、饮食、攀谈或做其他有碍行车安全的活动(1 分)。

(8)不准驾驶安全设备不全、机件失灵或违章装载的车辆(1 分)。

(9)不准在身体过度疲劳或患病有碍安全行车时驾驶车辆(1 分)。

(10)必须自觉遵守厂区内的各种安全标志。试车时,必须悬挂试车牌照,不得在非试车区域内试车(1 分)。

16. 答:(1)机动车倒车时,驾驶员须先查明周围情况,确认安全后,方准倒车。在货场、厂房、仓库、窄路等处倒车时,应有人站在车后的驾驶员一侧指挥(6 分)。

(2)机动车在平交道口、桥梁、隧道和危险地段不准倒车或调头(4 分)。

17. 答:(1)在冰雪路上行驶时,轮胎上应装有防滑链(3 分)。

(2)缓慢行驶,避免紧急制动(3 分)。

(3)同向行驶车辆,两车之间的距离应保持 50 m 距离(4 分)。

18. 答:(1)思想麻痹(2 分)。

(2)违章操作(2 分)。

(3)车况不良(2 分)。

(4)环境缺陷(2 分)。

(5)管理不善(2 分)。

19. 答:(1)车辆起步前,应先检查车旁和车下有无人和障碍物,检查仪表、灯光和转向、制动装置等安全设备是否齐全有效(4 分)。

(2)驾驶员要树立安全第一的思想,严格按照起步操作顺序(3 分)。

(3)驾驶员与装卸人员和指挥人员要密切配合,保证车辆的安全运行(3 分)。

20. 答:(1)货物重心超过货叉的载荷中心,使纵向稳定性降低时不叉(2 分)。

(2)单叉偏载不叉(2 分)。

(3)货物堆码不稳不叉(2 分)。

(4)叉尖可能损坏货物时不叉(2 分)。

(5)超重或重量不明不叉(2 分)。

21. 答:禁止叉车作业时用货叉顶货、拉货,禁止叉车超载(2 分);叉车禁止载人行驶(2 分),库内和车内码放每垛高度不得超四盘(2 分)。叉车在叉放易碎品、贵重品或装载不稳的货物时要用安全绳加固(2 分),必要时有专人扶护才能行驶(2 分)。

22. 答:(1)擦拭机械各部灰尘(2 分)。(2)检查发动机的机油量(内燃叉车)(2 分)。(3)检查蓄电池电解液比重及高度,电解液高度应高出隔板为 10～15 mm,拧紧塞子,检查极柱及导线接头是否紧密牢固(2 分)。(4)制动器踏板的自由行程动作可靠性,检查油路有无漏油现象(2 分)。(5)各种电气线路接头是否牢固,各种仪表是否灵敏有效(2 分)。

23. 答:(1)当离合器与飞轮接合时,可把发动机的动力传给传动装置,首先接受动力的是变速箱(4 分)。

(2)利用飞轮的转动惯性力来提供活塞三个非做功冲程所需要的力,保证曲轴旋转平稳,储存汽油机运转中的能量(3 分)。

(3)飞轮周围装有齿环,供起动电机驱动(3 分)。

24. 答:(1)销提贴紧,后倾门架,提升货叉至要求高度(3 分)。(2)叉取码高货物时,要将货盘升至距下盘货物 0.1m 时鸣笛、退车,在不挂碰其他货物时平稳落叉(4 分)。(3)易倒塌货物和危险货物,以安全绳捆绑或扶护(3 分)。

25. 答:(1)对位落叉:至指定货位后,停车、落叉,货盘稍触地时门架前倾,至货盘水平时落下货叉,码高货盘(件),应升至距下面货物 0.1 m 时平稳进车,对正落下(6 分)。(2)抽出货叉:瞭望、鸣笛、退车。货叉水平抽出,不挂碰货件和托盘(4 分)。

26. 答:外门架的下部与车架前部互相铰接,以便实现门架的前后倾。它的断面形状为槽形,有的采用标准钢加工制成,有的采用钢板压制而成(4 分)。内门架插在外门架框里,可以沿着外门架的内壁上升或下降(3 分)。它的断面形状也是槽形,同外门架一样,也是采用标准槽钢或钢板压制而成(3 分)。

27. 答:(1)距通勤站、加油站、消防车库门口和消防栓 20 m 以内的地段(2 分)。(2)距交叉路口、转弯处、隧道、桥梁、危险地段、地中衡和厂房、仓库、职工医院大门口 15 m 以内地段(2 分)。(3)纵坡大于 5%的地段(2 分)。(4)道路一侧有障碍物时,对面一侧与障碍物长度相等的地段两端各 20 m 以内(2 分)。(5)与施工无关的施工现场(2 分)。

28. 答:(1)机械故障的一般现象有:连接松动、脱落、零件变形、磨损配合不良、锈蚀腐蚀、断裂、发热、噪声和性能明显降低等(6 分)。

(2)主要类型有外壳与结构部位损坏、传动零部件的损坏、连接件的损坏(4 分)。

29. 答:(1)厂内叉车驾驶员在叉车起步、行驶和装卸作业中要严格遵守安全技术操作规程,克服麻痹思想和懒惰性(2 分)。

(2)叉车叉载物品时不得超过额定起重量和载荷中心。重量不清应试叉,不得冒险蛮干或用人、物压车维持叉车平衡(2 分)。

(3)禁止两车共叉一物。如遇特殊情况应制定完善的安全防范措施,并逐条落实后实行空车模拟操作,待两车动作协调后方准作业(2 分)。

(4)叉车作业中升降、倾斜操作要平稳,控制好车速,不要急转向和急移弯(1 分)。

(5)叉车驾驶员要熟知所搬运物品的性能。易滚动、易滑物品要捆绑固定,不准运送易燃、易爆物品(1 分)。

(6)保持车辆各部技术状况完好(1 分)。

(7)企业应加强对厂内道路的维修管理,逐步消除路面的坑洼不平坡度不适、视线不良、附着不好等状况(1分)。

30. 答:(1)提高思想认识,牢固树立“安全第一、预防为主,安全为了生产、生产为了安全”的思想(3分);

(2)熟习安全法规和规定(2分);

(3)掌握安全运行技术和安全操作技能(2分);

(4)了解机械常识、维护保养及故障判断、排除等方面知识(3分)。

31. 答:(1)发动机(2分)。

(2)运行机构,包括传动系、行驶系、转向系、制动系(2分)。

(3)起重机构,包括:①起重架:实现货物的起放与升降;②工作属具:支承和夹取;③液压传动系统:通过各液压执行机构使起重架和工作属具去完成各种动作(2分)。

(4)车身(2分)。

(5)电气设备(2分)。

32. 答:(1)厂内夜间行车要注意控制车速(2分)。(2)行车中利用灯光照明来改变行车条件。随时注意厂房出来人,防止意外(2分)。(3)夜间行车要注意安全礼让。一般情况下不要超车,同时注意前车转向灯和制动灯,以防突然转弯和停车(2分)。(4)夜间长时间驾驶易疲劳,决不能勉强坚持,应停车适当休息,方可继续驾驶(2分)。(5)厂内夜间驾驶要自觉遵章守纪(2分)。

33. 答:彻底排掉费油(2分);选定清洗油(2分);加热清洗油(1分);安装滤油器(2分);一边清洗一边用木锤敲击,可以促进污物脱落加速(2分);排掉清洗油,加入新的工作油液(1分)。

34. 答:空气滤清器的作用是清除进入汽化器空气中的尘土(4分)。尘土中含有大量很硬的小粒子,这些粒子若进入汽缸,会引起汽缸、活塞、活塞环、气门斜面等机件的加速磨损。因此,叉车发动机上应装有空气滤清器,以延长发动机的使用寿命(6分)。

叉车司机(内燃)(中级工)习题

一、填 空 题

1. 气缸盖与活塞顶部和气缸壁一起构成(　　)。

2. 汽油的抗爆性用(　　)表示。

3. 在冷却水温达(　　)℃时,节温器开启。

4. 机油散热器用来对(　　)进行强制冷却。

5. 电动机起动发动机是用电动机作为动力,它以(　　)为电源。

6. 发动机在单位时间内对外所作的功称为(　　)。

7. 液力机械式传动系统由液力变矩器、变速器、(　　)、主减速器组成。

8. 叉车变速器输出轴与主减速器输入轴之间是采用(　　)。

9. 主减速器的作用是进一步降低从传动轴传来的转速,增大扭矩,并将扭矩的方向变(　　),然后经差速器和半轴传给驱动车轮。

10. 叉车一般采用(　　)主减速器。

11. 车辆转弯时内侧车轮受的阻力大,处于滚动状态,它们是靠(　　)来消除滚动阻力的。

12. 半轴的作用是将(　　)的扭矩传给驱动车轮。

13. 叉车驱动桥与车架连接采用(　　)悬架。

14. 车轮安装后,它不是垂直于地面,而是倾斜一个角度,该角度称为车轮(　　)。

15. 叉车采用偏转(　　)转向方式。

16. 机动车辆的车轮制动器多采用(　　)制动器。

17. 货叉水平段长度应一般为载荷中心距的(　　)倍。

18. 货斗是叉车的(　　)之一。

19. 液压系统中,溢流阀的作用是防止系统(　　)。

20. 转向器蜗杆上下轴承轴向间隙过大会导致(　　)。

21. 液压系统是利用工作液体(工作介质)传递(　　)的传动机构。

22. 叉车的工作装置是以(　　)为工作介质。

23. 叉车的起升门架和(　　)使用同一油泵,称共泵式供油系统。

24. 机动车辆的电气系统电源多采用(　　)电。

25. 注油口用油盖紧紧盖着,防止(　　)进入机油。

26. 发动机在不同转速和不同负荷下工作时,(　　)能自动调节发电机的电压。

27. 蓄电池点火系由蓄电池、发电机、点火线圈、分电器、高压导线和(　　)组成。

28. 当发动机在不同转速和不同负荷下工作时,直流发电机调节器的(　　)能自动调节发电机的电流。

29. 叉车铲货时,(　　)防止车辆溜动。

30. 当机油压力警告灯红亮时,表明发动机主油道(　　)。

31. 踩下渐近踏板时,可利用(　　)控制货叉升降速度。

32. 热车启动发动机,即为发动机冷却水温度不低于(　　)℃时的启动。

33. 特种设备监督管理部门对场(厂)内机动车辆实行每(　　)年定期检查一次,未经检验或检验不合格的或者检验合格标志超过有效期的不得使用。

34. 机油压力不足,主要是机油量不足,此外,还有机油滤芯不良、(　　)等原因。

35. 当车辆要下长坡采取紧急制动时,驾驶员感觉到制动踏板"发软"的主要原因是(　　)。

36. 在严寒地区或冬季,作业前应对发动机(　　),以便于启动发动机或减少机件磨损。

37. 在冰路上行驶,应尽量利用(　　)的制动作用降速。

38. 调整转向轮的前束是(　　)组件。

39. 离合器分离不彻底主要调整(　　)。

40. 当车辆转弯时,差速器两只半周齿轮旋转情况是(　　)。

41. 液压系统中安全阀的作用为(　　)。

42. 影响制动距离的主要因素是(　　)。

43. 车辆转弯时,驾驶员要考虑(　　)。

44. 车辆修理时,应用的照明是(　　)。

45. 叉车不该停放在坡度大于(　　)的路段上。

46. 货物起升高越高则(　　)。

47. 差速器是(　　)的组成部分之一。

48. 额定载荷为5t的内燃叉车的制动形式通常采用(　　)。

49."十次肇事九次快",这是用鲜血和生命换来的教训,因此,厂内机动车辆驾驶员必须遵守限速规定,在厂区内部以不超过(　　)km/h速度为标准规范行车。

50. 叉车上的护顶架是保护(　　)。

51. 叉车门架后倾可增加叉车的(　　)稳定性。

52. 空气滤清器的作用是清除空气中所含的(　　)。

53. 机械式叉车离合器型式均系用(　　)摩擦离合器。

54. 发动机正常工作水温是(　　)℃。

55. 启动起动机每次不得超过(　　)s。

56. 飞轮是离合器的(　　)元件。

57. 在保养发动机时,必须使发动机(　　)。

58. 当叉车停放处低于(　　)摄氏度时,下班时必须放净散热器和发动机内的普通冷却水。

59. 发动机属于叉车的(　　)。

60. 叉车的例行保养周期是(　　)。

61. 水温表的作用是显示冷却水的(　　)。

62. 将叉车顶起的可靠支撑物是(　　)。

63. 每天须检查机械设备安全装置的人员是(　　)。

64. 在危险或视线受限制的情况下,以(　　)方法确认安全后方可继续作业。

65. 机械变速器应加注(　　)。
66. 消声器与发动机(　　)相连通。
67. 液化石油气在混合器中与(　　)进行混合,形成混合可燃气。
68. 根据安全规程车辆在路口会车时应(　　)。
69. 汽油发动机的燃料系统通常为(　　)发动机燃料系统。
70. 叉车满载行驶,最大爬坡度为(　　)。
71. 叉车的转向装置是关系到车辆(　　)的关键装置。
72. 一般叉车都采用(　　)转向。
73. 叉车的工作装置是由货叉、门架、起升链条、链轮和(　　)等组成。
74. 用来保证液压系统不致因油压过高而发生损坏和故障的液压阀是(　　)。
75. 泡沫灭火机喷出泡沫覆盖在燃烧物表面,达到灭火目的,泡沫的作用是(　　)。
76. 场(厂)内机动车辆驾驶员两眼视力最低要求是(　　)。
77. 控制润滑系机油压力的元件是(　　)。
78. 内燃叉车采用直流电源,(　　)线制。
79. 内燃叉车的运行速度一般为(　　)。
80. 车辆都配备照明装置和光信号装置,属光信号装置的是(　　)。
81. 发动机飞轮的作用是提高发动机转动的(　　)。
82. 汽油机与柴油机比较,汽油发动机运转(　　)。
83. 造成转向轮摇摆(蛇行)的主要原因是(　　)。
84. 造成车辆行驶跑偏的主要原因是(　　)。
85. 一级保养以润滑(　　)为中心。
86. 以检查、调整为中心的保养,称为(　　)保养。
87. 新车、大修车以及装用了大修后的发动机的车辆,在初期行驶阶段内,称为(　　)期。
88. 每天检查发动机机油,冷却系中的冷却水量,轮胎气压等工作属(　　)保养。
89. 对离合器,制动器操纵连杆各部位加注机油或润滑脂属(　　)保养。
90. 调整离合器踏板自由行程属(　　)保养。
91. 行驶中发现仪表盘有红灯闪亮应(　　)。
92. 液压制动系统制动不良的原因是(　　)。
93. 液压制动系统主要由车轮制动器和(　　)两大部分组成。
94. 脚制动器是(　　)制动装置。
95. 叉载货物行驶时,避免(　　)和紧急制动。
96. 出车前应检查叉车轮胎的(　　)。
97. 造成货叉自行下降的原因是(　　)。
98. 温度低,机油黏度(　　)。
99. 液力变矩器中(　　)起变矩作用。
100. 含有四乙铅的汽油(　　)。
101. 车辆转向器内加(　　)润滑。
102. 限制车辆最小转弯半径的是转向节上的(　　)。
103. 造成发动机排气冒白烟的原因是(　　)。

104. 车辆大修是(　　)性质。

105. 地面制动力与车辆的运动方向(　　)。

106. 扭力扳手是一种与套筒配合使用的一种专用工具,上面装有(　　)。

107. 叉车启动待水温表指示(　　)以上,气压表达到规定值,即超过危险标志后,方可起步作业。

108. 发生交通事故后,首先要抢救的是(　　)。

109. 人的视觉从暗到明适应时间为(　　)min。

110. 制动效果的良好与否,主要取决于(　　)。

111. 附着力和最大制动摩擦力越大,则制动距离(　　)。

112. 转向节止推轴承缺油或损坏会导致(　　)。

113. 车辆的重心越高,离心力产生的横向倾翻力矩(　　)。

114. 指示发动机润滑系主油道中机油压力高低的是(　　)。

115. 机动车辆过桥、转弯、会车时要先(　　)。

116. 每次变换挡位都必须经过(　　)挡位置。

117. 在一般平坦的道路上,如无会车情况,可在道路(　　)行驶。

118. 车速在 15 km/h 以下时,前后车距离应不少于(　　)m。

119. 炎热气候,要经常注意检查(　　)。

120. 叉车制动距离包括(　　)和制动距离。

121. 车辆行经交叉路口时,支线车必须让(　　)车先行。

122. 小型机动车辆夜间在港区行驶必须开启(　　)。

123. 车辆在港区(或作业区)行驶禁止使用(　　)。

124. 夜间须在施工区周围明显位置挂上(　　)。

125. 不准叉车在(　　)以上的坡道上横向铲运作业。

126. 叉车上所用的油缸一般有起升油缸、(　　)和转向油缸。

127. 保养车辆的方针是(　　)。

128. 机油进入燃烧室燃烧,发动机排气是(　　)。

129. 柴油机机油油位偏高可能使发动机排烟呈(　　)。

130. 气缸中有水分时,消声器一般冒(　　)烟。

131. 若连续踏几次脚制动时踏板高度稍有增高,并感到踏板有弹性,则是制动管路中(　　)。

132. 车辆在行驶中制动突然失灵的原因是(　　)。

133. 左车轮制动磨擦片与制动鼓的间隙大,则制动时发生(　　)。

134. 真空助力泵漏气,制动距离(　　)。

135. 柴油机油量控制机构,一般采用的是(　　)油量控制机构。

136. 将柴油雾化成较细的颗粒,并把它散布到燃烧室中的机构是(　　)。

137. 柴油机的输油泵供油量应为全负荷最大供油量的(　　)倍。

138. 柴油机的柴油输油泵由(　　)驱动。

139. 发动机润滑方式有两种,一种是强制润滑,另一种是(　　)。

140. 某发动机的压缩比为 6,燃烧室容积 0.05 L,气缸工作容积为(　　)L。

141. 某发动机的燃烧室容积 0.1 L,气缸工作容积 0.5 L,压缩比为(　　)。

142. 某柴油机的气缸工作容积 5 L,燃烧室容积 0.25 L,压缩比为(　　)。

143. 某发动机的曲轴曲拐的偏心距 57 mm,活塞行程为(　　)mm。

144. 变速器互锁装置的作用是:当移动一根拨叉轴时,另外两根拨叉轴被锁球和锁钉固定在(　　)位置,以防乱挡。

145. 功率、扭矩和(　　)是表明发动机动力性与经济性的主要指标。

146. 液压油过滤器安装在(　　)上,用来过滤从油缸回来的油。

147. 载荷中心是指货物重心到货叉垂直段前壁的距离,叉车的载荷中心一般为(　　)。

148. 最大起升高度是按重量不同而不同,通常最大起升高度为(　　)。

149. 叉车上的(　　)控制起升油缸的下降速度。

150. 厂内最高时速在保证安全,无限速标志的情况下每小时(　　)km。

151. 在驾驶叉车时急转弯应提前减低车速,尽量放大转弯半径,以克服(　　)影响。

152. 倾斜油缸主要由活塞、活塞杆、缸体、缸底、(　　)及密封件组成。

153. 百分表是一种(　　)测量仪表,主要用来测量工件的偏差值等。

154. 驾驶无护顶驾驶室的车辆,进出危险现场时驾驶员应戴(　　)。

155. 由地面到货叉的起升高度叫做叉车的(　　)。

156. 倾斜油缸为(　　)活塞式液压缸,装于门架两侧。

157. 汽油机的活塞多用(　　)制成,且多为平顶。

158. 载荷中心距是指载荷中心到货叉垂直段前壁的(　　)。

159. 车辆起步时,要平稳结合离合器,换挡时要迅速分离(　　)。

160. 车辆刹车跑偏主要是由(　　)效力不一致造成的。

161. 汽油发动机在运行时,不准添(　　)。

162. 限速阀装在起升油路中,以限制货叉重载时的(　　)速度。

163. 有级变速箱是指变速箱有若干个挡位,每一个挡位有一个固定的(　　),通过齿轮传动。

164. 无级变速箱是指变速箱可在一定范围内根据(　　)的变化,自动、无级地改变传动比和转矩。

165. 柴油机压缩比高,活塞头部一般有四道环槽,上部三道安装气环,最下一道安装(　　)。

166. 活塞裙部指油环槽下端面至活塞最下端的部分,它包括装活塞销的(　　)。

167. 活塞裙部对活塞在气缸内的往复运动起(　　)作用,并承受侧压力。活塞裙部的长短取决于侧压力的大小和活塞直径。

168. 活塞环是具有(　　)的开口环,有气环和油环之分。

169. 曲轴的形状和曲拐相对位置取决于(　　)、汽缸排列形式和发动机的点火顺序。

170. 内燃叉车充电系统由发电机、(　　)和电源系统工作情况指示装置等构成。

171. 节流阀是一种用改变油液流量的办法来控制工作机构(　　)的阀门。

172. 车辆技术状况的好坏对安全行车起着重要的作用,其中以(　　)和制动系统技术状况影响最大。

173. 在叉车装卸,搬运长体货物时,应尽量采用(　　)叉车。

174. 排除柴油机飞车故障的最好方法是快速切断(　　)。

175. 发动机工作时排气门头部温度(　　)进气门头部温度。

二、单项选择题

1. 内燃机种类很多，按工作循环过程分为(　　)。

(A)二行程、转子式　　(B)四行程和二行程

(C)汽油机和柴油机　　(D)单缸机和多缸机

2. 活塞在气缸内运动的极端位置称为(　　)。

(A)上止点　(B)下止点　(C)止点　(D)正点

3. 活塞从上止点移动到下止点所扫过的容积称为(　　)。

(A)气缸工作容积　(B)气缸总容积　(C)燃烧室容积　(D)压缩比

4. 多缸发动机各气缸工作容积之和称为(　　)。

(A)燃烧室容积　(B)气缸工作容积　(C)排量　(D)总容积

5. 四行程发动机完成一个工作循环，曲轴相应地旋转(　　)。

(A)半周　(B)一周　(C)两周　(D)四周

6. 四行程发动机工作时，进排气门均关闭，活塞自下止点向上止点移动，这便是(　　)。

(A)进气冲程　(B)压缩冲程　(C)作功冲程　(D)排气冲程

7. 四行程发动机在压缩行程和作功行程时(　　)。

(A)进气门和排气门均关闭　　(B)进气门开启，排气门关闭

(C)排气门开启，进气门关闭　　(D)进气门、排气门均开启

8. 四行程发动机的每个工作循环活塞运动都经过四个行程，但其中只有(　　)产生动力。

(A)作功行程　(B)压缩行程　(C)进气行程　(D)排气行程

9. 曲柄连杆机构的作用是将活塞的往复运动转变为曲轴的旋转运动，并将作用在活塞上的燃气压力转变为(　　)。

(A)动力　(B)驱动力　(C)功率　(D)扭矩

10. 曲柄连杆机构由(　　)组成。

(A)机体组与活塞连杆组　　(B)活塞边杆组与曲轴飞轮组

(C)机体组、活塞连杆组和曲轴飞轮组　　(D)机体组和曲轴飞轮组

11. 气缸是引导(　　)作往复直线运动的圆筒。

(A)气门　(B)活塞　(C)活塞销　(D)连杆

12. 柴油的十六烷值不能过高，一般在(　　)之间。

(A)40～60　(B)20～30　(C)80～90　(D)10～15

13. 汽油机一般(　　)。

(A)冬季用 6 号或 10 号机油，夏天用 10 号或 15 号机油

(B)冬季、夏季均使用 10 号机油

(C)冬季用 10 号或 15 号机油，夏天用 6 号或 10 号机油

(D)冬季、夏季均使用 15 号机油

14. 发动机机油泵采用(　　)最佳。

(A)变量泵　(B)齿轮泵　(C)柱塞泵　(D)离心泵

15. 发动机曲轴箱爆炸的主要原因是(　　)。

(A)曲轴箱滑油过少　　(B)曲轴箱滑油过多

(C)活塞环大量漏气,曲轴箱密封不严　　(D)曲轴箱透气道堵塞,活塞环漏气

16. 发动机正常工作时的水温应为(　　)℃。

(A)40～60　　(B)50～60　　(C)80～90　　(D)30～40

17. 散热器的作用是把从气缸水套中流出来的热水的热量不断地散发到大气中去,使(　　)得到冷却。

(A)气缸　　(B)冷却液　　(C)活塞　　(D)活塞环

18. 收车后应检查冷却系情况,冬季在严寒地区要注意冷却水位,(　　)。

(A)不足时就添加　　(B)缺一些水没有关系

(C)早上再添加　　(D)过夜时要放水

19. 启动系使发动机由静止状态转入(　　)。

(A)升温状态　　(B)运转状态　　(C)进气状态　　(D)压缩状态

20. 启动发动机必须有(　　)首先使曲轴转动。

(A)内力　　(B)外力　　(C)合力　　(D)重力

21. 叉车底盘由(　　)组成。

(A)离合器、变速器、主减速器、差速器

(B)车架、传动装置、车桥、悬挂装置

(C)传动系统、行驶系统、转向系统、制动系统

(D)方向机、制动器、车架、车轮

22. 离合器踏板的自由行程为(　　)mm。

(A)10～15　　(B)20～30　　(C)35～45　　(D)30～40

23. 最简单的液力变矩器由泵壳、泵轮、涡轮、固定不动的导轮、(　　)组成。

(A)主动齿齿轮　　(B)从动直齿齿轮　　(C)壳体　　(D)传动液

24. 叉车主减速器的作用是(　　)。

(A)降低转速增大扭矩　　(B)转变传力方向

(C)增大扭矩、降低转速、改变传力方向　　(D)变速

25. CPC3 叉车变速器输出轴与主减速器输入轴之间是采用(　　)连接。

(A)齿轮　　(B)胶块联轴器　　(C)传动轴　　(D)蜗杆蜗轮

26. 叉车差速器主要是在转弯时(　　)传给驱动轮。

(A)平均将发动机的转速　　(B)平均将发动机的扭矩

(C)使左右两车轮共同行进　　(D)将自动调节左右驱动轮的转速差

27. 悬架可分为(　　)。

(A)塑性悬架和弹性悬架　　(B)柔性悬架和弹性悬架

(C)弹性悬架和刚性悬架　　(D)杠杆式和球销式

28. 车桥的作用是支承车辆各部件,并在(　　)之间传递各种作用力。

(A)车轮与车架　　(B)前桥与后桥

(C)发动机与底盘　　(D)变速器与车轮

29. 转向轮前端距离比后端距离小一些,这两个距离的差值称为转向轮(　　)。

(A)外倾量 (B)主销内倾 (C)前束 (D)内倾量

30. 叉车、装载机的转向轮前束和主销后倾角取( )。

(A)5 mm,0° (B)零 (C)3 mm,0° (D)2 mm,1°

31. 叉车轮胎侧面示数为12.00-20表示( )。

(A)高压胎 (B)中压胎 (C)低压胎 (D)混合胎

32. 高压胎的充气压力为( )kgf/cm^2。

(A)1.5～4.5 (B)5～7 (C)1～3 (D)2～4

33. 低压胎充气压力为( )kgf/cm^2。

(A)0.5～1.5 (B)1～2 (C)1.5～4.5 (D)3～4

34. 车辆的转向可通过各种不同的方式来实现,( )方式较多。

(A)偏转车桥 (B)轴转向 (C)定止轮 (D)偏转车轮

35. 叉车的转向传动机构一般采用( )机构。

(A)单梯形 (B)三角形 (C)平行四边形 (D)双梯形

36. 叉车采用( )制动。

(A)转向轮 (B)前轮 (C)后轮 (D)四轮

37. 叉车制动蹄与制动鼓间隙自动调整是( )进行的。

(A)前进制动时 (B)由螺丝刀拨动 (C)在倒车制动时 (D)转向制动时

38. 叉车的手制动器作用在( )。

(A)飞轮 (B)变速器输出轴 (C)半轴 (D)驱动车轮

39. 某叉车发动机转速2 400 r/min,变速器减速比12,传动轴转速为( )。

(A)200 r/min (B)400 r/min (C)300 r/min (D)90 r/min

40. 合力叉车主减速器的主动锥齿轮有12个齿,从动锥齿轮有60个齿,减速比为( )。

(A)5 (B)6 (C)8 (D)24

41. 变速器的输入轴上的主动齿轮有24个轮齿,中间轴上有60个轮齿,减速比为( )。

(A)1.8 (B)25 (C)2.5 (D)3

42. 货叉是叉车的( )。

(A)主体 (B)工作装置 (C)附属工具 (D)工作装置、常用属具

43. 目前大量使用的叉车,其门架起升装置为( )装置。

(A)全自由起升 (B)部分自由起升 (C)半自由起升 (D)无级起升

44. 全自由起升装置的叉车结构特点是采用( )级起升油缸。

(A)双 (B)单 (C)多 (D)三

45. 为装卸钢丝圈、圆盘、钢圈、轮胎等环状货物,可用( )作业。

(A)倾翻 (B)货斗 (C)吊架 (D)串杆

46. 某叉车货叉水平段长1.2 m,其载荷中心距为( )m。

(A)0.6 (B)1.2 (C)1 (D)0.9

47. 叉车货叉用( )而成。

(A)高碳钢锻制 (B)用低碳钢冷弯 (C)中碳钢锻制 (D)铸钢锻制

48. 货叉必须( )。

(A)分段锻造 (B)分段铸造 (C)焊接 (D)整体锻造

49. 叉车的货叉升降手柄是(　　)元件。
(A)动力　(B)执行　(C)控制　(D)辅助
50.(　　)传动可以实现无级变速。
(A)齿轮　(B)链　(C)带　(D)液压
51. 齿轮泵是(　　)泵。
(A)定量　(B)变量　(C)单向变量　(D)高压
52. 轴向柱塞泵是(　　)泵。
(A)定量　(B)变量　(C)双向定量　(D)单向定量
53. 叉车起升油缸是(　　)元件。
(A)动力　(B)控制　(C)辅助　(D)执行
54. 回油滤清器是(　　)元件。
(A)动力　(B)辅助　(C)执行　(D)控制
55.(　　)是控制元件。
(A)叉车门架倾斜油缸　(B)叉车货叉升降油缸
(C)液压分配器　(D)油箱和液压泵
56. 分泵式供油系统指(　　)与转向机构各自使用独立油泵供油。
(A)起升门架　(B)属具　(C)专用属具　(D)传动系统
57. 机动车辆的电气系统的电源电压多采用(　　)V。
(A)36　(B)48　(C)220　(D)12 或 24
58. 当看不清接柱极性时,判断蓄电池接柱的极性方法是(　　)。
(A)用表测量
(B)辨明两接柱的颜色,呈深褐色的为正极接柱,淡灰色的为负极接柱
(C)用比重计测量
(D)用金属丝测量
59. 电解液的比重在标准温度为 15 ℃时,一般为(　　)左右。
(A)1.17　(B)1.28　(C)1.10　(D)1.14
60. 蓄电池正常电解液面高度为高出极板(　　)mm。
(A)5～10　(B)10～15　(C)15～20　(D)20～24
61. 叉车的装卸性能是指车辆(　　)。
(A)装卸货物的能力　(B)工作范围
(C)额定起重量和最大起升高度　(D)装卸能力和工作范围
62. 发电机属于发动机(　　)的部件。
(A)燃油供给系　(B)起动系　(C)点火系　(D)冷却系
63. 断电器触点在最大分开位置时的间隙(白金间隙)为(　　)mm。
(A)0.35～0.45　(B)0.2～0.3　(C)0.6～0.7　(D)0.8～0.9
64. 换用辛烷值高的汽油时,点火提前角(　　)。
(A)应调大　(B)为 0　(C)调小　(D)维持不变
65. 内燃叉车与蓄电池叉车所用的蓄电池(　　)。
(A)原理不相同　(B)原理相同

(C)都适于长时间持续放电　(D)都不能长时间持续放电

66. 内燃叉车的蓄电池与发电机(　　)联。

(A)并　(B)串　(C)混　(D)随机

67. 内燃机叉车上的蓄电池可以(　　)。

(A)在短时间内放出强大的电流　(B)长时间持续放电

(C)加自来水　(D)正负极对接

68. 厂内交通标志分为(　　)类。

(A)1　(B)3　(C)10　(D)4

69. 机动车辆的(　　)时才允许添加燃油。

(A)运转　(B)运行　(C)发动机停熄　(D)起动发动机

70. 叉车行驶时货叉高出地面(　　)为宜。

(A)10～20 cm　(B)30～40 cm　(C)20～30 cm　(D)40～50 cm

71. 叉车装载高大货物时(　　)。

(A)升高货物到不阻挡视线高度,前行　(B)升高货物到不阻挡视线高度,后行

(C)降低货物到不阻挡视线高度,前行　(D)降低货物到不阻挡视线高度,后行

72. 制动踏板是车轮制动器的操纵机件,用来(　　)。

(A)降低车辆速度或停车　(B)代替手制动器

(C)代替离合器　(D)代替减速器

73. 柴油机叉车油门踏板控制(　　)。

(A)喷油泵柱塞的自由行程　(B)输油泵柱塞的行程

(C)喷油泵柱塞的有效行程　(D)机油压力高低

74. 水温表用来指示发动机运转时(　　)。

(A)水套内冷却水温度,为摄氏度　(B)水套内冷却水温度,为华氏度

(C)指示机油温度,为摄氏度　(D)指示机油温度,为华氏度

75. 踩踏油门时应(　　)。

(A)快踩快放　(B)快踩慢放

(C)轻踩慢放,用力柔和　(D)慢踩快放

76. 渐近踏板与(　　)联动。

(A)油门踏板　(B)制动踏板　(C)离合器踏板　(D)变速杆

77. 在起动发动机时,使用起动机的(　　)。

(A)时间要长一些　(B)次数要多一些

(C)时间不宜过长　(D)次数要多,最好连续起动

78. 常温起动发动机时,发动机水温(　　)。

(A)不低于 40 ℃　(B)低于 5 ℃　(C)高于 5 ℃　(D)高于 0 ℃

79. 用起动机起动发动机时,起动时间不宜过长,防止(　　)过度放电。

(A)发电机　(B)蓄电池　(C)起动机　(D)整流器

80. 低温冷车起动或蓄电池电量不足时,不可勉强使用起动机来起动汽油机,而应用(　　)起动。

(A)推车的方法　(B)拖车的方法　(C)手摇柄　(D)顶车的方法

81. 当发动机起动后,使水温逐渐升到(　　)再准备起步。

(A)20～30 ℃　(B)50～60 ℃　(C)40～45 ℃　(D)80～90 ℃

82. 每天早上冷车启动发动机后,应怠速运转 3～5 min,待水温表达到(　　)℃,再起步。

(A)10～20　(B)30～40　(C)20～30　(D)50～60

83. 发动机如经重负荷运转后或温度过高时,应使发动机(　　)。

(A)高速运转几分钟,为蓄电池充电,再突然停熄

(B)怠速运转几分钟,缓慢停熄

(C)中速运转几分钟后立即停熄

(D)高速运转几分钟,为储气筒充足气再停熄

84. 车辆如经重负荷行驶后或发动机温度过高时,应使发动机怠速运转(　　)min,使机件均匀冷却,然后再停熄发动机。

(A)3～5　(B)1～2　(C)4～5　(D)3～6

85. 发动机运转正常,但(　　),不准起步。

(A)货叉或铲斗未离开地面　(B)水温正常达 50 ℃

(C)机油压力达 2 kgf/cm^2　(D)水温达 80 ℃

86. 车辆起步后,应使发动机迅速升温,并保持水温稳定在(　　)℃。

(A)50～60　(B)30～40　(C)80～90　(D)60～70

87. 两个齿轮只有在(　　)时,才能顺利啮合。

(A)圆周线速度相等　(B)直径相同

(C)转速相同　(D)角速度相同

88. 车辆换挡操作,还应尽量缩短时间,(　　)。

(A)以免浪费燃油　(B)防止长时间单手握方向盘

(C)以避免发动机功率损失　(D)防止挂错挡位

89. 搬运操作中,任何时候不要(　　)。

(A)踩下离合器踏板　(B)放松制动器

(C)松开方向盘　(D)松开手制动杆

90. 前轮转向的车辆转弯时,应尽量先使车辆沿弯道(　　)行驶,使弯道内侧留有足够的余地,不至于使车辆越出路外或者碰到障碍物。

(A)外侧　(B)中心线　(C)内侧　(D)弯道起点一侧

91. 叉车倒车宜采用(　　)的方法观察目标。

(A)注视后方　(B)注视侧方　(C)注视后视镜　(D)一次顺车

92. 叉车下坡必须(　　)。

(A)降低货叉或铲斗　(B)前进行驶　(C)减速慢行　(D)倒退行驶

93. 变矩器叉车在下坡前,驾驶员应(　　)。

(A)拉起手制动器　(B)把右脚从油门踏板移到制动踏板上

(C)前进行驶　(D)横向行驶

94. 当车速在 15 km/h 以上时,前后车距离应不少于(　　)m。

(A)5　(B)8　(C)10　(D)20

95. 为了保证车辆安全会车和交通畅通,会车时要(　　)。

(A)一慢、二看、三通过,靠右行驶

(B)先慢、先让、先停,选择适当地点靠边右边通过

(C)一停、二看、三通过

(D)减速、鸣号、靠右行

96. 叉车载货下坡时,不准(　　)。

(A)倒退行驶　(B)转向　(C)中途停车　(D)前进行驶

97. 在较差路面上进行紧急制动时,宜采用(　　),以避免车辆产生侧向滑移和失去方向控制。

(A)一脚制动法　(B)间断制动法

(C)三合一操作法　(D)提前减速操作法

98. 车辆在厂区弯曲道路上行驶时,操作原则是(　　)。

(A)先慢、先让、先停　(B)选择适当地点靠右连通过

(C)减速、鸣号、靠右行　(D)礼让、三先

99. 在炎热的夏季要注意控制冷却水的温度,不要超过(　　)。

(A)40 ℃　(B)50 ℃　(C)60 ℃　(D)95 ℃

100. 叉车作业时,因水箱严重缺水而造成发动机过热时,应(　　)加注冷却水。

(A)立刻　(B)放热水后　(C)停车冷却后　(D)赶紧停息发动机

101. 在较差的路面上进行紧急制动时,宜采取(　　),以避免产生侧向滑移和失去方向控制。

(A)一脚制动法　(B)间歇制动法　(C)紧急制动法　(D)预见性制动

102. 有些驾驶员习惯用间歇制动的方法驾驶车辆,在驾驶拖挂车辆时,这是(　　)。

(A)不良的操作方法　(B)可取的方法

(C)安全的操作方法　(D)规定的操作方法

(E)防止制动鼓过热的方法,也是拖挂车辆时的有效经验

103. 限于厂内行驶的车辆,按(　　)规定的时间接受检验。

(A)劳动行政部门　(B)安全生产监督部门

(C)质量技术监督部门　(D)交通管理部门

104. 限于厂内行驶的机动车辆(　　)。

(A)不准载人行驶　(B)不准载物行驶

(C)不准通过铁路　(D)不准上下地磅

105. 厂内机动车辆的安全装置为(　　)。

(A)制动器、转向器、灯光、喇叭、雨刷、后视镜

(B)仪表盘、操纵杆、方向盘

(C)转向器、制动器

(D)油门踏板、制动踏板、渐近踏板

106. 车辆载物的宽度、高度、长度应按(　　)的规定执行。

(A)劳动部门　(B)公安交通部门

(C)安全生产监督管理部门　(D)质量技术监督管理部门

107. 多辆机动车同时进行装卸时,沿两车栏板横向间距为(　　)。

(A)不少于 1.5 m　(B)2 m　(C)1.5 m　(D)不少于 2 m

108. 下列(　　)地段不准停放任何车辆。

(A)道路一侧有障碍物,对面一侧两端各 20 m 以外

(B)距交叉路口、平交道口、转弯处、隧道、桥梁、危险地段、地中衡和厂房、仓库、职工医院大门口 15 m 以内

(C)距消防栓 20 m 以外

(D)不影响通行的宽直路段

109. 通过无人看守道口时,机动车驾驶员应在距道口 15 m 处,能看到(　　)的火车。

(A)两侧各 200 m 以内　(B)两侧各 100 m 以外

(C)两侧各 150 m 以外　(D)两侧各 200 m 以外

110. 遇到不明情况,必须在保证(　　)的原则下作业。

(A)完成任务　(B)安全　(C)节约　(D)服从

111. 叉车进入车间、仓库等地方时,要注意各种设施如电灯、电线、各种管道、门楣等与(　　)的距离。

(A)左侧　(B)右侧　(C)门架　(D)左右

112. 一台厂内机动车以 10 km/h 的速度行驶时的制动距离为 2 m,现车速提高到 15 km/h,其他条件相同,其制动距离应为(　　)m。

(A)4　(B)4.5　(C)8　(D)3

113. 将机动车辆的保养按使用时间归纳成组,并规定相应的保养内容,称为(　　)。

(A)例行保养　(B)分级保养　(C)定期保养　(D)走合保养

114. 例行保养以(　　)为中心。

(A)清洁、检查　(B)清洁、检查、润滑

(C)检查、紧固　(D)润滑、调整

115. 一级保养以(　　)为中心。

(A)清洁、检查　(B)总成解体清洗检查

(C)润滑、紧固　(D)检查、调整

116. (　　)保养作业时,清洗空气滤清器。

(A)二级　(B)例行　(C)一级　(D)走合

117. 叉车的二级保养的时间间隔为(　　)工作小时。

(A)每天　(B)50　(C)200　(D)600

118. 叉车的三级保养以(　　)为中心。

(A)清洁、检查　(B)检查、调整

(C)总成解体清洗、检查、调整　(D)减速、减载

119. 新(或大修)车辆走合期内减速、减载各(　　)。

(A)15%　(B)20%～25%　(C)10%～15%　(D)30%～45%

120. 企业内各种车辆的定期保养均按(　　)划分。

(A)行驶里程　(B)使用时间　(C)运行里程　(D)货载变化程度

121. 内燃车辆的定期保养按使用时间划分,通常每工作(　　)h 进行一级保养。

(A)50　(B)300　(C)200　(D)100

122. 内燃叉车的定期保养是按使用时间划分的,通常每(　　)个工作小时进行三级保养。
(A)500　(B)100　(C)600　(D)200
123. 车辆在走合期内应经常(　　)。
(A)适当加速行驶　(B)适当加载
(C)检查各总成的温升　(D)经常更换机油
124. 诊断故障,需要熟悉(　　)并有一定的实践经验。
(A)车辆构造、工作原理　(B)发动机和底盘结构
(C)修理工艺　(D)电气原理
125. 浮子室油面太低会造成(　　)。
(A)混合气不足　(B)混合气过稀　(C)混合气过浓　(D)混合气不足
126. 燃油滤清器堵塞,柴油机(　　)。
(A)省油　(B)起动困难　(C)飞车　(D)过热
127. 燃烧室进入额外燃料,柴油机容易(　　)。
(A)起动　(B)熄火　(C)飞车　(D)熄火
128.(　　),柴油机起动困难。
(A)燃料系中有空气或水分　(B)车辆超载
(C)气温高　(D)水温过高
129. 喷油器喷油压力过低,柴油机(　　)。
(A)起动顺利　(B)起动困难　(C)节约燃料　(D)过热
130. 空气滤清器堵塞,柴油机(　　)。
(A)敲缸　(B)气门脚响　(C)起动困难　(D)起动顺利
131. 机油的正常工作压力是(　　)。
(A)4～5 kgf/cm^2　(B)2～4kgf/cm^2
(C)1～2 kgf/cm^2　(D)6～8 kgf/cm^2
132. 发动机起动时机油压力正常,运转一段时间后,机油压力迅速降低,则可能是(　　)。
(A)水温太高　(B)机油量不足或机油黏度过小
(C)机体过热　(D)喷油压力过低
133. 后轮转向的车辆转弯时,应先使车辆靠弯道(　　)行驶,不致使车辆越出路外或碰到障碍物。
(A)外侧　(B)中心线　(C)内侧　(D)边线
134. 燃烧室积炭过多,会引起发动机(　　)。
(A)冒白烟　(B)无力　(C)功率增加　(D)过热
135. 发动机额定负荷内正常排烟颜色应(　　)。
(A)透明　(B)乳白　(C)蓝色　(D)浅灰
136. 燃烧室进入过多燃料,柴油机排气管排出(　　)。
(A)蓝烟　(B)黑烟　(C)黄烟　(D)白烟
137.(　　)发动机排气时冒蓝烟。
(A)油底壳油位太高　(B)机油温度低
(C)黏度过高　(D)活塞与缸壁间隙过小

138. 柴油机排气冒黑烟的原因是(　　)。
(A)喷油雾化不良或滴油　(B)喷油时刻过早
(C)气门间隙调整不当或气门密封不严　(D)喷油量过大或各缸喷油量不匀
139. 柴油机爆震的原因是(　　)。
(A)水温太高　(B)供油过迟,油量太小
(C)供油过早,柴油型号选用不当　(D)油门太大
140. 气门脚响的原因是(　　)。
(A)点火时间过早　(B)点火时间过迟　(C)气门脚间隙大　(D)喷油过多
141. 当离合器踏板自由行程太大时,离合器(　　)。
(A)打滑　(B)分离不彻底　(C)发抖　(D)均不会
142. 离合器分离杠杆调整过高,可造成离合器(　　)。
(A)打滑,行车无力　(B)不能空车起步　(C)换挡不利　(D)制动效能下降
143. 车辆技术状况的好坏,对行车安全有着重要的关系,特别是(　　)的技术状况影响最大。
(A)转向装置　(B)制动装置
(C)转向和制动装置　(D)传动系统和行驶系统
144. 转向沉重的原因是(　　)。
(A)转向传动机构球销缺油　(B)转向轮制动咬死或蹄片不回位
(C)制动器有油　(D)制动器缺乏润滑
145.(　　)的故障大部分是转向器和传动机构间隙过大、连接松动等原因引起的。
(A)转向轮摇摆　(B)转向沉重　(C)车辆跑偏　(D)制动侧滑
146.(　　)导致叉车门架抖动。
(A)内外门架滑动钢板间的间隙过小　(B)两起重链松紧不一
(C)支承销铜套紧　(D)油缸不回油
147. 叉车、装载机的制动系统以(　　)作为工作介质。
(A)机油　(B)刹车油　(C)冷却液　(D)液压油
148. 滚轮磨损过度时,门架(　　)。
(A)不能起升　(B)抖动　(C)倾斜　(D)起升轻快
149. 两起重链条松紧不一致可造成叉车门架(　　)。
(A)发生抖动　(B)变形　(C)发出声响　(D)倾斜
150. 例行保养是各级保养的(　　),以清洁检查为中心。
(A)基础　(B)关键　(C)标志　(D)要求
151. 除了(　　)之外,都必须由驾驶员配合在车间进行。
(A)大修　(B)一级保养
(C)例行保养和一级保养　(D)起合保养
152. 一个齿轮有28个轮齿,模数为3,它的最大直径等于(　　)mm。
(A)88　(B)90　(C)10　(D)120
153. 带传动最大减速比限制在(　　)以内。
(A)9　(B)8　(C)7　(D)6
154. 一对标准齿轮正常啮合时的标准压力角为(　　)。

(A)40° (B)30° (C)25° (D)20°

155. 钢一经淬火处理后,(　　)。

(A)会变软 (B)硬度提高 (C)延伸率提高 (D)耐磨性下降

156. 活塞头部有活塞环槽,一般(　　)。

(A)油环环槽多,气环环槽少 (B)气环环槽多,油环环槽少

(C)气环环槽与油环环槽一样多 (D)不需要气环、油环

157. 对活塞的基本要求是(　　)。

(A)有足够硬度、强度、可塑性 (B)重量轻、强度高、刃性好

(C)有足够的强度、刚度、挠度 (D)有足够的强度、刚度和较轻的重量

158. 汽油机的活塞大都采用(　　)。

(A)高级铸铁 (B)铝合金 (C)耐热钢 (D)普通碳钢

159. 汽油机活塞顶部多为(　　)。

(A)平顶 (B)凹形顶 (C)凸形顶 (D)球形顶

160. 活塞环分气环和油环,分别装在活塞环槽内,一般用(　　)制成。

(A)耐热钢 (B)低碳钢 (C)特种灰铸铁 (D)铜合金

161. 安装活塞环时必须将各道环切口(　　)。

(A)错开 (B)在一侧对正 (C)对正活塞伸缩槽 (D)内圆切槽向下

162. 直列四缸四行程发动机发火间隔角为(　　)。

(A)90° (B)180° (C)270° (D)45°

163. 直列四行程六缸发动机发火间隔角为(　　)。

(A)180° (B)90° (C)120° (D)360°

164. 直列四行程六缸内燃机同时有两个活塞在上止点,其中一个缸正在作功,另一个缸应该是(　　)。

(A)开始压缩 (B)开始进气 (C)开始排气 (D)作功

165. 发动机飞轮起(　　)作用。

(A)配重 (B)带动风扇 (C)蓄能 (D)耗能

166. 喷油泵柱塞偶件是喷油泵中的精密件,其配合间隙为(　　)。

(A)15～25 μm (B)1.5～2.5 μm (C)1.5～2.5 mm (D)0.1 mm

167. 进、排气门的开闭时刻和开闭的持续时间常用曲轴转角来表示,称为(　　)。

(A)气门间隙 (B)发火间隔角 (C)配气相位 (D)发火间隔角

168. 气门与挺杆或气门与摇臂之间必须留有适当的间隙,此间隙称为(　　)。

(A)缸壁间隙 (B)装配间隙 (C)气门间隙 (D)密封间隙

169. 国产汽油机进气门间隙为 0.20 mm,排气门间隙为(　　) mm。

(A) 0.20 (B)0.15 (C) 0.30 (D)0.25

170. 发动机排气延迟角一般为(　　)。

(A)40°～70° (B)5°～25° (C)10°～30° (D)45°～80°

171. 发动机进气提前角一般为(　　)。

(A)40°～70° (B)5°～25° (C)10°～30° (D)45°～80°

172. 汽油机凸轮轴的作用是(　　)。

(A)驱动分电器、机油泵工作

(B)减压

(C)按时开启和关闭气门,同时驱动分电器、机油泵、汽油泵等工作

(D)增压

173. 汽油机的运转可分为起动、怠速、中等负荷、全负荷和加速五种工况,不同工况对(　　)的要求是不同的。

(A)喷油量　(B)气缸工作　(C)排气　(D)混合气浓度

174. 汽油滤清器的作用是除去汽油中的水份和杂质,以防(　　)等部件发生故障。

(A)油箱、油泵　(B)消声器和化油器

(C)汽油泵和化油器　(D)浮子室和油箱

175. 喷油泵的柱塞付偶件由(　　)精配而成。

(A)出油阀和出油阀座　(B)柱塞和柱塞套筒

(C)阀芯和阀套　(D)弹簧和拉杆

176. 发动机冒蓝烟的原因之一是(　　)。

(A)喷油时间过早　(B)喷油时间过晚　(C)喷油量过少　(D)烧机油

177. 当发动机水温低于 40 ℃时,气缸缸壁的主要磨损形式是(　　)。

(A)磨料磨损　(B)黏着磨损　(C)腐蚀磨损　(D)低温磨损

178. 汽油机一般(　　)。

(A)冬季用 6 号或 10 号机油,夏天用 10 号或 15 号机油

(B)冬季、夏季均使用 10 号机油

(C)冬季用 10 号或 15 号机油,夏天用 6 号或 10 号机油

(D)冬季、夏季均使用 15 号机油

三、多项选择题

1.《中华人民共和国特种设备安全法》第十四条规定,特种设备(　　)应当按照国家有关规定取得相应资格,方可从事相关工作。

(A)管理人员　(B)检测人员　(C)作业人员　(D)保卫人员

2.《中华人民共和国特种设备安全法》第三条规定,特种设备安全工作应当坚持(　　)的原则。

(A)安全第一　(B)预防为主　(C)节能环保　(D)综合治理

3. 多路换向阀是控制叉车工作装置(　　)工作的。

(A)起升油缸　(B)链轮　(C)倾斜油缸　(D)门架

4. 厂内(　　)严禁侵入铁路线路和道路的安全限界,并不得妨碍视线。

(A)建构筑物　(B)警告标志　(C)设备　(D)绿化物

5. 叉车的工作装置是(　　)等组成。

(A)货叉　(B)门架　(C)叉架　(D)起升链条

6. 叉车门架分为(　　)两大类。

(A)滚动式　(B)重叠式　(C)开放式　(D)并列式

7. 叉车最常见的型式是(　　)等。

(A)翻斗式叉车 (B)平衡重式叉车 (C)侧叉式叉车 (D)跨步式叉车

8. 轮式行驶系一般由( )等组成。

(A)车桥 (B)车架 (C)车轮 (D)悬架

9. 驻车制动器能( )。

(A)使车辆停放可靠 (B)对行车安全有辅助作用

(C)便于上坡起步 (D)对行车制动有辅助作

10. 驱动桥主要是由( )等组成。

(A)主减速器 (B)差速器 (C)半轴 (D)桥壳

11. 行驶系的作用是( )。

(A)将叉车构成一个整体,支承车辆总质量

(B)将传动系传来的扭矩化为叉车的驱动力

(C)减少振动、缓和冲击,保证叉车平顺行驶

(D)与转向系配合,以正确控制叉车的行驶方向

12. 转向系的作用是( )。

(A)保证行驶中能按驾驶员操纵要求,适时地改变行驶方向

(B)能保持车辆稳定地直线行驶

(C)提高行进速度

(D)保证车辆匀速前进

13. 发动机本体包括( )。

(A)机体 (B)曲柄连杆机构 (C)配气机构 (D)冷却系统

14. 货叉应有足够的强度和刚度,不得任意( )。

(A)加厚 (B)加长 (C)磨薄 (D)焊接

15. 叉车的起升链条是( )的重要挠性构件。

(A)带动门架 (B)带动叉架运动 (C)带动货架 (D)支承叉架和货物重量

16. 检查传动轴应( ),锁止齐全,运转时不发生振动和异响。

(A)无油污 (B)无变形 (C)无松动 (D)无裂纹

17. 要保证叉车运行的稳定性应避免( )。

(A)下坡急转弯 (B)带载急转弯 (C)平地急转弯 (D)高速急转弯

18. 叉车门架应无( )等影响强度、刚性的缺陷。

(A)焊缝脱焊 (B)自由行程 (C)刚性横梁 (D)变形

19. 根据叉车工作需要,常用的叉车属具有( )等。

(A)横移货叉 (B)铲斗 (C)桶夹 (D)挑杆

20. 车桥的作用是( )。

(A)安装车轮

(B)传递车架与车轮间的各方向作用力及其产生的弯矩和转矩

(C)支承连接汽车的各零部件

(D)增加载重量

21. 叉车的主要作用是( )。

(A)将货物提升和下降 (B)进行堆垛

(C)进行装卸作业　　　　　　　　(D)进行搬运作业

22. 行车制动器是由(　　)组成的。

(A)制动泵　　(B)传动机构　　(C)车轮制动器　　(D)前桥

23. 转向桥主要由(　　)等部分组成。

(A)前轴　　(B)转向节　　(C)主销　　(D)轮毂

24.《特种设备质量监督与安全监察规定》所规定的"常规检查"是指(　　)。

(A)定期检验　　(B)年检　　(C)月检　　(D)日检

25.《特种设备质量监督与安全监察规定》所称"维修保养"是指(　　)的业务。

(A)维护　　(B)修理　　(C)保养　　(D)改造

26. 厂内机动车辆有(　　)情况时,再次使用前,使用单位应当对其进行全面检查,必须消除影响安全的隐患。

(A)遇可能影响其安全技术性能的自然灾害

(B)发生设备事故后

(C)停止使用一年以上

(D)工艺停车

27. 燃料供给装置包括(　　)。

(A)汽油箱　　(B)汽油滤清器　　(C)汽油泵　　(D)油管

28. 新增厂内机动车辆,使用单位必须持(　　),到所在地区的地、市级以上特种设备安全监察机构注册登记。

(A)出厂技术资料　　　　　　　　(B)制造监检资料

(C)监督检验机构出具的验收检验报告　　(D)安全检验合格标志

29. 在(　　)情况下的厂内机动车辆,应当按照验收检验规定的内容进行检验。

(A)安装、大修或改造后拟投入使用

(B)停止使用一年以上再次使用

(C)在用的使用一年

(D)进行设备大修后

30. 发生火灾的主要原因有(　　)。

(A)通风条件良好　　(B)电气设备发热　　(C)泡沫　　(D)车辆周围存在可燃物

31. 燃烧可分为(　　)类型。

(A)点燃　　(B)闪燃　　(C)着火　　(D)自燃

32. 燃烧的条件包括(　　)。

(A)可燃物质　　(B)助燃物质　　(C)氧气　　(D)着火源

33. 爆炸可分为(　　)。

(A)物理性爆炸　　(B)化学性爆炸　　(C)生物性爆炸　　(D)信息爆炸

34. 引起电气设备发热的主要原因有(　　)。

(A)短路　　(B)断路　　(C)接触不良　　(D)散热不良

35. 变速器的主要作用是(　　)。

(A)改变发动机的扭矩　　　　　　(B)改变车辆的方向

(C)改变发动机的转速　　　　　　(D)改变发动机的温度

36. 灭火的基本方法包括(　　)。

(A)冷却法　(B)隔离法　(C)窒息法　(D)中断化学反应法

37. 任何单位和个人不得(　　)、出租或者出借"特种设备作业人员证"。

(A)非法印制　(B)伪造　(C)涂改　(D)倒卖

38. 特种设备作业人员应当遵守以下规定(　　)。

(A)作业时随身携带证件

(B)自觉接受用人单位的安全管理

(C)自觉接受质量技术监督部门的监督检查

(D)积极参加特种设备安全教育和安全技术培训

39. 用人单位应当加强作业人员安全教育和培训,保证(　　)。

(A)特种设备作业人员具备必要的特种设备安全作业知识

(B)特种设备作业人员具备必要的特种设备安全作业技能

(C)作业人员按领导指挥操作

(D)及时进行知识更新

40. 发证部门和考试机构应当在办公处所公布(　　)、收费依据和标准、考试机构名称及地点、考试计划等事项。

(A)《特种设备作业人员监督管理办法》

(B)考试和审核发证程序

(C)考试作业人员种类

(D)报考具体条件

41. 发证部门要建立特种设备作业人员监督管理档案,记录(　　)的情况。

(A)考核发证　(B)培训　(C)复审　(D)监督检查

42. 特种设备作业人员应当遵守以下规定(　　)。

(A)严格执行特种设备操作规程和有关安全规章制度

(B)拒绝违章指挥

(C)发现事故隐患应当立即向现场管理人员和单位有关负责人报告

(D)发现不安全因素应当立即向现场管理人员和单位有关负责人报告

43. 触电救护的有关说法正确的是(　　)。

(A)首先使触电者尽快脱离电源　(B)及时抢救非常重要

(C)抢救要送到医院进行　(D)抢救一定要就地进行

44. 电对人体伤害按严重程度可分为(　　)。

(A)局部伤害　(B)电击　(C)电伤　(D)灼伤

45. 习惯上把将触电电流分为(　　)。

(A)感知电流　(B)摆脱电流　(C)致伤电流　(D)致命电流

46. 人体触电持续时间长短与危险性的关系,下面说法正确的是(　　)。

(A)触电的危险只与电流大小有关与时间无关

(B)触电时间越长,危险性就越大

(C)触电时间越短,其危险性就越大

(D)如果触电时间很长,即使是安全电流也可能致人死亡

47. 车辆电气起火时,要使用(　　)等不导电的灭火器材。

(A)干粉　(B)二氧化碳　(C)泡沫　(D)水

48. 发现油路管道或油箱渗漏,处理方法正确的有(　　)。

(A)一般情况下应把油箱或油管拆下,在排尽和挥发尽残余汽油后进行焊接

(B)一般情况下应把油箱或油管拆下,在清洗残余汽油后进行焊接

(C)在任何情况下都不能用锡焊直接补漏

(D)在紧急情况下可以用锡焊暂时补漏

49. 人体触电时若出现呼吸和心跳突然停止时,应采用心肺复苏法,其基本措施有(　　)。

(A)腹部猛压　(B)畅通气道　(C)人工呼吸　(D)胸外心脏挤压

50. 各种车辆安装的灯具,应符合(　　)要求。

(A)灯泡要有保护装置

(B)安装要牢靠

(C)不得因车辆振动而松脱、损坏

(D)不得因车辆振动而失去作用或改变光照方向

51. 车辆驾驶室仪表板上应设置仪表灯,仪表灯与(　　)同时启闭。

(A)示宽灯　(B)转向灯　(C)尾灯　(D)侧位灯

52. 下面(　　)是发动机动力性能良好的表现。

(A)运转平稳　(B)没有响声　(C)能正常起动　(D)能正常熄火

53. 车辆必须具有国家统一样式制定的号牌并装设于(　　)。

(A)车厢　(B)驾驶室　(C)车架的固定部位　(D)车侧

54. (　　)的机件应齐全,性能良好,安装牢固,线路、管路无漏电、漏水、漏油现象。

(A)点火系　(B)燃料系　(C)润滑系　(D)冷却系

55. 下面(　　)是离合器工作性能正常的表现。

(A)分离彻底　(B)接合平稳　(C)不打滑　(D)无异响

56. 发动机必须具有打刻在气缸体上易见部位且字样清晰的(　　)。

(A)制造单位　(B)编号　(C)出厂时间　(D)监检单位

57. 车辆所有电器导线均须符合(　　)要求。

(A)采用铜芯导线

(B)捆扎成束,布置整齐,卡紧固定

(C)接头牢固并有绝缘封套

(D)导线穿越洞孔时需装设绝缘套管

58. 叉车是现代工业生产不可缺少的设备,被广泛地应用于各种物料的起重、运输、装卸和安装等作业中,具有(　　)作用。

(A)减轻体力劳动强度,提高劳动生产率

(B)功能强大代替人的操作

(C)专门运送人员上下班

(D)是实现生产运输过程机械化、自动化的重要环节

59. 叉车的主要作用是(　　)。

(A)将货物提升和下降　(B)进行堆垛

(C)进行装卸作业　　　　　　　　　　(D)进行搬运作业

60. 事故发生后,应严格区分责任,严肃处理事故,按规定应做到“三不放过”,即(　　)。

(A)保护现场不放过

(B)事故原因没有查清不放过

(C)事故责任者和群众没有受到教育不放过

(D)没有防范措施不放过

61. 液压元件容易实现(　　),便于设计、制造和推广使用。

(A)系列化　　(B)标准化　　(C)通用化　　(D)简单化

62. 手制动太松、刹不牢的原因是(　　)。

(A)蹄片磨损　　(B)弹簧断裂　　(C)钢丝绳变长　　(D)调节螺丝松动

63. 蓄电池点火第六电路分为(　　)两部分。

(A)低压电路　　(B)低电流　　(C)高压电路　　(D)高压电流

64. 柴油发动机不能启动的原因是(　　)。

(A)起动转速低　　(B)油路不正常　　(C)压缩压力不够　　(D)水温太低

65. 机械式转向装置由(　　)组成。

(A)转向器　　(B)转向传动机构　　(C)车轮　　(D)传动轴

66. 离合器打滑的原因是(　　)。

(A)离合器片被油污染　　　　　　　　(B)离合器踏板自由行程消失

(C)离合器片平面未全部结合　　　　　(D)发动机急加速太高

67. 变速杆挂不上挡或自动脱挡的原因是(　　)。

(A)离合器分离不清　　　　　　　　　(B)发动机转速太高

(C)拨叉严重磨损　　　　　　　　　　(D)路面复杂没有减速慢行

68. 变速箱有杂音的原因是(　　)。

(A)缺少齿轮油、润滑油变质　　　　　(B)拨叉轴孔磨损松动

(C)轴承磨损严重　　　　　　　　　　(D)齿轮齿形磨损变形

69. 减速器内有杂音的原因是(　　)。

(A)十字轴轴颈磨损　　　　　　　　　(B)球形填片磨损过大

(C)主被动圆锥齿轮空隙过大　　　　　(D)主被动圆锥齿轮过度磨损

70. 制动效果不良的原因是(　　)。

(A)制动鼓磨损或失圆　　　　　　　　(B)车速太快

(C)制动管路有空气　　　　　　　　　(D)制动摩擦片有油

71. 制动鼓异常发热的原因是(　　)。

(A)反复使用刹车　　　　　　　　　　(B)高速行驶时紧急制动

(C)制动鼓与制动蹄之间没有空隙　　　(D)制动器回位弹簧脱落

72. 液压刹车制动失效的原因是(　　)。

(A)液压制动系统漏油　　　　　　　　(B)车辆超速超载行驶

(C)制动总泵皮碗破损变形　　　　　　(D)制动蹄上制动带磨薄

73. 喇叭不响的原因是(　　)。

(A)熔断器烧毁　　　　　　　　　　　(B)电器线路接触不良

(C)电压低　　(D)电流小

74. 机械式转向器,造成方向盘游动间隙大的原因是(　　)。

(A)转向球头松旷　　(B)转向臂松旷

(C)转柱螺杆松旷　　(D)转向节轴承磨损

75. 全液压转向器,转向突然失灵的原因是(　　)。

(A)油泵供油少　　(B)液压油压力低

(C)弹簧片折断　　(D)插销折断或变形

76. 造成半轴断裂的原因是(　　)。

(A)半轴的钢圈紧固螺栓松动　　(B)车辆超载

(C)车未停妥立刻倒车行驶　　(D)半轴和钢圈紧固螺栓选用规格不对

77. 液压脚制动,有时要两脚或三脚才能制动有效的故障原因是(　　)。

(A)制动系统漏油　　(B)制动系统有空气

(C)制动蹄和制动鼓间隙过大　　(D)总泵回油阀关闭不严

78. 机动车辆排放的废气污染杂物包括(　　)。

(A)二氧化碳　　(B)一氧化碳　　(C)碳氢化合物　　(D)氮氧化合物

79. 驾驶车辆时降低车辆噪声污染的措施是(　　)。

(A)合理选择挡位,防止乱轰油门

(B)少鸣喇叭

(C)按规定润滑车辆,防止零件发生干摩擦

(D)正确选用轮胎花纹,保持轮胎的正常气压

80. 车辆液压刹车制动液(刹车油)包括(　　)。

(A)醇型　　(B)合成型　　(C)矿油型　　(D)机油型

81. 提高轮胎行驶里程的注意事项包括(　　)。

(A)行驶中严格控制轮胎温度　　(B)掌握轮胎的充气标准

(C)严格控制轮胎所受负荷禁止超载　　(D)不要在水中、污泥中行驶

82. 防止焊补油箱发生爆炸的主要措施是(　　)。

(A)放尽燃油　　(B)用碱水冲洗

(C)焊补时敞开油箱口　　(D)用水反复清洗数次

83. 气压式制动装置故障为(　　)。

(A)制动失效　　(B)制动不良　　(C)制动发咬　　(D)制动偏跑

84. 例行保养是各级保养的基础,以(　　)为中心。

(A)清扫　　(B)清洗　　(C)清洁

(D)紧固　　(E)检查

85. 发动机冷却水沸腾的原因是(　　)。

(A)天气炎热,长期大负荷行驶　　(B)润滑油不适当

(C)冷却风被泥沙污物堵塞　　(D)节温器失灵

86. 叉车的液压系统主要有(　　)。

(A)油泵　　(B)换向阀　　(C)起升油缸　　(D)油箱

87. 叉车出入(　　)时速不得超过 5 km。

(A)厂门　　(B)厂区　　(C)库房门　　(D)车间

88. 叉车车辆作业前应检查(　　)等装置是否灵敏可靠，严禁带病出车。

(A)刹车　　(B)方向盘　　(C)喇叭　　(D)照明

89. 叉车在以下(　　)不允许停放车辆。

(A)坡度大于 5°的路段

(B)交叉路口、厂房门口 15 m 以内的地段

(C)道路一侧有障碍物时，与障碍物长度相等的地段两端各 20 m 以内的地段

(D)通勤车站地段

90. 叉车作业(　　)。

(A)不准将货物升高作长距离运输　　(B)不准用单叉作业

(C)不准用惯性力取货　　(D)不准用制动惯性溜放圆形或易滚物品

91. 叉车转向沉重是因为(　　)。

(A)后轮气压不足　　(B)前轮气压不足

(C)前束失调　　(D)前轴或车架弯扭变形

92. 叉车在作业中应遵守(　　)。

(A)不准铲运货物倒车行驶　　(B)不准用单货叉作业

(C)不准货叉上带人作业　　(D)不准将货物升高做长距离行驶

93. 叉车可分为(　　)。

(A)动力装置　　(B)底盘

(C)车身及工作装置　　(D)电气设备

94. 叉车的工作装置由(　　)等组成。

(A)货叉　　(B)叉架　　(C)门架　　(D)起升链条

95. 叉车使用的链条主要是(　　)。

(A)单链　　(B)双链　　(C)片式　　(D)套筒滚子链

96. 造成机动车辆伤害的原因有(　　)。

(A)道路不良　　(B)安全管理制度不健全

(C)驾驶员素质不高　　(D)驾驶员安全观念淡薄

(E)车辆保养不好车况差

97. 机动车辆的稳定性包括(　　)。

(A)纵向稳定性　　(B)行驶稳定性　　(C)横向稳定性

(D)举升稳定性　　(E)停车稳定性

98. 机动车行车经平交道口时必须(　　)。

(A)提前减速　　(B)伺机通过

(C)一慢、二看、三通过　　(D)减速、鸣号、靠右行

99. 下列情况表面机油压力过高的是(　　)。

(A)机油滤清器滤芯堵塞

(B)冷车发动时机油压力表指示表示压力在 5 kgf/cm^2 以上

(C)接通点火开关，机油压力表指 2 kgf/cm^2 以上

(D)发动机运转中，机油压力突然增高

(E)温度上升较快

100. 车辆超高速行驶的危害包括(　　)。

(A)制动距离延长　(B)转向离心力增加　(C)行驶偏向

(D)过拱形路面时出现失重现象　(E)惯性冲击力加大

101. 装卸车辆电气系统的特点是(　　)。

(A)双线制　(B)单线制

(C)采用直流电源　(D)电源电压多采用 36 V 或 48 V

(E)电源电压多用 12 V 或 24 V

102. 厂内机动车辆常用仪表主要有(　　)。

(A)电流表　(B)机油压力表　(C)水温表

(D)燃油表　(E)车速里程表

103. 转向轮定位主要参数有(　　)。

(A)主销后倾　(B)主销内倾　(C)车轮外倾

(D)轮距　(E)车轮前束

104. 例行保养要求在(　　)由驾驶员按规定亲自进行。

(A)每周期　(B)出车前　(C)每旬中

(D)驾驶中　(E)收车后

105. 叉车在作业过程中,应注意(　　)。

(A)不准在坡道上横向行驶　(B)不准将货物升高行驶

(C)不准高速行驶　(D)可用惯性力取货

(E)可以在岸上直接铲取船上货物

106. 特种设备作业人员应该遵守以下规定(　　)。

(A)积极参加特种设备安全教育和安全技术培训

(B)严格执行特种设备操作规程和有关安全规章制度

(C)拒绝违章指挥

(D)发现事故隐患或者不安全因素应当及时向现场管理人员和单位有关负责人报告

107. 叉车的主要技术性能包括(　　)。

(A)最大起重量和载荷中心　(B)牵引性能　(C)机动性能

(D)通过性能　(E)稳定性能

108. 机体主要包括(　　)。

(A)气缸盖　(B)气缸垫　(C)气缸体

(D)气缸套　(E)油底壳

109. 对发动机活塞的材料要求是(　　)。

(A)足够的强度　(B)耐烧　(C)足够的刚度　(D)较轻的重量

110. 安装发动机活塞的扭曲环时,应将(　　),不可装反。

(A)内圆切槽向下　(B)外圆切槽向上　(C)内圆切槽向上

(D)切槽均朝上或朝下　(E)外圆切槽向下

111. 发动机曲轴的作用是(　　)。

(A)承受连杆来的动力,将其转为扭矩

(B)通过飞轮驱动传动系
(C)通过连杆推动各气缸的进气、压缩、排气
(D)驱动配气机构
(E)驱动其他辅助装置
112. 机油的作用有(　　)。
(A)润滑　　(B)冷却　　(C)清洗
(D)密封　　(E)防锈
113. 冷却系主要由(　　)等部分组成。
(A)风扇　　(B)散热器　　(C)水泵
(D)节温器　　(E)水套
114. 在泥泞的路上行车,车轮容易(　　)。
(A)跑偏　　(B)空转　　(C)发热
(D)四轮制动　　(E)打滑
115. 叉车经济性能下降的诊断对象有(　　)。
(A)冷却系　　(B)润滑系　　(C)燃油系　　(D)进、排气系统
116. 叉车又称铲车或万能装卸车,是一种通用的(　　)车辆。
(A)堆垛　　(B)装卸　　(C)起重　　(D)运输
117. 叉车按动力装置分为(　　)。
(A)电动叉车　　(B)双动力叉车　　(C)内燃叉车　　(D)步行操纵式叉车
118. 叉车的技术参数是用来反映叉车的结构特征和工作性能的,叉车的技术参数包括(　　)。
(A)性能参数　　(B)尺寸参数　　(C)质量参数　　(D)外形尺寸
119. 叉车的尺寸参数有(　　)。
(A)轴距　　(B)前后轮距　　(C)外廓尺寸　　(D)最小离地间隙
120. 叉车的质量参数有(　　)。
(A)轴距　　(B)额定起升质量　　(C)整备质量　　(D)轴负荷
121. 叉车的总体构造由(　　)组成。
(A)底盘　　(B)动力部分　　(C)工作部分　　(D)电气设备
122. 底盘由(　　)组成。
(A)制动系　　(B)转向系　　(C)传动系　　(D)行驶系
123. 制动系按制动能源不同可分为(　　)。
(A)伺服制动系　　(B)人力制动系　　(C)动力制动系　　(D)手制动系
124. 四冲程发动机由(　　)过程组成一个工作循环。
(A)排气　　(B)压缩　　(C)进气　　(D)做功
125. 柴油发动机是由(　　)系统组成。
(A)启动系　　(B)润滑系　　(C)供给系　　(D)冷却系
126. 曲柄连杆机构包括(　　)。
(A)活塞连杆组　　(B)曲轴飞轮组　　(C)曲轴箱组　　(D)气缸体
127. 柴油机燃料供给系由(　　)部分组成。

(A)混合气形成 (B)空气供给 (C)柴油供给 (D)废气排出

128. 汽油机点火系分为( )。

(A)无触点电子点火系 (B)有触点电子点火系

(C)有触点磁电机点火系 (D)有触点蓄电池点火系

129. 内燃叉车传动方式有( )。

(A)机械式 (B)静液式 (C)动液式 (D)液压式

130. 叉车挡位数的多少,取决于叉车的( )。

(A)发动机功率 (B)行驶速度 (C)转弯半径 (D)起升质量

131. 根据车桥上车轮的作用,车桥可分为( )。

(A)驱动桥 (B)转向桥 (C)支持桥 (D)转向驱动桥

132. 发动机动力性能下降,诊断的对象有( )。

(A)燃油系 (B)润滑系 (C)配气机构 (D)曲柄连杆机构

133. 多数机构的悬架主要由( )组成。

(A)车桥 (B)导向机构 (C)减振器 (D)弹性元件

134. 叉车液压系统一般由( )部分组成。

(A)操纵装置 (B)动力装置 (C)执行装置 (D)辅助装置

135. 两车交会应该本着互相让礼的精神,做到"礼让三先",而"三先"指的是( )。

(A)先停 (B)先慢 (C)先鸣 (D)先让

136. 厂区交通安全标志的设置常用的有( )。

(A)指示标志 (B)禁令标志 (C)辅助标志 (D)警告标志

137. 叉车维护等级一般划分为( )。

(A)换季维护 (B)走合维护 (C)定期维护

(D)封存维护 (E)日常维护

138. 三级技术维护是以( )为中心的项目。

(A)紧固 (B)调整 (C)检查 (D)防腐

139. 叉车故障诊断的基本原则可概括为( )。

(A)从简到繁、由表及内 (B)搞清现象、结合原理

(C)区别情况、周密分析 (D)诊断准确、少拆为宜

140. 发动机异响的大概原因是( )。

(A)活塞敲缸 (B)连杆瓦响 (C)活塞销响

(D)曲轴瓦响 (E)漏气响

141. 故障预防的基本方法有( )。

(A)正确使用叉车,避免产生人为故障

(B)及时清除发现的故障隐患,避免因自然磨损、疲劳损伤、老化变质等原因造成的叉车故障

(C)适时更换叉车零部件,将故障隐患消灭在萌芽状态

(D)加强叉车的日常养护工作

142. 常见预防叉车故障的具体措施主要有( )。

(A)建立各部件使用情况统计表

(B)换件前,对旧件彻底检查
(C)适时更换叉车零部件,将故障隐患消灭在萌芽状态
(D)加强叉车的日常养护工作

143. 承受侧面载荷的滚轮是(　　)。
(A)纵向滚轮　(B)横向滚轮　(C)复合滚轮　(D)滑动滚轮

144. 变速器中变速传动机构的主要作用是改变(　　)。
(A)转矩　(B)转速　(C)旋转方向　(D)旋转角度

145. 停车制动装置由(　　)组成。
(A)停车制动器　(B)传动机构　(C)轮胎　(D)手刹

146. 两种常用制动装置有(　　)。
(A)液压式制动装置　(B)气压式制动装置
(C)抱死制动装置　(D)非抱死制动装置

147. 根据排列方式不同,叉车门架可分为(　　)。
(A)滑动式　(B)滚动式　(C)开合式　(D)开放式

148. 组成叉车工作装置的主要部分有(　　)。
(A)货叉　(B)滑架　(C)内外门架　(D)链条和滚轮

149. 液压传动系统的组成包括(　　)。
(A)动力部分　(B)执行部分　(C)控制部分　(D)辅助部分

150. 目前车辆发动机冷却方式主要有(　　)。
(A)风冷式　(B)水冷式　(C)冰冷式　(D)自然冷式

151. 液压式制动驱动机构主要包括制动(　　)等。
(A)主缸　(B)轮缸　(C)油管　(D)电磁阀

152. 有级变速器根据操纵方式可分为(　　)。
(A)滚动齿轮变速器　(B)机械换挡变速器
(C)动力换挡变速器　(D)滑动齿轮变速器

153. 可能造成叉车制动不平稳的原因是(　　)。
(A)制动鼓失圆　(B)制动鼓与制动蹄间隙不正常
(C)制动蹄调整不当　(D)主缸漏油

154. 预防蓄电池极板短路的有效措施是(　　)。
(A)防止活性物质大量脱落　(B)定期充电
(C)及时清除已脱落的活性物质　(D)经常加入硫酸

155. 叉车用蓄电池出现自行放电的主要原因是(　　)。
(A)电解液中杂质含量过高　(B)内部短路引起的自放电
(C)蓄电池表面不清洁　(D)电解液密度大

156. 触电救护的有关说法正确的是(　　)。
(A)首先使触电者尽快脱离电源　(B)及时抢救非常重要
(C)抢救要送到医院进行　(D)抢救一定要就地进行

157. 电传动系统是靠电动机的反转和调速由电气控制系统来完成的,所以无需(　　)。
(A)离合器　(B)变速器　(C)同步器　(D)差速器

158. 变速杆挂不上挡或自动脱挡的原因是(   )。

(A)离合器分离不清　　(B)发动机转速太高

(C)拨叉严重磨损　　(D)路面复杂没有减速慢行

四、判 断 题

1. 叉车是由自行的轮式底盘和一套能垂直升降、前后倾斜的工作装置所组成。(   )

2. 装载液化气的槽车必须装有防静电接地链。(   )

3. 场(厂)内机动车辆作业人员应当严格执行场(厂)内机动车辆的安全操作规程和有关的安全规章制度。(   )

4. 油箱补焊,只要用水冲掉油箱内的存油,就能补焊。(   )

5. 叉车上制动装置有两套,一是机械式的脚制动器,二是液压式的手制动器。(   )

6. 场(厂)内机动车辆最高时速不得超过 20 km,场(厂)区内部最高时速不得超过10 km,仓库和车间内最高时速不得超过 3 km。(   )

7. 机械变速器齿轮箱使用润滑油一般选用 10 号或 20 号齿轮油。(   )

8. 全液压叉车的变速箱,是改变行驶速度和牵引力的主要部件。(   )

9. 任何单位或个人不得拼装厂内机动车辆,但可以改变机动车已登记的结构、构造或者特征。(   )

10. 水温过高或过低不会破坏发动机的正常工作。(   )

11. 低温环境下,柴油发动机要选用低凝点的柴油。(   )

12. 按工作循环方式,发动机可分为内燃机和外燃机。(   )

13. 四行程发动机每完成一个工作循环,曲轴转动 360°。(   )

14. 柴油机压缩比比汽油机压缩比低。(   )

15. 因为汽油机压缩比比柴油机压缩比高,所以才设点火系。(   )

16. 气缸垫主要用途是防止漏油。(   )

17. 汽油机的活塞多用铝合金制成,且多为平顶。(   )

18. 相邻两道活塞环切口必须错开。(   )

19. 活塞与燃烧室容积大小无关。(   )

20. 曲轴可用球墨铸铁锻制而成。(   )

21. 汽油的抗爆性用含铅量表示。(   )

22. 曲轴采用强制润滑。(   )

23. 柴油机机油有五个黏度标号。(   )

24. 机油集滤器能滤出机油中大粒度杂质。(   )

25. 经细滤清器滤出的机油不直接参加润滑。(   )

26. 干式空气滤清器中必须加机油,以便粘住大颗粒的杂质。(   )

27. 用十六烷值表示柴油的自燃能力。(   )

28. 柴油在喷油器中产生高压。(   )

29. 喷油泵各分泵柱塞的有效行程大小由驾驶员用离合器踏板控制。(   )

30. 喷油器喷油结束时必须滴油。(   )

31. 统一型燃烧室的柴油机必须使用轴针式喷油器。(   )

32. 牵引车采用机械式传动系统。( )

33. "自动拨"叉车采用液力变矩器传递动力。( )

34. 变速器作用是改变扭矩、转速的大小和方向。( )

35. 离合器设有空挡,以利启动发动机。( )

36. 液力变矩器靠传动液的表面张力传递动力。( )

37. 液力变矩器中必须加传动油液,叉车才能产生运动。( )

38. 车辆技术状况的好坏对安全行驶不起重要作用。( )

39. 只要厂长同意,安技部门批准就可以操作机动车辆。( )

40. 完好的车辆是搞好安全行驶,安全作业的唯一条件。( )

41. 患有妨碍安全驾驶机动车的疾病,不得驾驶机动车。( )

42. 过度疲劳影响安全驾驶的,应当谨慎驾驶机动车。( )

43. 服用少量国家管制的精神药品或者麻醉药品,可以驾驶机动车。( )

44. 车辆经过十字路口时应做到"一慢、二看、三通过"。( )

45. 厂内机动车驾驶员一天作业时间以连续作业不超过 6 h 为好。( )

46. 驾驶疲劳是指驾驶员在运输作业中,由于心理、生理上的某些变化,客观上出现驾驶机能低落的现象。( )

47. 过节了,喝点酒高高兴兴上班,这样会精神倍增。( )

48. 只要取得厂里发放的安全作业证,就可驾驶叉车。( )

49. 出车前、行驶中、收车后的勤清洁、勤检查、勤调整是"三勤"的具体内容。( )

50. 30 岁以前和 55 岁以后,这两个年龄段驾驶员发生车辆肇事的次数较多。( )

51. 车辆起步时,应查看周围是否有人或障碍物的情况下,然后先起步、后鸣号。( )

52. 道路、场地宽敞时,往往主观估计的车速要比实际速度高。( )

53. 车辆速度过快,延长了车辆的制动距离,扩大了车辆的制动非安全区。( )

54. 实习驾驶员可以操纵被拖带的机动车辆。( )

55. 拖带制动失灵的车辆,牵引的长度须在 5~7 m 之间。( )

56. 同方向行驶的车辆,前后两车应保持在至少 5 m 的间距。( )

57. 操作人员离开驾驶座时,需关掉电门,货叉平放在地面,拉紧手制动后方可离开。( )

58. 叉车按照动力不同可分为内燃叉车和电瓶叉车。( )

59. 叉车在结构上采用后轮为转向轮,所以转弯半径小。( )

60. 叉车是由自行的轮式底盘和一套能垂直升降、前后倾斜的工作装置所组成。( )

61. 叉车根据使用动力装置的不同可分为汽油机式叉车和柴油机式叉车。( )

62. 内燃叉车又分为普通内燃叉车、重型叉车、集装箱叉车和侧面叉车。( )

63. 叉车的起升油缸通常制作成双作用式油缸,以便使货叉取货物时顺利起升和下降。( )

64. 安全阀是保障车辆安全行驶的重要元件。( )

65. 脚制动无论是气制动或液压制动均要求一脚有效。( )

66. 预热启动通电时间一般为 2 min。( )

67. 叉车装卸货物,装货起升时要先平面或稍向后倾再升高,卸货时应先下降后再前倾。( )

68. 叉车运行时,货叉离地面高度应不大于 500 mm。( )

69. 车辆平时应加强保养,按时计划修理,必要时以修带保。( )
70. 爆炸性混合物的浓度,达到爆炸浓度极限就会爆炸。( )
71. 叉车下坡为节省燃油,可空挡滑行。( )
72. 当变速箱的传动比大于1时,叉车增速。( )
73. 伤员呼吸不畅时,应解开伤员的衣领和腰带。( )
74. 烧伤严重的伤员口渴时,可喝些盐水补充水分。( )
75. 运输易爆物品的车辆,可以不用配备干粉灭火器。( )
76. 车辆着火时,最好用水去灭火。( )
77. 叉车的制动距离与道路的附着系数成反比关系。( )
78. 缺乏安全技术知识教育,违反操作规程,是厂内运输事故的原因之一。( )
79. 叉车在启动的情况下可以进行维修,但严禁拆装零部。( )
80. 操作人员应根据地形位置掌握铲斗的安全高度,严禁铲斗在高空位置时行驶作业。( )
81. 全液压车转向系统有空气是造成转向沉重的原因之一。( )
82. 使用充气橡胶轮胎的叉车,与起重量相同的实心轮胎相比,它的尺寸较大,操纵性要差些。( )
83. 柴油机在进气行程中吸入的是一定配比的可燃混合气。( )
84. 叉车上限速阀的功用主要是限止叉车行驶的车速,以保证安全。( )
85. 液压传动可在较大范围内不停止进行无级调速,而且速度变换平稳。( )
86. 液压传动容易实现定比传动。( )
87. 叉车在运行中应时刻将脚搁在离合器踏板上,便于控制车速。( )
88. 叉车的技术参数是用来说明和反映叉车的结构特性和工作性能的。( )
89. 厂内机动车运输指的是为了适应生产的需要,在厂区内部所进行的装卸、运输工作。( )
90. 厂内机动车作业员只要随身携带操作上岗证就可以上道路行驶作业。( )
91. 码垛时要分清先后次序,便于“先进先出”和收发、检查等工作。( )
92. 驾驶员根据道路情况减速,以提高轮胎使用寿命。( )
93. 新车、大修车在走合期不应拖带抛锚车辆。( )
94. 全液压车亦可称为容积式传动叉车。( )
95. 检查燃油箱油量可用明火照明以示油量准确。( )
96. 例保是指每日行驶中的检查。( )
97. 误差与运行时间有一定的关系,驾驶员在连续行驶1 h之后,误差率会超过50%,这也是一种心里状态影响的结果。( )
98. 装载危险品行驶时,不要急骤起步、紧急停车。( )
99. 正式驾驶员没有携带操作证开车,不能说他违章无证驾驶。( )
100. 机动车辆的制动器、转向器、喇叭、灯光、雨刷和后视镜必须齐全有效,行驶途中上述部件发生故障,要注意谨慎行驶。( )
101. 司机离开驾驶室时需关掉电门,方可离开。( )
102. 厂内运输车辆的驾驶员属特种设备作业人员。( )

103. 油罐车起火,可用水扑救,既能灭火又能冷却。( )

104. 内燃叉车的特点是动力性和机动性能好,适用范围非常广泛。( )

105. 润滑脂具有较好的润滑性、可塑性和一定的黏附性。( )

106. 液压油过滤器安装在高压油管上,用来过滤从油缸回来的油。( )

107. 二氧化碳灭火机器瓶内装的是二氧化碳气体。( )

108. 劳动者在劳动过程中,应当正确使用劳防用品。( )

109. 对在消除重大危险、危害因素,防止伤亡事故方面取得显著成绩的个人,由市、区县人民政府给予表彰、奖励。( )

110. 驾驶员对信号刺激物的反应时间,听觉、触觉最短,痛觉最长。( )

111. 驾驶员制动车辆的反应时间,是指看到制动信号到开始踩到制动踏板的时间,往往由情绪和健康状况的变化而不同,身体健康,精神状态好,反应就快,反之反应就慢。( )

112. 发动机油黏度越高越好。( )

113. 车辆起步时,要平稳地结合离合器,换挡时要迅速分离离合器。( )

114. 齿轮式有级变速器是通过拨叉完成换挡动作。( )

115. 动力换挡变速器是通过拨叉完成换挡动作。( )

116. 车辆刹车跑偏主要是车轮制动效力不一致。( )

117. 车辆行驶时,转向轮摇摆原因是转向球头松旷和轴承松旷等造成。( )

118. 制动系统中主要依靠发动机带动的空气泵使真空增压器产生制动力。( )

119. 为了使轮胎的磨损尽可能地均匀,要定期地进行轮胎换位。( )

120. 发动机冷却系分为水冷与风冷式两种。( )

121. 只要不超载就可预防轮胎早期磨损。( )

122. 横拉杆两端的螺纹都是正向螺纹。( )

123. 使用中起重量与货叉的载荷中心距无关。( )

124. 经单位领导同意,驾驶员可把车辆交给其他人员使用。( )

125. 车辆在坡度上起步或通过困难路面时应选择高速挡。( )

126. 节流阀是一种用改变油液流量的办法来控制工作机构移动方向的阀门。( )

127. 机械变速器齿轮箱使用润滑油一般选用 10 号或 20 号油。( )

128. 液力变矩器是装载机上的一种能在一定范围内进行无级变速的液压部件。( )

129. 驾驶机动车作业时不能打手提电话,但可以用耳塞接听电话。( )

130. 加油时可以不熄火,工作时汽油机的火花塞与高压线之间可以"吊火"运行。( )

131. 机动车上陡坡时采用慢速挡的作用是增加驱动轮的扭矩。( )

132. 制动系左右制动蹄间隙一样,容易刹车跑偏。( )

133. 坡道分力是使车辆丧失横向稳定性的外力之一。( )

134. 稳定性是保证叉车安全作业的最重要条件。( )

135. 沿曲线运动的物体将产生离心力,离心力是使车辆横向倾覆的外力。( )

136. 车辆在行驶中,速度越快,质量越大,车辆的功能就越小。( )

137. 叉车在作业行驶中,其合成重心位置每个瞬时都不变。( )

138. 叉车重心位置越低,对纵向稳定有利,对横向稳定不利。( )

139. 叉车在作业时的稳定性与驾驶员操作无关。( )

140. 叉车重心高与低与稳定性没有内在联系。(　　)

141. 通常所讲的制动距离就是从驾驶员开始踏制动踏板到完全停住时车辆所行驶的距离。(　　)

142. 在拆卸轮胎时,应放完轮胎内的余气。(　　)

143. 对制动装置的要求是完好、工作可靠、吸收能量快。(　　)

144. 制动器起作用的时间与驾驶员踩下制动踏板的速度无关。(　　)

145. 门架倾角指无载叉车在平坦坚实的地面上,门架自垂直位置向前或向后倾斜的最大角度。(　　)

146. 内燃叉车可以进入化学危险品仓库作业。(　　)

147. 叉车上的方向阀是控制进入液压油缸的流量。(　　)

148. 附着力的大小与附着系数的变化无关。(　　)

149. 叉车上的安全阀是控制起升油缸的下降速度。(　　)

150. 车辆方向盘的最大自由转动盘从中间位置向左、右各不得大于 30°。(　　)

151. 便于装卸特殊体积货物的需要,允许拆卸挡货架作业。(　　)

152. 叉车门架的前倾和后倾是依靠倾斜油缸的动作来完成的。(　　)

153. 人的行动、动作正确与否,与心理状态无关。(　　)

154. 造成事故的原因主要是物的不安全状态,与人的行为无关。(　　)

155. 制动开始时的车速,与制动距离无关。(　　)

156. 造成车辆横向倾翻的原因是车辆转弯时速度过快。(　　)

157. 车辆例保或日常保养是在各级保养基础上,以清洁、检查为中心。(　　)

158. 叉车作业中“稳”具体指:(1)从二挡起步,快速加速;(2)先加速滑行,而后制动停车;(3)走行时可曲折蛇行。(　　)

159. 厂内车辆驾驶员从事的工作具有一定的危险性,在作业时除加强自我保护外,更重要的是要时刻保护他人的生命安全和财物的安全。(　　)

160. 夏季高温季节中午装运易燃易爆物品时,要时刻注意安全行车。(　　)

161. 检查风扇皮带的松紧度是用拇指以约 2 kgf 的压力按下皮带,其挠度一般为 10～15 mm。(　　)

162. 叉车采用前轮为驱动能,后轮为转向轮,前轮能通过的地方后轮不一定能通过,是因为后轮外缘的转弯半径要大于前轮外缘的转弯半径。(　　)

163. 驾驶速度快是驾驶员驾驶技能高超的具体表现。(　　)

164. 道路交通参与者的违章行为是诱发道路交通事故的主要原因之一。(　　)

165. 叉车机械故障一般现象有:连接松动、脱落、零件变形、磨损配合不良、锈蚀腐蚀、断裂、发热、噪声和性能明显降低等。(　　)

166. 作业前发动机应怠速运转 10 min,室外气温 0℃以下时应预热启动,空载运转到水温达规定温度以上时才能作业,启动时禁止明火预热。(　　)

167. 发动机由曲轴连杆机构、配气机构、燃料供给系、传动系、润滑系、冷却系和启动装置组成。(　　)

168. 汽油发动机和柴油发动机使用的燃料不同,但点火方式一样。(　　)

169. 发动机的作用是将燃料燃烧的热能转变为机械能,为驱动车辆行驶提供动力。(　　)

170. 由进气、压缩、作功、排气过程组成的循环叫发动机的工作循环。( )
171. 水温过高过低不会破坏发动机的正常工作。( )
172. 叉车的传动系统主要由离合器、变速器、传动装置和驱动桥等组成。( )
173. 活塞销的作用是连接活塞和连杆小头,并把活塞承受的气体压力传给连杆。( )
174. 叉车货叉裂纹不超过该处断面的50%以上仍可正常使用。( )
175. 液压脚刹车由制动总泵推动制动蹄压紧轮壳进行制动。( )

五、简 答 题

1. 什么是汽油机?
2. 什么是柴油机?
3. 什么是载荷中心?
4. 叉车紧急制动的操作方法是什么?
5. 金属材料的物理性能主要有哪些?
6. Q235 钢的牌号意义是什么? 主要用途有哪些?
7. 加工的零部件有哪几方面要求?
8. 零件图上应注写的技术要求有哪几个方面?
9. 定期保养工作有哪几种?
10. 曲柄连杆机构由哪些组件组成?
11. 活塞的功用是什么?
12. 配气机构的功用是什么?
13. 顶置式配气机构由哪些部件组成?
14. 柴油机燃料供给系由哪些部件组成?
15. 叉车传动装置的作用是什么?
16. 叉车工作装置的作用是什么?
17. 叉车的技术性能包括哪些方面?
18. 叉车门架自动前倾故障的主要原因是什么?
19. 叉车工作部分液压系统由哪些部分组成?
20. 什么叫配合? 配合种类有哪些?
21. 发动机气环的断面形状有哪几种?
22. 按硅整流发电机的总体结构进行分类,发电机主要有哪几种形式?
23. 影响蓄电池容量的因素有哪些?
24. 无内胎轮胎的优点是什么?
25. 溢流阀的作用是什么?
26. 叉车传动系统驱动桥发热的原因是什么?
27. 何为液压控制阀?
28. 转向器的作用是什么?
29. 带传动有哪些特点?
30. 液压泵的作用是什么?
31. 外啮合齿轮泵的特点有哪些?

32. 叉车在进行危险品作业时应遵守的安全规定是什么?
33. 一般货物堆码标准的技术要求是什么?
34. 叉车司机离车时应做好哪些工作?
35. 叉车走行时在什么情况下要减速行驶?
36. 内燃叉车交接班应检查的项目有哪些?
37. 叉车传动系统驱动装置不稳固的原因是什么?
38. 曲柄摇杆机构是什么?
39. 影响叉车通过性的因素包括哪些?
40. 厂内机动车辆是指什么?
41. 车辆的稳定性是指什么?
42. 内叉液压系统压力不足是什么原因?
43. 简述叉车全液压转向系统中转向油缸的工作原理。
44. 什么是螺纹的导程?
45. 什么是交流电?
46. 什么是点火正时?
47. 什么是空气阻力?
48. 什么是耗油率?
49. 什么是有效功率?
50. 什么是指示功率?
51. 什么是燃烧室容积?
52. 什么是发动机的工作容积?
53. 什么是充气系数?
54. 什么是最大起升速度?
55. 什么是轴距?
56. 什么是门架倾角?
57. 什么是自由起升高度?
58. 什么是配气相位?
59. 什么是发动机排量?
60. 什么是车辆的动力性?
61. 叉车的起重货叉和安全架如何进行调整?
62. 叉车的起重装置由哪些部件组成?
63. 一般常用的车辆零件修复方法有哪些?
64. 起升液压缸和倾斜油缸常见故障的原因分析及排除方法有哪些?
65. 叉车液压传动系统包括哪些部件?
66. 叉车维护检修的目的是什么?
67. 驱动桥由哪些部件组成?其作用是什么?
68. 影响叉车最大运行速度的主要因素是什么?
69. 门架倾角的作用是什么?
70. 制动泵的作用是什么?

71. 什么是欧姆定律?

六、综 合 题

1. 叉车安全操作规定中应做到哪“八不准”?
2. 叉车作业中“稳”具体指哪些方面?
3. 叉车叉取搬运货物中提叉有哪些技术要求?
4. 叉车落货有哪些内容和技术要求?
5. 装卸机械一般守则中规定启动发动机应做到哪些内容?
6. 造成厂内车辆违章驾驶事故的现象有哪些?
7. 叉车行驶时应做到那些内容?
8. 发动机油环的作用是什么?
9. 起升机构由哪些部件组成,有何作用?
10. 叉车行驶的“八禁止”的具体内容是什么?
11. 叉车起动后为什么不宜长时间使用非工作挡作业?
12. 厂内夜间行车注意事项有哪些?
13. 司机在更换蓄电池时应注意哪些事项?
14. 叉车作业完毕后,停放时应注意的事项是什么?
15. 整车货物和零担货物的堆码要求是什么?
16. 货物的堆码距离要求是什么?
17. 内燃叉车工作液压系统一级保养技术要求有哪些?
18. 转向沉重或卡住的原因是什么?
19. 交接班的内容有哪些?
20. 安设防护信号的方法是什么?
21. 叉车的电气设备应符合的要求是什么?
22. 装卸作业前、后“三检”是哪些?
23. 发动机是如何润滑的?
24. 液压系统发生噪声是什么原因?
25. 叉车起升油缸如何分解?
26. 发生事故应立即采取什么措施进行抢救?
27. 齿轮泵噪声大故障的诊断和排除方法是什么?
28. 叉车货叉起升速度太慢故障的排除方法是什么?
29. 轮胎的作用是什么?
30. 曲轴的作用是什么?
31. 液压阀按功用分为哪几类?其主要组成部件是什么?
32. 论述发动机工作温度过低的不良后果。
33. 机构与机器的区别是什么?
34. 与叉车机动性有关的主要参数有哪些?
35. 如何诊断叉车液压系统噪声较大、压力脉动较大的故障?
36. 机动车倒车有哪些规定?

叉车司机(内燃)(中级工)答案

一、填空题

1. 燃烧室	2. 辛烷值	3. 70	4. 润滑油
5. 直流电	6. 有效功率	7. 万向传动装置	8. 胶块联轴器
9. 90°	10. 单级	11. 行星轮自转	12. 差速器
13. 无悬架刚性	14. 外倾角	15. 后轮	16. 鼓式
17. 2	18. 属具	19. 过载	20. 前轮摇摆
21. 能量	22. 液压油	23. 分流阀	24. 直流
25. 机械杂质	26. 节压器	27. 火花塞	28. 节流器
29. 踩住渐近踏板	30. 机油压力过低	31. 油门踏	32. 40
33. 1	34. 机油滤芯器脏污堵塞		35. 制动器温度偏高
36. 预热加温	37. 发动机	38. 横拉杆	39. 分离杠杆
40. 转速不等	41. 控制系统流量	42. 附着力	43. 横向稳定性
44. 手电筒	45. 5%	46. 稳定性越差	47. 传动系
48. 真空助力式	49. 10	50. 驾驶员的安全	51. 纵向
52. 尘土	53. 单片干式	54. 80～90	55. 5
56. 主动	57. 熄火	58. 0	59. 动力部分
60. 每天	61. 温度	62. 油压千斤顶	63. 操作者
64. 下机检视	65. 齿轮油	66. 排气管	67. 空气
68. 转弯车让直行车	69. 化油器式	70. 20°	71. 操作性能
72. 后轮	73. 叉架	74. 安全阀	75. 隔绝空气
76. 0.7	77. 限压阀	78. 单	79. 10～30 km/h
80. 制动灯	81. 均匀性	82. 噪声小	83. 转向器各部间隙大
84. 单边制动拖滞	85. 紧固	86. 二级	87. 走合期
88. 例行	89. 一级	90. 二级	91. 立即停车检查
92. 管路中渗入空气	93. 制动传动机构	94. 行车	95. 急加速及急转弯
96. 磨损	97. 油管或接头漏油	98. 大	99. 导轮
100. 有毒	101. 齿轮油	102. 止动螺钉	103. 冷却水窜入气缸
104. 彻底恢复性	105. 相反	106. 扭力指示器	107. 50 ℃
108. 伤员	109. 1	110. 路面制动力的大小	
111. 越短	112. 转向沉重	113. 越大	114. 机油压力表
115. 减速	116. 空	117. 中间	118. 5

119. 冷却水	120. 反应距离	121. 干线	122. 黄色闪灯
123. 远光灯	124. 警告牌	125. 5%	126. 倾斜油缸
127. 预防为主	128. 白色	129. 蓝色	130. 白
131. 有空气渗入	132. 总泵内无制动液	133. 制动向右侧滑	134. 延长
135. 拨叉式	136. 喷油器	137. 3～4	138. 喷油泵凸轮轴
139. 飞溅润滑	140. 2.95	141. 6	142. 21
143. 114	144. 空挡	145. 油耗率	146. 低压油管
147. 400～600 mm	148. 3 m	149. 安全阀	150. 30
151. 离心力	152. 导向套	153. 比较性	154. 安全帽
155. 自由起升高度	156. 双作用	157. 铝合金	158. 水平距离
159. 离合器	160. 车轮制动	161. 汽油	162. 下降
163. 传动比	164. 阻力	165. 油环	166. 销座孔
167. 导向	168. 弹性	169. 汽缸数	170. 调节器
171. 移动速度	172. 转向	173. 侧面式	174. 柴油机进气
175. 高于			

二、单项选择题

1.B	2.C	3.A	4.C	5.C	6.C	7.A	8.A	9.D
10.C	11.B	12.A	13.A	14.B	15.D	16.C	17.B	18.D
19.B	20.B	21.C	22.C	23.D	24.C	25.B	26.D	27.C
28.A	29.C	30.B	31.C	32.B	33.C	34.D	35.D	36.B
37.C	38.D	39.A	40.A	41.C	42.D	43.A	44.A	45.D
46.A	47.C	48.D	49.C	50.D	51.A	52.B	53.D	54.B
55.C	56.A	57.D	58.B	59.B	60.B	61.D	62.C	63.C
64.A	65.B	66.A	67.A	68.B	69.C	70.B	71.D	72.A
73.C	74.A	75.C	76.B	77.C	78.C	79.B	80.C	81.B
82.D	83.B	84.B	85.A	86.C	87.A	88.C	89.C	90.A
91.A	92.D	93.B	94.D	95.B	96.D	97.B	98.C	99.D
100.C	101.B	102.A	103.C	104.A	105.A	106.B	107.A	108.B
109.D	110.B	111.C	112.B	113.B	114.A	115.C	116.C	117.C
118.C	119.B	120.B	121.D	122.C	123.C	124.A	125.B	126.B
127.C	128.A	129.B	130.C	131.B	132.B	133.C	134.D	135.D
136.B	137.A	138.A	139.C	140.C	141.B	142.A	143.C	144.A
145.A	146.B	147.B	148.B	149.A	150.A	151.C	152.B	153.C
154.D	155.B	156.B	157.D	158.B	159.A	160.C	161.A	162.B
163.C	164.B	165.C	166.B	167.C	168.C	169.D	170.C	171.C
172.C	173.D	174.C	175.C	176.D	177.C	178.A		

三、多项选择题

1. ABC	2. ABCD	3. AC	4. ACD	5. ABCD	6. BD
7. BCD	8. ABCD	9. AC	10. ABCD	11. ABCD	12. AB
13. ABC	14. BD	15. BD	16. BD	17. ABD	18. AD
19. ABCD	20. AB	21. ABCD	22. ABC	23. ABCD	24. BCD
25. ABC	26. ABC	27. ABCD	28. CD	29. ABD	30. BD
31. BCD	32. ABD	33. AB	34. ACD	35. AC	36. ABCD
37. ABCD	38. ABCD	39. ABD	40. ABCD	41. ACD	42. ABCD
43. ABD	44. BC	45. ABD	46. BD	47. AB	48. ABD
49. BCD	50. ABCD	51. AC	52. ACD	53. ABC	54. ABCD
55. ABCD	56. BC	57. BCD	58. AD	59. ABCD	60. BCD
61. ABC	62. ABCD	63. AC	64. ABCD	65. AB	66. ABC
67. AC	68. ACD	69. CD	70. ACD	71. CD	72. AC
73. AB	74. ABCD	75. CD	76. BC	77. ABCD	78. BCD
79. AB	80. ABC	81. ABC	82. ABCD	83. ABCD	84. DE
85. ACD	86. ABCD	87. ACD	88. ABCD	89. ABC	90. ABCD
91. AC	92. BCD	93. ABCD	94. ABCD	95. CD	96. ABE
97. AC	98. ACD	99. ABCD	100. ABDE	101. BCE	102. ABCDE
103. ABCE	104. BDE	105. ABC	106. ABCD	107. ABCDE	108. ABCDE
109. ACD	110. CE	111. ABCDE	112. ABCDE	113. ABCDE	114. ABE
115. ABCD	116. ABCD	117. ABCD	118. ABC	119. ABCD	120. BCD
121. ABCD	122. ABCD	123. ABC	124. ABCD	125. ABCD	126. ABC
127. ABCD	128. ACD	129. ABC	130. ABD	131. ABCD	132. ABCD
133. BCD	134. ABCD	135. ABD	136. ABCD	137. ABCDE	138. BCD
139. ABCD	140. ABCDE	141. ABCD	142. AB	143. ABC	144. ABC
145. AB	146. AB	147. AB	148. ABCD	149. ABCD	150. AB
151. ABC	152. BC	153. ABC	154. AC	155. ABC	156. ABD
157. AB	158. AC				

四、判 断 题

1. √	2. √	3. √	4. ×	5. ×	6. √	7. √	8. √	9. ×
10. ×	11. √	12. ×	13. ×	14. ×	15. ×	16. ×	17. √	18. √
19. ×	20. √	21. √	22. √	23. √	24. √	25. √	26. √	27. ×
28. √	29. ×	30. √	31. √	32. √	33. √	34. √	35. ×	36. √
37. √	38. ×	39. ×	40. ×	41. √	42. ×	43. ×	44. √	45. ×
46. √	47. ×	48. ×	49. √	50. √	51. ×	52. √	53. √	54. ×
55. √	56. √	57. √	58. √	59. ×	60. √	61. ×	62. √	63. ×
64. √	65. √	66. ×	67. √	68. √	69. ×	70. √	71. ×	72. ×

73.√	74.√	75.×	76.×	77.√	78.√	79.×	80.√	81.√
82.√	83.×	84.×	85.√	86.×	87.×	88.√	89.√	90.×
91.√	92.√	93.√	94.√	95.×	96.√	97.√	98.√	99.×
100.×	101.√	102.√	103.×	104.√	105.√	106.×	107.√	108.√
109.√	110.√	111.√	112.×	113.√	114.√	115.×	116.√	117.√
118.×	119.√	120.√	121.√	122.×	123.×	124.×	125.×	126.×
127.√	128.√	129.√	130.×	131.√	132.×	133.√	134.√	135.×
136.×	137.×	138.×	139.×	140.×	141.√	142.√	143.√	144.×
145.√	146.×	147.√	148.×	149.√	150.√	151.×	152.√	153.×
154.×	155.×	156.√	157.√	158.×	159.√	160.×	161.×	162.√
163.×	164.√	165.√	166.√	167.×	168.×	169.√	170.√	171.×
172.√	173.√	174.×	175.√					

五、简 答 题

1. 答:使用汽油作燃料的内燃机(5分)。

2. 答:使用柴油作燃料的内燃机(5分)。

3. 答:载荷中心是指货物重心到货叉垂直段前臂的距离(5分)。

4. 答:掌握好方向盘,两眼注视前方,迅速抬起加速踏板,并立即用力踏下制动踏板,同时拉紧手制动杆,发挥车辆的最大制动力,使叉车立即停住(5分)。

5. 答:金属材料的物理性能有:密度、熔点、导电性、导热性、热膨胀性等(5分)。

6. 答:Q235表示屈服强度值为235 MPa的普通碳素结构钢,这类钢大多数用于制造机械零件(5分)。

7. 答:一般包括以下几个方面:

(1)表面粗糙度(1分);(2)尺寸公差(1分);(3)表面形状及位置公差(2分);(4)零件的一些其他技术要求(1分)。

8. 答:有单一剖切面(1分);几个相交的剖切平面(2分);几个平行的剖切平面及不平行于任何基本投影面的剖切平面等(2分)。

9. 答:包括一级保养、二级保养、日常保养和磨合保养四种(5分)。

10. 答:曲柄连杆机构由活塞组、连杆组、曲轴飞轮组等组成(5分)。

11. 答:活塞的主要作用承受气缸中的燃气力,并将此力通过活塞销传给连杆,以推动曲轴旋转(3分)。活塞顶部还与缸盖、气缸壁共同组成燃烧室(2分)。

12. 答:按照发动机各缸工作过程的需要,定时的开启和关闭进、排气门(5分)。

13. 答:按其功用可分为气门组和气门驱动组(2分)。气门组主要有气门、气门导管、气门弹簧、弹簧座、锁片。气门驱动组有凸轮轴、挺杆、推杆、摇臂、摇臂轴和支架等(3分)。

14. 答:柴油机燃料供给系由燃油供给、空气供给、混合气形成及废气排出四部分组成(5分)。

15. 答:传动装置的主要作用是将发动机输出的有效扭矩传给驱动轮(2分),并根据叉车、装载机行驶条件的变化,相应地改变传递给驱动轮的扭矩,以适应车辆在不同工况下的行驶要求(3分)。

16. 答:直接承受全部货物重量,完成货物的叉取,或用其他方式取货、起升、下降和堆码、卸载等装卸作业(5分)。

17. 答:叉车的技术性能包括:(1)装卸性;(2)牵引性;(3)制动性;(4)机动性;(5)通过性;(6)操纵性;(7)稳定性;(8)经济性(5分)。

18. 答:主要故障原因就是倾斜油缸活塞油封失效两腔液压油串导致,也有个别现象是多路换向阀的倾斜阀组磨损严重所致(5分)。

19. 答:工作部分液压系统由工作油箱、工作油泵、油管路、多路换向阀、溢流阀、单向节流阀、起升油缸、倾斜油缸等组成(5分)。

20. 答:配合是指基本尺寸相同、相互结合的孔与轴公差带之间的关系(2分)。配合有三种类型,即间隙配合、过盈配合和过渡配合(3分)。

21. 答:气环的断面形状有:(1)桶面环(1分);(2)梯形环 (1分);(3)扭曲环(分正扭曲环和反扭曲环)(1分);(4)锥形环(1分);(5)矩形环(1分)。

22. 答:按硅整流发电机的总体结构分为:普通硅整流发电机(1分)、整体式硅整流发电机(1分)、带真空泵式硅整流发电机(1分)、无刷式硅整流发电机(1分)、永磁式硅整流发电机(1分)等多种。

23. 答:影响铅蓄电池容量的因素,一个是单格电池内极板的片数和结构等方面的因素(3分),另一个是使用方面的因素(2分)。

24. 答:由于没有内胎,也就不存在内胎与外胎间的摩擦,从而减少了由于摩擦导致的内胎破裂,安全性相对较高(3分),另外其散热性能也比有内胎轮胎要好(2分)。

25. 答:溢流阀一般安装在液压泵的出口处,并连在系统中使用,用以使系统中多余的油液溢回油箱,保持系统压力稳定(3分),当系统过载时,通过溢流阀起安全保护作用(2分)。

26. 答:减速箱内主、被动齿轮,差速器齿轮咬合间隙过小(2分);主、被动螺旋锥齿轮轴承装配过紧,润滑油不足或变质造成润滑不良(3分)。

27. 答:用来控制和调节液压系统压力、流量、方向以及动作顺序的元件(5分)。

28. 答:将驾驶员加在转向盘上的力矩放大、降速并改变力的方向后传给转向传动机构(5分)。

29. 答:带传动有以下特点:(1)带传动平稳无噪声(1分);(2)结构简单(1分);(3)防止过载(2分);(4)传动效率较低(1分)。

30. 答:液压泵是液压系统中动力部分的元件(1分)。它是将电动机或其他动力输出的机械能转变为液压能的一种能量转换装置(3分),用以向系统提供一定压力和流量的液压油(1分)。

31. 答:外啮合齿轮泵的优点是结构简单,制造方便,价格低,自吸能力强,工作可靠;对污油不敏感,维护容易(3分)。缺点是容易磨损,压力有波动,噪声大,工作压力低(2分)。

32. 答:普通叉车不得进行危险货物中的易燃易爆物品作业(2分);进行危险品中的毒害品、放射性物品作业的装卸机械降低25%负荷使用,作业中要轻拿轻放,禁止摔碰、撞击、拖拉等剧烈振动(3分)。

33. 答:稳固整齐,大不压小,重不压轻,箭头向上,卸车货物要好坏分码,破损不入垛,车内空隙较大时要阶梯码放(5分)。

34. 答:司机下车时应取下电锁钥匙,切断电源(1分),将各操作手柄置于零位(1分),货叉降到最低点(1分),门架前倾(1分),必须用手制动将叉车刹住(1分)。

35. 答:在转弯、后退、狭窄通道、路面不平、交通路口和接近货物时要减速行驶(5分)。

36. 答:应检查燃料、机油、冷却水是否充足,风扇皮带松紧程度,风窗通畅或冬季防寒情况,轮胎充气、坚固情况(3分)。启动试车检查转向、制动(包括手制动)各工作机构运行情况(2分)。

37. 答:驱动装置支撑短轴的紧定螺钉松动(2分),或支撑短销上环槽太浅使紧定螺钉未锁住,引起支撑短轴松动或脱落(3分)。

38. 答:在铰链四杆机构中,若两个连架杆中一个为曲柄,另一个为摇杆,此种四杆机构即称为曲柄摇杆机构(5分)。

39. 答:叉车通过性与结构尺寸(外形尺寸等)有关,还和叉车与地面间的支承条件、附着能力和牵引性能有关(2分)。叉车的外形尺寸小,轮压小,离地间隙大,驱动轮牵引力大,叉车的通过性好(3分)。

40. 答:厂内机动车辆是指在厂矿企业区域内行使或限于施工现场区域内行使作业的各类车辆(5分)。

41. 答:车辆的稳定性是表示车辆在行使中的抗侧滑和倾翻的能力(5分)。

42. 答:(1)油箱液面太低或吸油管堵塞(1分);(2)安全阀压力调整过低,提早溢流(1分);(3)压力管路与回油路有串通现象(1分);(4)油管或油管接头漏油(1分);(5)油泵故障(1分)。

43. 答:转向油缸是双作用贯通式(2分),活塞杆两端通过连杆与转向节相连,来自全液压转向器的压力油通过转向油缸使活塞杆左右移动,从而实现左右转向(3分)。

44. 答:是指同一条螺旋线上的相邻两牙在中径线上对应两点间的轴向距离(5分)。

45. 答:其电流方向和大小随时间作周期性改变的电流叫交流电(5分)。

46. 答:分电器总成安装到汽油机上时,必须按规定的点火提前角进行调整,即分电器的凸轮相对于曲轴或活塞有一个规定的相对位置,这就是点火正时(5分)。

47. 答:车辆在行驶时,车身前部受到迎面空气的压力(1分),车身后部空气产生低压的拉力(2分),空气与车身表面的摩擦力,这些力总称为空气阻力(2分)。

48. 答:发动机每发出一马力有效功率,在1 h内所消耗的燃油克数(5分)。

49. 答:是指在发动机曲轴上所得到的功率,它等于发动机的指示功率减去发动机内部摩擦和驱动其他辅助机构(风扇、水泵、发电机、油泵等)所损失的功率(5分)。

50. 答:指气缸内气体每秒钟对活塞所作的功(5分)。

51. 答:是指活塞在上止点时,活塞顶部以上的容积(5分)。

52. 答:是指活塞从上止点到下止点所通过的气缸容积(5分)。

53. 答:是指实际进入气缸内的可燃混合气的重量与一个大气压力和气温15 ℃时,所能充满气缸工作容积的可燃混合气重量之比(5分)。

54. 答:是指在不作特殊说明时,叉车最大起升速度通常是在叉车满载时(3分),货物起升的最大速度(2分),以m/min表示。

55. 答:是指叉车前后桥中心线间的水平距离(5分)。

56. 答:是指无载的叉车在平坦坚实的地面上,门架相对其垂直位置向前和相后的最大倾角(5分)。

57. 答:是指不改变叉车的总高时,货叉可能起升的最大高度(5分)。

58. 答:配气相位是指进气门和排气门开闭时刻和开启持续时间,通常以相对于上、下止点时曲轴位置的曲轴转角来表示(5分)。

59. 答:发动机各缸工作容积之和,称为发动机排量(5分)。

60. 答:是指车辆的"加速性能"(2分)、"上坡性能"(2分)和"最高车速"(1分)等能力的总括。

61. 答:起重货叉之间的距离可根据货物尺寸加以调整(1分)。起重叉可根据装卸工作需要换装各种工作装置(2分)。安全架一般可以不用,只是在装载大件、散装货物时起安全保护作用(2分)。

62. 答:叉车的起重装置由内外门架、滑架、货叉、安全架、起重油缸、起重链等组成(5分)。

63. 答:一般常用的车辆零件修复方法有:(1)机械加工方法(1分);(2)焊接和堆焊(2分);(3)金属喷涂(1分);(4)电镀(1分)。

64. 答:(1)原因:油封损坏。排除方法:更换油封(1分)。

(2)原因:多路阀溢流小孔堵塞。排除方法:清除堵塞物(2分)。

(3)原因:进油口限速阀卡住。排除方法:检查限速阀(2分)。

65. 答:叉车液压传动系统包括齿轮液压泵、多路换向阀、起升液压缸、倾斜液压缸、限速阀以及转向系统需要的分流阀、全液压转向器和转向液压缸等部件(5分)。

66. 答:叉车维护检修的目的是为预防和消除叉车的故障,保持其技术状态完好,提高叉车的完好率和运用效率,延长叉车的使用寿命(5分)。

67. 答:驱动桥由主传动器、差速器、半轴、桥壳、制动器等部件组成(3分)。它的作用是改变由发动机传动装置传来的扭矩并将它传给驱动轮(2分)。

68. 答:影响叉车最大运行速度的主要因素是叉车作业时的运行距离和起步及停车时的正负加速度(5分)。

69. 答:门架倾角分为前倾角和后倾角(1分)。门架前倾角的作用是为了变于叉取和卸放货物(2分)。后倾角的作用是当叉车带货物运行时,防止货物从货叉上滑落,增加叉车运行时的纵向稳定性(2分)。

70. 答:当司机踩下踏板后,踏板上的压力经过推杆传到总泵的活塞上,压出缸内制动液(2分)。制动液经油管流入分泵,然后推动分泵里的活塞把制动蹄压到制动鼓上,产生制动作用(3分)。

71. 答:在同一电路中电流、电压、电阻三者关系的定律叫作欧姆定律,也可以写成 $R=U/I$(5分)。

六、综 合 题

1. 答:(1)不准将货物升高作长距离行驶(1分);(2)不准用货叉挑翻货盘的方法卸货(1分);(3)不准用货叉直接铲运危险物品、易燃品等货物(1分);(4)不准用单货叉作业(1分);(5)不准用惯性力取货(2分);(6)不准在货盘或货叉上带人作业,货叉举起后,货叉下严禁站人(2分);(7)不准用制动惯性溜放圆形或易滚的货物(1分);(8)不准在岸边直接铲运船上的货物(1分)。

2. 答:(1)从一挡起步,逐挡加速(1分);(2)先减速滑行,而后制动停车(1分);(3)走行时不可曲折蛇行(2 分);(4)车未停稳不得反向行驶(2 分);(5)转向前应先减速(2 分);(6)过道口或不平坦路面要慢行(2 分)。

3. 答:(1)销提贴紧,后倾门架,提升货叉至要求高度(2 分)。(2)叉取码高货物时,要将货盘升至距下盘货物 0.1 m 时鸣笛、退车,在不刮碰其他货物时平稳落叉(3 分)。(3)易倒塌货物和危险货物,以安全绳捆绑或扶护(3 分)。

4. 答:(1)对位落叉:至指定货位后,停车、落叉,货盘稍触地时,门架前倾,至货盘水平时落下货叉,码高货盘(件),应升至距下面货物 0.1 m 时平稳进车,对正落下(6 分)。(2)抽出货叉,瞭望、鸣笛、退车。货叉水平抽出,不刮碰货件和托盘(4 分)。

5. 答:启动发动机应做到:

(1)启动时,有预热设备的应先预热,启动后应低速运转,注意观察各仪表,指示灯工作情况,严禁低温空负荷高速运转(4 分)。

(2)启动机每次连续启动不得超过 15 s,两次启动时间间隔不得少于 30 s(3 分)。

(3)待水温升至 50 ℃以上,各仪表工作正常,方可起步(3 分)。

6. 答:违章驾车(1 分);人货混载(1 分);违章超车(1 分);酒后驾车(1 分);不按规定装载(1 分);不按规定试车(1 分);不按规定停车(1 分);让车不让速或故意不让(1 分);会车不减速、不鸣号、不礼让三先;转弯时不开指示灯、不伸手示意,超速行驶、占线行驶、抢道行驶(2 分)。

7. 答:行驶时应做到:

(1)货叉距地面 30～40 cm,起升门架要后倾(2 分)。

(2)小吊链条和钩头应缠绕在小吊具上,不得处于自由状态(2 分)。

(3)避免急刹车,高速行驶严禁急转弯(2 分)。

(4)铲运影响视线的货物应倒车低速行驶(2 分)。

(5)行驶时要注意空中障碍物(门框、架子、电线),出入库门时要上下、左右看清楚(2 分)。

8. 答:油环是用来刮除气缸壁上的多余润滑油,并铺涂一层均匀的油膜,既可以防止润滑油窜入气缸燃烧,导致积碳和耗费价格较高的润滑油(5 分),又可以减小活塞、活塞环与气缸的磨损和摩擦阻力。此外,油环也起到封气的辅助作用(5 分)。

9. 答:起升机构是由外门架、内门架、起升油缸、倾斜油缸、属具架、链条、链轮和导向链(滑)轮等构成(4 分)。起升机构是叉车最重要的组成部分之一(2 分)。它可以完成货物的叉取、起升、降落及堆码等装卸作业工序(2 分)。这些工序依靠一套液压系统来实现(2 分)。

10. 答:(1)严禁叉车在道口上停留(1 分)。(2)严禁叉车行驶中突然换向(1 分)。(3)严禁硬拐死弯(1 分)。(4)严禁两台叉车同抬一件货物行走(1 分)。(5)严禁高速转弯(1 分)。(6)非紧急情况下,禁止使用紧急制动(1 分)。(7)在 10%以上坡道上行驶时,禁止转向(2 分)。(8)叉车在长站台上作业时,禁止长距离倒车行驶(2 分)。

11. 答:因为非工作挡(一挡、二挡)工作电路中串联有调速电阻,调速电阻将消耗部分电能,以达到减速目的(5 分)。但这种调速方法有两大缺点:一是消耗电能,不经济。二是长时间使用电阻发热可能引起火灾。因此,叉车起动后不宜长时间使用非工作挡(5 分)。

12. 答:(1)厂内夜间行车要注意控制车速(2 分)。(2)行车中利用灯光照明来改变行车条件。随时注意厂房出来人,防止意外(2 分)。(3)夜间行车要注意安全礼让。一般情况下不要超车,同时注意前车转向灯和制动灯,以防突然转弯和停车(2 分)。(4)夜间长时间驾驶易疲劳,决不能勉强坚持,应停车适当休息,方可继续驾驶(2 分)。(5)厂内夜间驾驶要自觉遵章守纪(2 分)。

13. 答:(1)接线时应注意线头和极柱的极性(3 分);

(2)接线时要注意板手不要搭碰车体(3 分);

(3)接线柱要清洁,接头要拧紧(4 分)。

14. 答:作业完毕后应将叉车停放在不妨障交通的地方,尽量避免露天停放,司机离开叉车时应取下电锁上的钥匙,切断电源,将各操纵手柄置于零位(5 分)。货叉降到最低点,门架前倾。在必须停在坡道上时,必须用手制动机构将叉车刹住并加止轮,防止溜走(5 分)。

15. 答:整车货物和零担货物的堆码应稳固、整齐,整车货物应保持一定高度,做到定型码垛(4 分),零担货物要按批码垛,标签向外,做到大不压小、重不压轻,留有通路,便于清点(6 分)。

16. 答:装车货垛距钢轨头部外侧要保持 2 m 以上距离,卸车货物距钢轨外侧 1.5 m 以上,货垛与站台边沿不得小于 1 m(4 分),货垛与货垛之间应留有机械和人行通道,货垛与电源开关、消火栓等设备的距离不得少于 2 m(6 分)。

17. 答:(1)放净液压油箱内的液压油,清洗滤清器,更换破损滤网,清洗磁性螺塞,重新加入过滤沉淀的液压油(3 分)。(2)调整倾斜油缸、起升油缸和侧移油缸 V 型密封圈,压紧螺母,排除起升缸、倾斜缸、侧移缸漏油现象(3 分)。(3)更换管路上漏油的(油封)密封件和损坏接头(4 分)。

18. 答:(1)转向器销杆弯曲,蜗杆与滚轮啮合困难(2 分)。

(2)转向节销轴承缺油(2 分)。

(3)转向器蜗杆轴承缺油(2 分)。

(4)转向节销轴承损坏(2 分)。

(5)纵横拉杆弯曲(2 分)。

19. 答:交接班内容:

(1) 交接清楚生产情况,包括货种特性、货损情况、操作过程和行驶路线(2 分)。

(2) 交接清楚机械情况,对当班所发生的故障,不论是否排除,必须交待清楚,不得隐瞒,并认真填写在运行日志中(2 分)。

(3) 交接清楚燃、润料的消耗量和存量(2 分)。

(4) 交接清楚作业中的安全措施和安全设备情况(2 分)。

(5) 交接清楚随车工属具,包括拖车、货盘、货叉套及工具等(2 分)。

20. 答:装卸作业前必须安带有脱轨器的防护信号,由作业工组按下列规定防护:

(1)在作业车辆两端各距 20 m 来车方向左侧钢轨上设置防护信号。如在同一线路上车辆分解作业时,应该在线路的最前部与最后车辆处分别防护(5 分)。

(2)作业车停留位置距警冲标不足 20 m 时,防护信号应设在与警冲标相齐处(5 分)。

21. 答:(1)建立定期检修制度,保证绝缘良好,不符合安全规定的电气禁止使用(3 分)。

(2)电线路接头不可松动和外露,不得绞拧线头代替插销(3 分)。

(3)电气设备的开关和电线应按规定负责装设,不得以小代大。各种电气设备的保险丝禁止加粗或以其他金属丝代替(4 分)。

22. 答:作业前“三检”:(1)车门、钩链、槽轮、车窗、车底板是否完好,车内清洁状及有无异味、异状(2 分)。(2)货物状态(1 分)。(3)机具、防护用品和防护信号安设情况(1 分)。

作业后“三检”:(1)车辆清扫、门窗关闭、道沿清理情况(2 分)。(2)货物码放、装载加固、苫盖情况(2 分)。(3)防护信号的撤除情况和装卸机具齐全完好及熄火断电停放状态(2 分)。

23. 答:由于发动机各机件所需要的润滑强度和它们的工作条件有关,工作条件不同的机件对润滑的要求也不相同,因而对不同发动机的润滑方法应有所区别(5 分)。

发动机各机件的润滑按供油方式分为激、溅润滑两种。叉车发动机一般多采用以压力为主、激溅为辅的综合润滑方式(5 分)。

24. 答:(1)同于超载而使安全阀被打开发生噪声(3 分)。(2)由于油箱缺油,或油泵、油管接头漏气而使油泵在泵油时进入空气(3 分)。(3)同于油太脏,滤油网堵塞,或因油黏度太大,油泵泵油困难(4 分)。

25. 答:(1)拧下起重链条上端的调整螺母,将起重链条从轮架上拿下。拔出起升油缸导向杆下端的开口销。卸下进、回油管,并用干净布堵住,从车上取下起升油缸(3 分)。

(2)用台虎钳在起升油缸链条托架处固定,从缸体上拔出活塞杆,卸下缸盖螺栓,使活塞杆与缸体脱离(3 分)。

(3)取出活塞杆端头的开口销,拧下螺母,取出垫圈,把活塞从活塞杆上铳下(2 分)。

(4)取出活塞上的 YX 形密封圈和支撑环,卸下缸盖,取出缸盖上的 YX 型密封圈和防尘圈(2 分)。

26. 答:发生事故做应立即采取措施进行抢救,防止扩大损失(3 分)。迅速收集事故情况,在不扩大损失的情况下,保持事故现场(3 分)。并应在当日速报上级主管部门,有关领导人员应立即到事故现场组织抢救和分析处理(4 分)。

27. 答:首先加润滑油于连接处,若噪声减小,说明有泄漏,拧紧接头或更换密封;若噪声无变化,则检查齿轮精度,进行研配与调整,必要时更换齿轮(5 分)。最后检查泵与联轴器的同心度,注意工作状态与静止状态的不同,按技术要求进行调整(5 分)。

28. 答:首先检查发动机转速是否过低。在泵的出口接故障检测仪测量泵的容积效率。检查油箱内油量是否充足,滤清器是否太脏、堵塞,如存在,应加足油量,清洗滤清器(5 分)。将叉车置于室内常温下一天以上。拆除单稳分流阀。检查换向阀上安全阀压力调整是否适当,如不当,应以 1.1 倍额定载荷为标准调整安全阀的压力值,调好后一般情况下不许变动安全阀调整螺钉。检修或更换换向阀(5 分)。

29. 答:轮胎直接与地面接触,其主要作用是:

(1)支承全车重量(3 分)。

(2)传递地面的各种反作用力(3 分)。

(3)缓冲来自地面的冲击,吸收由冲击引起的振动。对于充气轮胎,这种冲击和振动大部分由轮胎内的压缩空气来吸收,小部分由胎壁来吸收,这样能使更多的空气进入气缸(4 分)。

30. 答:曲轴是发动机的主要机件之一(2 分)。在多缸发动机上,它要连续承受作功行程从活塞经连杆传来的力,将其转变为扭矩输送给底盘的传动机构(2 分)。同时,还要通过连杆推动各缸活塞进行进气、压缩和排气,并驱动配气机构及其他辅助装置(6 分)。

31. 答:液压阀是液压系统中的控制元件(2 分)。按其功用,可分为方向控制阀、压力控制阀和流量控制阀三大类(2 分)。分别用于控制液压系统油液的方向、压力和流量。所有液压阀,一般都由阀体、阀心、弹簧和操纵机构等组成(6 分)。

32. 答:温度低时润滑油的黏度增大,造成润滑不良,加剧了零件的磨损,增加了功率消耗(4分)。低温使燃烧质量变差,腐蚀磨损加剧,起动着火困难或燃烧迟缓,造成发动机功率下降,燃油消耗量增加(3分)。未完全燃烧的燃油会冲刷和稀释摩擦表面的润滑油膜,加重零件的磨损(3分)。

33. 答:机构与机器的区别是:机构的主要功用在于传递或转变运动,而机器的主要功用则在于为了生产目的而利用或转换机械能(4分)。例如,内燃机中的曲柄连杆机构,就是把气缸内活塞的往复直线运动转变为曲柄的连续转动,而整个内燃机则为机器,因为它能把燃料的化学能转换成机械能(6分)。

34. 答:(1)最小转弯半径(3分)。(2)直角通道宽度:叉车直角通道宽度是可供叉车往复行驶之直角路段或场地的最小理论宽度(3分)。(3)回转通道宽度:指可供叉车回转180°而返向行驶的最小直线通道宽度(4分)。

35. 答:(1)齿轮泵进油口处密封不严、进气(2分)。(2)齿轮泵结合面密封不严、进气(2分)。(3)油箱内油量不足或油液中含有大量气泡(2分)。(4)滤油器堵塞或油液温度低黏度过高造成吸油不足,油液气化(2分)。(5)换油后或更换液压系统件,使系统中有大量气体,使回油含有大量气泡,而未完全消失(2分)。

36. 答:(1)机动车倒车时,驾驶员须先查明周围情况,确认安全后,方转倒车。在货场、厂房、仓库、窄路等处倒车时,应有人站在驾驶员一侧指挥(5分)。(2)机动车在平交道口、桥梁、隧道和危险地段不准倒车或调头(5分)。

叉车司机(内燃)(高级工)习题

一、填 空 题

1. 叉车二级保养的时间周期为 450 h 和( )中的下限。
2. 气门杆磨损量超过( )时,或经过检测有明显弯曲时,应更换气门。
3. 货叉发生自行下降现象,则应检查( )及换向阀。
4. 货叉发生自行前倾现象,则应检查倾斜液压缸( )及换向阀工作情况。
5. 叉架歪斜的主要原因有侧滚轮间隙过大、两链条( )过于不均、驱动轮气压不等。
6. 车辆伤害事故主要涉及人、车、( )这 3 个综合因素
7. 制动系统常见的故障有制动失灵、制动不良、( )、制动发咬等。
8. 主缸皮碗破损或( )、主缸内无制动液可能造成制动失灵。
9. 制动不良的原因有制动鼓失圆、( )或鼓壁过薄。
10. 摩擦片上有( )、硬化、铆钉外露,可造成离合器打滑。
11. 离合器分离不彻底,检查分离杠杆与( )接触面是否高低不一致。
12. 叉车起步发抖的原因有分离杠杆( )不一致、压盘弹簧的弹力不均等。
13. 机械转向系统保养时,检查方向盘的轴向间隙是否大于( ),转向是否平稳。
14. 检查全液压转向系统时,要求方向盘( )转向作用力差不大于 10 N。
15. 检查方向盘自由转角值是否大于( ),是机械转向系统保养的一项内容。
16. 二级保养时,工作装置叉架横梁的( )变形不得超过 2 mm。
17. 离合器二级保养时,分离轴承应加注润滑油,发现( )应更换。
18. 试车时,离合器接合要完全,起步平稳,不发抖,( )不打滑。
19. 检查蓄电池放电程度,夏季放电超过 50%,冬季超过( )时,应及时充电。
20. 拆装、搬运蓄电池时应注意( ),蓄电池在车上应可靠紧固。
21. 发电机整流二极管短路及断路故障,可用万用表测量其( )来确定。
22. 整流二极管( )时,万用表测量的正、反电阻值均极小。
23. 起动机检修时,磁场绕组的故障有( )、断路和短路。
24. 起动机的试验,有( )和全制动试验。
25. 全制动试验的目的在于测出全制动时的电流与( ),并与标准值比较,以诊断起动机有无电路故障。
26. 点火提前角调节装置的故障主要有离心调节器的( )、真空调节器的膜片漏气等。
27. 点火系统的故障主要表现为( )、缺火、火花弱和点火正时不准确。
28. 发动机如有一缸或几缸缺火就会运转不均匀,排气管中排出( )并"放炮"。
29. 检查叉车电路出现断路故障的方法有试灯检查法、( )检查法和仪表检查法。
30. 叉车喇叭的修理主要是修磨脏污的( )。

31. 调整衔铁和铁芯间的间隙可以改变音调,调整(　　)和活动触点臂间的距离可以改变音量。

32. 配制电解液时,绝对禁止将蒸馏水倒入(　　)中,以免发生爆溅,伤害人体和设备。

33. 粗实线:主要用于(　　)和可见过渡线。

34. 细实线:用途较多,主要用于(　　)、尺寸界线及剖面线。

35. 虚线:主要用于不可见轮廓线和(　　)。

36. 细点画线:主要用于(　　)及对称中心线。

37. 双点画线:主要用于(　　)的轮廓线及极限位置的轮廓线。

38. 粗点画线:主要用于(　　)的线。

39. 波浪线:主要用于(　　)的边界线及视图和剖视的分界线。

40. 双折线:主要用于断裂处的(　　)。

41. 在较小的图形上绘制点划线或双点划线有困难时,可用(　　)代替。

42. 同一装配图中的同一零件的剖面线应(　　)相同、间隔相等。

43. 在装配图中,宽度小于或等于 2 mm 的狭小面积的剖面,可用(　　)代替剖面符号。

44. 斜视图为机件向不平行于任何基本(　　)的平面投影所得的视图。

45. 尺寸线用细实线绘制,其终端用(　　)的形式表示。

46. 标注线性尺寸时,尺寸线必须与所标注的(　　)平行。

47. 尺寸界线用(　　)绘制,并应由图形的轮廓线、轴线或对称中心线处引出。

48. 尺寸界线一般应与(　　)线垂直,必要时才允许倾斜。

49. 在光滑过渡处标注尺寸时,必须用(　　)将轮廓线延长,从它们的交点处引出尺寸界线。

50. 正投影可以表达出零件的(　　)。

51. 零件图是表达零件的(　　)以及技术要求的图样。

52. 螺纹的牙顶用(　　)表示,牙底用细实线表示。

53. 以剖视图表示(　　)的连接时,其旋合部分应按外螺纹的画法绘制,其余部分仍按各自的画法表示。

54. 零线是在公差带图中,确定偏差的一条(　　),也叫零偏差线。

55. 配合精度与零件的加工精度有关,若要配合精度高,则应(　　)零件的公差,即提高工件本身的加工精度。

56. 对孔与轴公差带之间的相互位置关系,规定了两种基准制:(　　)和基轴制。

57. 与标准件相配合时,基准制的选择通常依(　　)而定。

58. 为了满足配合的特殊需要,允许采用(　　)轴公差带组成的配合。

59. 基孔制中的孔称为基准孔,用(　　)表示,基准孔以下偏差为基本偏差,且数值为零。其公差带位置在零线上侧。

60. 在维修保养时,要确保叉车的四清是指机油、空气、燃油滤清器和(　　)的清洁。

61. 叉车维修时的四不漏是指油、水、电和(　　)不漏。

62. 检查轮胎气压是否在规定负荷范围内,充气压力不得(　　)。

63. 全液压转向器上的 A、B 口油管接反时,方向盘向右转动,车体会向(　　)转动。

64. 检查转向力是否符合要求:方向盘操作力不大于 30 N,且左右转向作用力相差不大于(　　)N。

65. 离合器踏板的自由行程应在规定范围内,离合器操纵分离彻底、不打滑,分离轴承与分离杠杆端面间隙应在(　　)mm。

66. 叉车在停车前,应逐步减少负荷及降低转速到(　　)r/min。

67. 内外门架的滚动间隙不得小于(　　)mm。

68. 停车装置又称手制动,用于车辆处于(　　)状态的制动。

69. 当驾驶员踏下制动踏板时,(　　)与旋转的制动鼓密切接触而产生摩擦力,这时轮胎与路面之间即出现制动的面制动力。

70. 每次换挡的时候必须经过空挡位置,换挡变速应逐挡进行,不允许(　　)。

71. 叉车严禁停放在坡度大于5%的路段上。若必须停放在坡道上,一定要用(　　)垫在轮胎下面。

72. 车辆横向翻车的原因是,转弯时,速度(　　)。

73. 在坡道和弯道条件允许情况下,在开始转弯前(　　)m处发出转弯信号。

74. 退出货位时,将变速杆挂入(　　),缓解制动,叉车缓慢平稳后退到货垛运行的高度。

75. 卸载货物时,下放货叉至距地面(　　)的高度后平稳驶向卸货地点。

76. 一般1 t～3 t叉车其额定载荷中心距货叉转弯处向外计算为(　　)mm。

77. 侧移式叉车,在门架升高到(　　)m以上时,严禁使用侧移器。

78. 不准(　　)作为安全防护装置的防顶架、挡货架等。

79. 加油或汽油溢出时严禁(　　)。

80. 清洁直流电动机、更换碳刷等易损件属于(　　)保养。

81. 油泵电机不能超负荷运行,若超负荷其运行时间不得超过(　　)s。

82. 在充电前,必须对(　　)、变阻器及仪表等进行一次全面的检查,若失灵或故障,应在充电前修理好。

83. 变速器的主要功用是改变发动机的扭矩和(　　)。

84. 液压油过滤器安装在(　　)上,用来过滤从油缸回来的油。

85. 叉架横梁的弯曲变形不得超过(　　)mm。

86. 预检时,(　　)的不正常现象应全部消除。

87. 汽缸盖常见的问题有翘曲、烧灼、(　　)等。

88. 在调速器大修时,通常要更换调速器的(　　)。

89. 柴油机燃料系常见的故障主要有启动困难、(　　)、飞车等。

90. 更换机油时,要求发动机在(　　)状态下进行。

91. 清洗散热器时,应先用(　　)和清水清洗外部,然后放在洗涤池内,用氢氧化钠水溶液煮洗。

92. 叉车机械故障一般现象有:连接松动、脱落、零件变形、磨损配合不良、(　　)、断裂、发热、噪声和性能明显降低等。

93."四会"即会使用、会(　　)、会检查、会排除故障。

94. 转向装置故障主要发生在转向器和(　　)上。

95. 离合器踏板自由行程过大,离合器分离不彻底,离合器踏板自由行程过小,(　　)。

96. 断电器触点烧蚀,发动机排气呈(　　)。

97. 燃料供给系中有空气或水分、柴油滤清器堵塞、喷油器喷油压力过低,会导致柴油机(　　)。

98. 在检查调整飞轮壳时,不能移动飞轮壳和(　　)。

99. 当齿轮泵的性能指标下降到额定值的(　　)时需拆卸修理。

100. 单向节流阀阀芯表面及阀体工作表面不允许有划痕,阀芯与阀体之间的间隙应不大于(　　)。

101. 车辆外出前应检查刹车、转向装置、喇叭、照明、液压系统装置是否灵敏可靠,严禁(　　)。

102. 发现可疑声响和不正常现象时,必须立即(　　),找出问题及时采取措施予以解决。没有消除故障之前,不得进行作业。

103. 起升油缸的缸筒用(　　)制作。

104. 机体过热、油温过高、冷却水沸腾,说明发动机(　　)反常。

105. 工作反常表现在起动困难、(　　)、运转振动、燃料润滑油料消耗过多。

106. 机油滤清器堵塞,发动机机油压力(　　)。

107. 机油不足、机油滤清器漏油、机油黏度低,发动机机油压力(　　)。

108. 制动装置故障多发生在(　　)和制动传动机构上。

109. 制动蹄与制动鼓之间有油污、制动蹄与制动鼓之间的间隙过大,制动距离(　　)。

110. 叉车采用液力机械传动,装有液力变矩器,并省去(　　)。

111. 左、右车轮轮胎气压不相等能导致叉车制动时(　　)。

112. 零件图的标题栏应包括零件的名称、材料、数量、图号和(　　)等内容。

113. 读数精度为 0.1 mm、0.05 mm 和 0.02 mm 的游标卡尺的尺身刻度是相同的,即每格为(　　)mm。

114. 游标卡尺的(　　)有 0.10 mm、0.05 mm 和 0.02 mm 三种。

115. 低碳钢的焊接性能(　　)。

116. 高碳钢的韧性(　　)低碳钢。

117. 材料产生永久变形而不断裂的能力是指材料的(　　)。

118. 在机械制造和零件图中,实际应用的长度单位常以(　　)为基本单位。

119. 在中心投影中所得的投影(　　)于物体的轮廓。

120. 配合是指基本尺寸相同、相互结合的(　　)公差带之间的关系。

121. 钢的普通热处理包括退火、(　　)、淬火、回火和调质。

122. 液压泵是液压系统中(　　)部分的元件。

123. 液压缸是液压传动系统中的(　　)部分。

124. 液压缸按液压作用性质,可分为(　　)式液压缸和双作用式液压缸。

125. 普通螺旋传动是由螺杆和螺母组成的单一螺旋副,一般有(　　)种直线运动情况。

126. 投射线与投影面相(　　)的平行投影法称为正投影法。

127. 为减轻活塞的运动惯性,高速内燃机活塞采用(　　)材料制造。

128. 孔式喷油器一般用于(　　)燃烧室。

129. 燃料在气缸中燃烧不完全,则会排(　　)。

130. 叉车倾斜油缸一般为(　　)活塞式结构。

131. 滚子式门架的特点是内门架与外门架(　　)。

132. 叉车滚子式门架断面形式的组合方式有(　　)型、CJ 型、CI 型、CL 型。

133. 重叠式门架的主要优点是(　　)。

134. 液压油的更换应在(　　)的环境中进行,以免灰尘进入油液和元件之中。

135. 运动低副的传动效率比运动高副的传动效率(　　)。

136. 轮胎缓冲层位于胎面和(　　)之间,质软而弹性大。

137. 内燃叉车液压系统故障诊断与排除方法一般分为三种,即区域诊断法、(　　)、故障穷举法。

138. 齿顶圆直径相同的齿轮,当齿数越多时,其模数(　　)。

139. 液压系统中的压力大小取决于(　　)。

140. 四冲程柴油机每个循环中只有(　　)对外作功。

141. 当平面四杆机构中各杆件之间都是(　　),称为铰链四杆机构。

142. 柴油机全程调速是指油门固定在任一位置不动,当外载荷增大时,柴油机转速(　　)。

143. 油中有泡沫,发出不规则响声,转动方向盘时油缸时动时不动,说明转向系统中(　　)。

144. 由于导轮对液体的作用,变矩器能够保持输出的扭矩与输入的扭矩(　　)。

145. 对应于发动机的某一工况,当扭矩、功率一定时,传动比大,则驱动轮(　　),而其转速就小。

146. 车辆的车轮转速传感器安装在(　　)上。

147. 车辆空调操纵面板的上 A/C 开关是用来控制(　　)系统的。

148. 交流发电机的(　　)是产生交流电动势的。

149. 区域诊断法一般采用液压系统(　　)进行故障诊断与排除。

150. 基轴制中的轴称为基准轴,用(　　)表示,基准轴的上偏差为基本偏差且等于零,公差带位置在零线下侧。

151. 叉车工作装置由(　　)和门架倾斜操纵杆来操纵。

152. 例行保养是各级保养的基础,以紧固和(　　)为中心。

153. 造成蓄电池极板硫化的主要原因有蓄电池长期(　　)和点解液面过低。

154. 蓄电池的充电方法有定电压充电、(　　)和快速充电等。

155. 牵引车的操纵装置由(　　)和手制动器操纵杆、变速杆、离合器踏板、制动踏板组成。

156. 定电压充电是保持蓄电池(　　)一定的充电方法。这种方法不能保证蓄电池彻底充足。

157. 倒置气门式配气机构由气门、(　　)、正时齿轮、凸轮轴组成。

158. 定电流充电的特点是可以保证蓄电池彻底充足电,但缺点是(　　)。

159. 内燃叉车充电系统由发电机、(　　)和电源系统工作情况指示装置等构成。

160. 节流阀是一种用改变油液流量的办法来控制工作机构(　　)的阀门。

161. 叉车上所用的油缸一般有起升油缸、(　　)和转向油缸。

162. 限速阀装在起升油路中,以限制货叉重载时的(　　)速度。

163. 叉车的组成为(　　)、底盘、车身及工作装置、电气设备。

164. 叉车的工作装置由货叉、叉架、门架、(　　)等组成。

165. 叉车使用的链条主要是(　　)、套筒滚子链。
166. 根据叉车工作需要,常用的叉车属具有(　　)、铲斗、桶夹、挑杆等。
167. 行车制动器是由(　　)、传动机构、车轮制动器组成的。
168. 信号装置由(　　)、声响信号装置组成。
169. 车辆的用电设备有(　　)、信号、仪表、汽油机的点火系等。
170. 起动机一般由(　　)、传动机构、电磁开关三部分组成。
171. 柴油机的曲柄连杆机构由(　　)、活塞连杆组、曲轴飞轮组组成。
172. 机体组主要包括:气缸盖、气缸垫、(　　)、气缸套、油底壳。
173. 活塞连杆组主要由活塞、活塞环、活塞销、(　　)、连杆盖和连杆螺栓等机件组成。
174. 对活塞的要求是(　　)、足够的刚度、较轻的重量。
175. 曲轴飞轮组由曲轴、飞轮及齿圈、(　　)、曲轴正时齿轮等机件组成。
176. 根据气门组的安装位置,配气机构的布置型式有(　　)、倒置气门式。
177. 倒置气门式配气机构由气门、(　　)、正时齿轮、凸轮轴、挺杆和摇臂组成。
178. 侧置气门式配气机构由(　　)、气门弹簧、正时齿轮、凸轮轴组成。
179. 汽油机配气机构的凸轮轴可以驱动分电器、(　　)、汽油泵等部件工作。
180. 货叉是叉车的(　　)。
181. 目前大量使用的叉车,其门架起升装置为(　　)装置。
182. 全自由起升装置的叉车结构特点是采用(　　)级起升油缸。
183. 货叉水平段长度应一般为载荷中心距的(　　)倍。
184. 货斗是叉车的(　　)之一。
185. 倾斜油缸为(　　)活塞式液压缸,装于门架两侧。
186. 装载机工作装置的作用是(　　)。
187. 某叉车货叉水平段长 1.2 m,其载荷中心距为(　　)m。
188. 液压系统中,溢流阀的作用是防止系统(　　)。
189. 叉车货叉用(　　)而成。
190. 货叉必须(　　)锻造。
191. 液压系统是利用(　　)传递能量的传动机构。
192. 叉车的货叉升降手柄是(　　)元件。
193. 液压传动可以实现(　　)变速。
194. 齿轮泵是(　　)泵。
195. 轴向柱塞泵是(　　)泵。
196. 在密闭的容器内,各点的压强(　　)。
197. 叉车起升油缸是(　　)元件。
198. 回油滤清器是(　　)元件。
199. 叉车、装载机等厂内机动车辆的工作装置是以(　　)为工作介质。

二、单项选择题

1. 叉车二级保养属于(　　)。
(A)季节保养　　(B)磨合期保养　　(C)定期保养　　(D)日常保养

2. 在对叉车进行二级保养时,应检测(　　),以确定是否需要更换活塞环。
(A)液压缸　(B)压强　(C)气缸压力　(D)气体
3. 更换内燃机传动带时,要核对新 V 带的(　　)。
(A)尺寸　(B)型号、尺寸　(C)型号　(D)大小
4. 检查并调整(　　)的工作内容和技术要求中,包括清洗各高压油管及滤清器。
(A)配气机构　(B)水泵
(C)机油泵　(D)柴油机燃油系统
5. 检查仪表时,需要校对(　　)仪表。
(A)全部　(B)部分　(C)关键　(D)重要
6. 叉车工作装置的保养内容是拆检(　　)、链轮并清洗。
(A)门架　(B)叉架、门架、导轮　(C)导轮、门架　(D)叉架
7. 日常维护保养是由(　　)负责进行。
(A)驾驶员　(B)维修工　(C)修理车间　(D)技术员
8. 气门间隙的检查调整方法是(　　)。
(A)逐缸调整法　(B)二次调整法　(C)一次调整法　(D)A 和 B 都是
9. 应及时清除(　　)内沉淀物,清洗滤油网。
(A)油箱　(B)变速器　(C)制动器　(D)转向机构
10. 车辆走合期一般按规定减载(　　)。
(A)10%～20%　(B)20%～25%　(C)25%～30%　(D)0
11. 车辆走合期满后,(　　)。
(A)应进行一次走合维护　(B)即可满载运行
(C)大修　(D)小修
12. 叉车维护保养应贯彻(　　)的原则。
(A)修理为主、适时维护　(B)预防为主、强制维护
(C)随坏随修、安全运行　(D)安全第一、预防为主
13. 转弯半径(　　),车辆的机动性能越好。
(A)越大　(B)越小　(C)适中　(D)没关系
14. 在冰冻结雪的道路上行驶时,制动距离的主要特点是(　　)。
(A)变短　(B)变慢　(C)加长　(D)不变
15. 燃烧必须在可燃物质、助燃物质和(　　)这 3 个基本条件相互作用下才能发生。
(A)氧气　(B)可燃物　(C)水　(D)着火源
16. 油类着火时,禁止用(　　)扑救。
(A)沙　(B)灭火器　(C)水　(D)自动灭火装置
17. 以下可能造成叉架歪斜的情况是(　　)
(A)侧滚轮间隙过大　(B)侧滚轮间隙过小
(C)侧滚轮间隙适中　(D)两链条张紧度均匀
18. 不准调头的地点有(　　)
(A)铁路道口　(B)不容易发生危险的路段
(C)准许调头的路口　(D)宽敞路段

19. 四冲程柴油机的工作循环,主要由进气、(　　)、做功和排气四个行程组成。
(A)压缩　(B)混合气体　(C)燃烧气体　(D)点火
20. 柴油机的进气行程,吸进的是(　　)。
(A)混合气体　(B)纯空气　(C)气体　(D)可燃气体
21. 发动机本体主要由汽缸体、(　　)等零件组成。
(A)汽缸体、气缸盖　(B)气缸盖、汽缸套和气缸衬套
(C)汽缸盖、气缸套　(D)汽缸套和气缸衬垫
22. 活塞连杆组由活塞、活塞环、(　　)、连杆等组成。
(A)曲柄　(B)轴　(C)齿轮　(D)活塞销
23. 汽油机的冷却系统大多采用(　　)、压力循环和自然循环结合的方式。
(A)封闭水冷　(B)水冷　(C)油冷　(D)空气冷却
24. 冷却液的温度是通过插在缸盖测温孔内(　　)传到温度表进行显示的。
(A)感应器　(B)感应塞　(C)热敏感器　(D)感温器
25. 燃烧室的形状对(　　)的形成有着直接的影响。
(A)可燃混合气　(B)可燃气体　(C)可燃物　(D)气体
26. 球形油膜燃烧室内燃烧的特点是:混合气形成和燃烧速度(　　)
(A)前慢后快　(B)前快后慢　(C)非常快　(D)非常慢
27. 结构特点表现为一部分位于汽缸盖内,另一部分位于活塞顶与汽缸盖之间的是(　　)
(A)球形油膜燃烧室　(B)分开式燃烧室
(C)直接喷射式燃烧室　(D)间接喷射式燃烧室
28. 燃料的雾化是通过喷油器来实现的,不同的(　　)要求有与之相适应的的喷油器。
(A)燃烧室形状　(B)燃烧温度　(C)燃烧速度　(D)燃烧程度
29. 喷油泵工作状况直接影响柴油机的(　　)性能。
(A)压力　(B)转动　(C)动力　(D)机械
30. (　　)套在泵筒内,依靠装在凸轮轴上的凸轮和从动滚轮在泵筒内做往复运动。
(A)槽形柱塞泵　(B)柱塞泵　(C)槽型泵　(D)槽型螺旋泵
31. 在柴油发动机的工作过程中,转速和供油量相互影响,在短时间内会使发动机超过额定转速而形成(　　),造成机械损坏。
(A)飞速　(B)超速　(C)飞转　(D)飞车
32. 两级式调速器能保证柴油机在(　　)不低于某一转速,从而防止熄火。
(A)怠速时　(B)高速时　(C)低速时　(D)慢速时
33. 目前,内燃叉车有三种传动方式,即机械传动、(　　)和静液压传动。
(A)液压传动　(B)液力传动　(C)动力传动　(D)电力传动
34. 擦洗车辆外观,可用(　　)。
(A)清洁剂　(B)汽油　(C)柴油　(D)酒精
35. 车辆在走合期内应经常(　　)。
(A)适当加速行驶　(B)适当加载
(C)检查各总成的温升　(D)经常更换机油

36. 离合器的压盘小于(　　)mm 时,需要更换压盘。
(A)2 mm　(B)3 mm　(C)4 mm　(D)5 mm
37. 蓄电池放电后必须在(　　)内及时充电。
(A)12 h　(B)24 h　(C)48 h　(D)64 h
38. (　　)保养作业时,清洗空气滤清器。
(A)二级　(B)例行　(C)一级　(D)走合
39. 厂(场)内机动车辆每(　　)h 进行二级保养。
(A)周　(B)50　(C)200　(D)600
40. 发动机起动时机油压力正常,运转一段时间后,机油压力迅速降低,则可能是(　　)。
(A)水温太高　(B)机油量不足或机油黏度过小
(C)机体过热　(D)喷油压力过低
41. 若连续几次脚制动时,踏板高度稍有增高,并感到踏板有弹性,则是制动管路中(　　)。
(A)有空气渗入　(B)有水渗入　(C)有灰尘渗入　(D)有杂质
42. (　　)直接驱动车轮转动。
(A)主磁极　(B)电枢　(C)换向器　(D)电刷及刷架
43. 燃烧室进入额外燃料,柴油机容易(　　)。
(A)起动　(B)熄火　(C)飞车　(D)没关系
44. 叉车、装载机的制动系统以(　　)作为工作介质。
(A)机油　(B)刹车油　(C)冷却液　(D)液压油
45. 滚轮磨损过度时,门架(　　)。
(A)不能起升　(B)抖动　(C)倾斜　(D)起升过快
46. 两起重链条松紧不一致可造成叉车门架(　　)。
(A)发生抖动　(B)变形　(C)发出声响　(D)倾斜
47. (　　)缺乏会导致叉车升降机构完全不能起升。
(A)机油　(B)柴油　(C)液压油　(D)汽油
48. 气缸中有水分时,消声器一般冒(　　)烟。
(A)白　(B)蓝　(C)黑　(D)褐
49. 齿轮减速箱用(　　)润滑。
(A)汽车用黑油　(B)20 号机油　(C)40 号机油　(D)柴油
50. 清洗机油滤清器滤芯时,应用(　　)清洗。
(A)汽油　(B)煤油　(C)机械油　(D)柴油
51. 车辆发现可疑声响时和不正常现象时,必须立即(　　),找出问题及时采取措施予以解决。
(A)回修理厂　(B)驶离现场　(C)停车　(D)中速行驶
52. 机动车发生故障不能行驶时,除白天应遵守的规定外,夜间还要(　　)。
(A)设明显标志或开示宽灯、尾灯　(B)有专人看守
(C)紧靠路边停放　(D)靠右停放
53. 脚制动系统中,混入空气,(　　)制动效果。

(A)降低 (B)增强 (C)不影响 (D)不一定

54. 指示功率是指(　　)。

(A)气体每秒中对活塞所作的功

(B)发动机飞轮对外输出的扭矩

(C)发动机每发出一马力有效功率在一小时内所消耗的燃料克数

(D)等于有效功率

55. 测量曲轴的磨损程度的量具包括(　　)。

(A)游标卡尺 (B)千分尺 (C)钢圈尺 (D)直尺

56. 放电电流越大,允许蓄电池放电的终了电压(　　)

(A)越低 (B)越高 (C)不变 (D)没有关系

57. 左右车轮制动器制动力不相等度大于(　　)而发生制动跑偏。

(A)10%～15% 15%～30% (C)30%～45% (D)50%～55%

58. 发动机修理时,不得随便更换(　　)。

(A)活塞 (B)飞轮 (C)连杆 (D)螺栓

59. 汽油发动机的活塞一般采用(　　)。

(A)铸钢 (B)铸铁 (C)铝合金 (D)钢

60. 车辆行驶速度越快,(　　)车辆的操作性和稳定性。

(A)越容易保持 (B)不影响 (C)越破坏 (D)可能影响

61. 装卸机械在港内行驶速度,不得超过(　　)km/h。

(A)15 (B)20 (C)25 (D)30

62. 装卸机械司机在装卸作业前应做到(　　)清楚。

(A)一 (B)二 (C)三 (D)四

63. 装卸机械不准停放在(　　)附近。

(A)货垛 (B)大型机械 (C)消防设备 (D)维修车间

64. 装卸机械不准停放在铁路线(　　)m以内。

(A)1.5 (B)2 (C)2.5 (D)3

65. 装卸机械不准停放在岸壁线(　　)m以内。

(A)3 (B)2.5 (C)2 (D)1.5

66. 装卸机械在装卸易爆、易燃、放射性物品时,各类机械、工具要降低负荷(　　)。

(A)10% (B)15% (C)20% (D)25%

67. 当班司机必须在(　　)认真填写好“运行日志”。

(A)交班后 (B)作业时 (C)交班前 (D)接班后

68. 叉车在在超过(　　)的坡道上,禁止转向和横向行驶。

(A)5° (B)10° (C)15° (D)30°

69. 叉车作业应严格执行(　　)规定。

(A)七不准 (B)八不准 (C)九不准 (D)十不准

70. 柴油机压缩行程开始时,气门处于(　　)状态。

(A)进气门开、排气门关 (B)进气门关、排气门开

(C)进、排气门全开 (D)进、排气门全关

71. 制动阀进气门卡住或损坏、卸荷阀不密封、管接头松动等都能导致停车后(　　)压力迅速下降。

(A)液压系统　(B)贮气筒　(C)刹车分泵　(D)打气泵

72. 在叉车行驶过程中起停车作用的称为行车制动装置。叉车停车后,使叉车保持原地不动的装置称为(　)装置。

(A)驻车制动　(B)锚定　(C)木楔　(D)气顶油

73. 横移叉的作用是:在叉车对准货垛稍有偏离时,可通过油缸使(　　),对准货垛。

(A)门架横移　(B)货架横移　(C)货叉横移　(D)车体

74. 具有(　　)的叉车适用于船舱、车箱、集装箱等低净空处作业。

(A)全自由起升　(B)大吨位　(C)驾驶室　(D) 小吨位

75. 退火处理的温度(　　)钢的热处理临界温度。

(A)等于　(B)高于　(C)低于　(D)高于或低于

76. 回火处理的温度(　　)钢的热处理临界温度。

(A)等于　(B)高于　(C)低于　(D)高于或低于

77. 在水平道路上,等速行驶的车辆受到的阻力为(　　)。

(A)滚动阻力、加速阻力、空气阻力　(B)滚动阻力、上坡阻力

(C)滚动阻力、空气阻力　(D)空气阻力、加速阻力

78. 所谓经济车速是指(　　),这个车速行驶对安全和经济都有利,是行之有效的合理车速。

(A)高速行车　(B)低速行车　(C)中速行车　(D)最高车速行车

79. 转向系统中安全阀的作用是使系统压力控制在一定范围之内,防止系统(　　),发生事故。

(A)流量过大　(B)压力过高　(C)流量为零　(D)高温

80. 转向系统中流量控制阀的主要作用是:不管发动机是高速还是低速运转,均能优先保证供给转向系统(　),从而保证转向的稳定可靠。

(A)最大的压力　(B)最小的压力　(C)稳定的流量　(D)转速

81. 对轮胎的要求是:必须由足够的承载能力,强度高,弹性好,耐磨,与路面间有良好的(　)。

(A)附着性能　(B)滑动性能　(C)行驶阻力　(D)拖印

82. 行走装置使整机各部件联系起来,并承受着整机的重量以及各个机构和地面传来的各种(　　),以保证车辆的正常行驶和作业。

(A)温度　(B)滚动阻力　(C)反力和力矩　(D)振动

83. 最小转弯半径是指叉车转弯时方向盘转到最大极限,叉车(　　),距转向中心的最小距离即为最小转弯半径。

(A)铲刀尖　(B)外侧转向轮　(C)最外轮廓点　(D)内侧转向轮

84. 车辆各部位在发动机运转及停车时,应无(　　)和漏气现象。

(A)漏油、漏水、漏电　(B)漏油　(C)漏水、漏电　(D)漏油、漏水

85. 在厂内车辆行驶速度最高不得超过(　　)。

(A)10 km/h　(B)5 km/h　(C)3 km/h　(D)8 km/h

86. 车辆上坡时变速器换低挡位行驶的目的是(　　)。

(A)降低发动机转速　　(B)发动机动力增加

(C)加大变速比、增加驱动轮扭矩　　(D)降低速度

87. 车辆制动时,如果前轮单侧制动器起作用,将会引起车辆(　　),此时极易发生事故。

(A)侧滑　　(B)溜车　　(C)跑偏　　(D)倾倒

88. 在行驶中,发动机突然过热的原因是(　　)。

(A)水管爆裂　　(B)发动机工作不良

(C)百叶窗散热不良　　(D)发动机缺油

89. 当车辆要下长坡采取紧急制动时,驾驶员感觉到制动踏板"发软"的主要原因是(　　)。

(A)踏板踩得过急　　(B)制动器温度偏高

(C)制动器完全失效　　(D)制动器温度偏低

90. 车辆转弯或在不平道路上行驶时,左右驱动轮(　　)。

(A)以相同的速度滚动　　(B)不滚动

(C)以不同的速度滚动　　(D)停车

91. 驾驶车辆确保安全的准则是(　　)。

(A)熟练的操作技术　　(B)性能完好的车辆

(C)熟练的操作技术和严格遵守安全操作规程　　(D)严格遵守安全操作规程

92. 在一般下坡道上因特殊情况临时停车时(　　)。

(A)应使发动机熄火,拉紧手制动器,将变速杆挂入倒挡

(B)应使发动机熄火,将变速杆挂入一挡

(C)拉紧手制动,可以不熄火,将变速连杆放在空挡

(D)发动机可以不熄火,将变速杆挂入一挡

93. 车辆行经较长下坡道时,应运用发动机控制车速,并采用(　　)。

(A)不制动　　(B) 连续制动　　(C) 断续制动　　(D) 拉上手刹

94. 车辆横向翻车的原因是(　　)。

(A) 转弯时,速度过快　　(B) 超载行驶　　(C) 避让行人　　(D) 倒车行驶

95. 喇叭不响、灯光不亮、方向器不灵、安全设备不齐全和(　　)是"五不出车"的具体规定。

(A)启动不良　　(B)刹车不灵　　(C)燃油不足　　(D)视角模糊

96. 当车辆在路上直线行驶时,差速器两只半轴齿轮旋转情况是(　　)。

(A)转速相等　　(B)转速不等　　(C)两只齿轮不转　　(D)同时旋转

97. 货叉的起升高度越低,越有利于车辆的(　　)。

(A)纵向稳定性　　(B)横向稳定性　　(C) 纵向横向稳定性　　(D)平衡性

98. 图1中为标准空载状态的是(　　)。

(A)300 mm(12in)　　(B)400 mm(12in)　　(C)500 mm(12in)　　(D)600 mm(12in)

99. 在冰路上驾驶车辆作业时,应保持中速或低速行驶,(　　)猛抬或急踏加速踏板。

(A)允许　　(B)适当　　(C)禁止　　(D)可以

100. 车辆发动机高速运转,燃料消耗随转速增加而(　　)。

图 1

(A)减少　(B)迅速降低　(C)迅速增长　(D)缓慢降低

101. 粗实线:主要用于可见轮廓线和(　　)。

(A)过渡线　(B)可见过渡线　(C)轮廓线　(D)不可见过渡线

102. 细实线:用途较多,主要用于尺寸线、(　　)及剖面线。

(A)过渡线　(B)轮廓线　(C)尺寸界线　(D)尺寸线

103. 虚线:主要用于(　　)和不可见过渡线。

(A)可见轮廓线　(B)轮廓线　(C)不可见轮廓线　(D)尺寸界线

104. 细点画线:主要用于轴线及(　　)。

(A)尺寸界线　(B)对称中心线　(C)轮廓线　(D)剖面线

105. 双点画线:主要用于相邻零件的轮廓线及(　　)的轮廓线。

(A)极限位置　(B)相邻位置　(C)边界位置　(D)中心位置

106. 粗点画线:主要用于(　　)的线。

(A)特殊要求　(B)一般要求　(C)边界位置　(D)极限位置

107. 波浪线:主要用于断裂处的边界线及(　　)的分界线。

(A)中心　(B)轮廓　(C)俯视　(D)视图和剖视

108. 双折线:主要用于断裂处的(　　)。

(A)边界线　(B)轮廓线　(C)中心线　(D)示意线

109. 在较小的图形上绘制点划线或双点划线有困难时,可用(　　)代替。

(A)细实线　(B)粗实线　(C)点画线　(D)波浪线

110. 同一装配图中的同一零件的剖面线应(　　)相同、间隔相等。

(A)方向　(B)长度　(C)粗细　(D)规格

111. 在装配图中,宽度小于或等于 2 mm 的狭小面积的剖面,可用(　　)代替剖面符号。

(A)加粗　(B)涂黑　(C)阴影　(D)倾斜

112. 斜视图为机件向不平行于任何基本投影面的(　　)所得的视图。

(A)平面投影　(B)侧面投影　(C)俯视投影　(D)垂直投影

113. 尺寸线用细实线绘制,其终端用(　　)的形式表示。

(A)加点　(B)倒箭头　(C)圆圈　(D)箭头

114. 标注线性尺寸时,尺寸线必须与所标注的(　　)平行。

(A)线段　(B)字体　(C)尺寸　(D)方向

115. 尺寸界线用(　　)绘制,并应由图形的轮廓线、轴线或对称中心线处引出。

(A)点画线　(B)折线　(C)粗实线　(D)细实线

116. 尺寸界线一般应与(　　)垂直,必要时才允许倾斜。

(A)轮廓线　(B)中心线　(C)可见轮廓线　(D)尺寸线

117. 在光滑过渡处标注尺寸时,必须用(　　)将轮廓线延长,从它们的交点处引出尺寸界线。

(A)粗实线　(B)折线　(C)点画线　(D)细实线

118. 正投影可以表达出零件的(　　)。

(A)真实性　(B)有效性　(C)可用性　(D)立体性

119. 零件图是表达零件的(　　)以及技术要求的图样。

(A)尺寸　(B)结构大小　(C)真实性　(D)轮廓

120. 螺纹的牙顶用(　　)表示，牙底用细实线表示。

(A)粗实线　(B)点画线　(C)粗折线　(D)折线

121. 以剖视图表示(　　)的连接时,其旋合部分应按外螺纹的画法绘制,其余部分仍按各自的画法表示。

(A)内螺纹　(B)旋螺纹　(C)平面螺纹　(D)内外螺纹

122. 零线是在公差带图中,确定偏差的一条(　　),也叫零偏差线。

(A)基准直线　(B)中心线　(C)垂线　(D)公差线

123. 配合精度与零件的加工精度有关,若要配合精度高,则应(　　)零件的公差,即提高工件本身的加工精度。

(A)增加　(B)保持　(C)降低　(D)增加或保持

124. 对孔与轴公差带之间的相互位置关系,规定了两种基准制:(　　)。

(A)基孔制和基轴制　(B)中心制和基孔制

(C)对称制和中心制　(D)基轴制和对称制

125. 与标准件相配合时,基准制的选择通常依(　　)而定。

(A)实际件　(B)标准件　(C)图示件　(D)基准件

126. 为了满足配合的特殊需要,允许采用(　　)、轴公差带组成的配合。

(A)指定孔　(B)基准孔　(C)任一孔　(D)标准孔

127. 基孔制中的孔称为基准孔,用(　　)表示,基准孔以下偏差为基本偏差,且数值为零。其公差带位置在零线上侧。

(A)H　(B)h　(C)r　(D)R

128. 基轴制中的轴称为基准轴，用(　　)表示,基准轴的上偏差为基本偏差且等于零,公差带位置在零线下侧。

(A)H　(B)h　(C)g　(D)c

129. 机油压力异常的外在特征之一是(　　)。

(A)油温过高　(B)油温过低

(C)机油浑浊　(D)机油黏度过大

130. 装卸车辆电气系统的特点之一是(　　)。

(A)双线制　(B)单线制

(C)采用交流电源　(D)电源电压多采用 36 伏

131. 四行程内燃机的工作次序分别是(　　)。

(A) 进气、压缩、做功、排气　(B) 进气、排气、压缩、做功

(C) 进气、做功、压缩、排气　(D) 做功、排气、压缩、进气

132. 叉车工作装置起升机构液压油路中,起升油缸进油口装置限速阀,其功能是限制(　　)的速度,以保证安全。

(A)货叉起升　(B)货叉下降　(C)货叉前倾　(D)货叉后倾

133. 为了延长液压元件的寿命,叉车工作后收车时应将货叉(　　)。

(A)升至高处　(B)升至离地 30~40 cm

(C)降置地面　(D)升至离地 10~20 cm

134. 因为叉车转弯半径小,转弯时离心力大,容易发生翻车。其中以(　　)状态危险最大。

(A)倒车转弯　(B)载货转弯　(C)空车高速转弯　(D)重载高速转弯

135. 柴油机机油油位偏高可能使发动机排烟呈(　　)。

(A)浅灰色　(B)黑色　(C)蓝色　(D)白色

136. 柴油机工作的正常水温是(　　)℃。

(A)50　(B)80~90　(C)95~100　(D)100~120

137. 油环的作用是(　　)。

(A)密封　(B)传热　(C)刮油　(D)供油

138. 曲柄连杆机构的作用是(　　)。

(A)作为发动机各机构的装配基体　(B)保证发动机的燃料供给

(C)将热能转变为机械能　(D)润滑发动机各部件

139. 液压系统的动力元件是(　　)。

(A)转向油缸　(B)换向阀　(C)起升油缸　(D)液压泵

140. 发动机向蓄电池充电时,电流表在正常情况下,指针应指向(　　)。

(A)摆动　(B)中间不动　(C)"－"号　(D)"＋"号

141. 液压油箱内产生大量的气泡,是因为(　　)。

(A)液压油稀　(B)液压油缸漏油　(C)进气管漏气　(D)油箱内有水

142. 叉车装货时,货叉所处的正确位置是(　　)。

(A)货物总宽度的中心　(B)载荷中心

(C)靠左　(D)靠右

143. 连续起动发动机的次数不应超过(　　)次。

(A)2　(B)3　(C)4　(D)5

144. 一级保养应在叉车累计作业(　　)h 后进行一次。

(A)50　(B)80　(C)90　(D)100

145. 冬天蓄电池的放电程度不应超过(　　)%。

(A)10　(B)15　(C)20　(D)25

146. 真空增压器将(　　)输出的液力进行增压后再输入各轮分泵。

(A)踏板　(B)发动机　(C)齿轮泵　(D)制动总泵

147. 组合线束上的每根导线上都应标有(　　)。

(A)正极　(B)负极　(C)额定电流　(D)线号

148. 在保证汽油发动机原设计输出扭矩的前提下,使用限速器的目的是限制发动机的(　　)。

(A)最高转速　(B)最低转速　(C)最大扭矩　(D)额定扭矩

149. 柴油箱进水,会造成柴油机排气管(　　)。

(A)冒白烟　(B)冒黑烟　(C)冒蓝烟　(D)冒水

150. 地面制动力的最大值不能超过(　　)。

(A)载荷重量　(B)附着力　(C)驱动力　(D)转向力

151. 车辆常用的蓄电池型号是6-Q-60,其中60表示蓄电池的(　　)。

(A)额定电流　(B)额定电压　(C)电阻　(D)额定容量

152. 某齿轮泵的排量为32 mL/r,额定转速为2000 r/min,该齿轮泵的额定流量为(　　)L/min。

(A)54　(B)64　(C)74　(D)84

153. 某叉车重3.6 t,轴距1 600 mm,重心到前桥640 mm。此时前桥受地面压力为(　　)N。

(A)1 440　(B)14 400　(C)2 160　(D)21 600

154. 出车前发动机预热后应使发动机水温达到(　　)℃。

(A)60　(B)70　(C)80　(D)90

155. 内燃叉车离合器操纵装置(　　)。

(A)常用机械式或液压式　(B)只有机械式

(C)只有液压式　(D)常用电动式

156. 起动发动机,达到正常温度后,突然开大节气门,如果突爆声严重,表明点火时间(　　)。

(A)过早　(B)过迟　(C)正好　(D)不用调整

157. 柴油的黏度过大,其流动性和雾化蒸发性(　　)。

(A)变好　(B)变坏　(C)不变　(D)不好说

158. 冬季低温时,会导致发动机耗油量(　　)。

(A)增加　(B)减少　(C)不变　(D)不好说

159. 车辆抵抗倾覆和侧滑的能力叫做(　　)。

(A)动力性　(B)制动性　(C)通过性　(D)稳定性

160. (　　)属于三级保养的内容。

(A)添加蓄电池电解液　(B)检查方向盘的自由行程

(C)变速箱更换新油　(D)调整离合器踏板自由行程

161. 柴油机的供给系由燃油供给、(　　)、混合气形成及废气排出器四套装置组成。

(A)电流供给　(B)空气供给　(C)压力供给　(D)机油供给

162. 单个格蓄电池电压下降至(　　)V时应重新充电。

(A)2　(B)1.5　(C)1　(D)0.5

163. 恶劣天气能见度为(　　)m以内应停止行驶。

(A)5　(B)10　(C)15　(D)204

164. 擦洗车辆外观,可用(　　)。

(A)清洁剂　(B)汽油　(C)柴油　(D)酒精

165. 发动机进气行程:活塞自上止点向下止点移动,(　　)。

(A)进气门打开,排气门打开　(B)进气门打开,排气门关闭

(C)进气门关闭,排气门关闭　(D)进气门关闭,排气门打开

166. 工作中发现各仪表和指示信号工作异常时(　　)。

(A)可边监视边工作　(B)可不予理睬

(C)可待故障影响到机械运转时再停机检查

(D)应立即停机检查

167. 采用预热塞预热的发动机,预热时间最长不超过(　　)s。

(A)10　(B)20　(C)30　(D)40

168. 检查燃油量时,不准(　　),不能用明火照明。

(A)吸烟　(B)用手电照明　(C)用尺量　(D)用手测量

169. 四行程柴油机每完成一个工作循环,曲轴相应地转了(　　)。

(A)180°　(B)360°　(C)720°　(D)900°

170. 气环的作用为(　　)。

(A)密封　(B)传热　(C)密封和传热　(D)刮油

171. 喷油器的作用是将柴油雾化成极微小的(　　)。

(A)气体　(B)固体　(C)颗粒　(D)混合气体

172. 使用起动机起动发动机时,每次的时间为(　　)s。

(A)5～10　(B)10～15　(C)15～20　(D)20～25

173. 叉车的(　　)装有车轮制动器。

(A)前轮　(B)后轮　(C)前轮和后轮　(D)全部车轮

174. 为了保证车辆正常行驶和运送货物安全,驱动桥应(　　)。

(A)转动灵活　(B)不弯曲,变形和漏油

(C)坚固,耐用　(D)无阻滞

175. 主减速器要正常工作除了选用正确齿轮油外,主动齿轮和从动齿轮配合要求(　　)。

(A)紧密无空隙　(B)松动配合　(C)间隙调整得当　(D)转动自如

176. 液压传动以液体为(　　)介质来实现传动的。

(A)速度　(B)运动　(C)原理　(D)工作

177. 发动机正常时的油温应是(　　)℃。

(A)55～75　(B)75～85　(C)85～95　(D)95～100

178. 齿轮泵是一种能量转换装置,它是液压系统中的(　　)。

(A)动力元件　(B)执行元件　(C)控制元件　(D)工作元件

179. 起动系统正常而柴油机不能起动,其原因可能是(　　)。

(A)水箱水温过高　(B)燃油混有水和空气

(C)风扇皮带过松　(D)起动机故障

180. 离合器的(　　)会引起离合器打滑。

(A)复位弹簧过硬　(B)自由行程过小

(C)自由行程过大　(D)分离轴承损坏

181. 如果排气管或消音器堵塞而排气不畅,会引起(　　)。

(A)水箱水温过高　(B)飞车　(C)发动机转动无力　(D)自动熄火

182. 叉车货叉分为折叠式(又称铰接式)和(　　)式两种。

(A)分体式　(B)整体式　(C)组合式　(D)合成式

183. 叉车货叉厚度不得低于原尺寸的(　　)%。

(A)80　(B)90　(C)95　(D)98

184. 在额定载荷下,叉车门架 10 s 自沉量和倾角不大于(　　)。

(A)20 mm,2° (B)10 mm,1° (C)10 mm,2° (D)20 mm,0.5°

185. 用改变油液流量的办法来控制工作机构移动速度的液压阀是(　　)。

(A)换向阀 (B)安全阀 (C)节流阀 (D)单向阀

186. 我国叉车标准规定,叉车应进行(　　)种稳定性实验。

(A)2 (B)3 (C)4 (D)5

187. 转弯半径越(　　),车辆的机动性能越好。

(A)大 (B)小 (C)不确定 (D)没关系

188. 内燃叉车在下坡时(　　)熄火滑行。

(A)应该 (B)可以 (C)严禁 (D)技术高时允许

189. 叉车作业中,下列操作正确的是(　　)。

(A)单叉作业 (B)用惯性溜放货物

(C)装卸时制动叉车 (D)在载物行驶中急刹车

190. 左、右轮胎气压不一致会导致(　　)。

(A)转向沉重 (B)转向跑偏 (C)前轮摇摆(摆头) (D)转向失灵

191. 转向器间隙过大会导致(　　)。

(A)转向沉重 (B)转向跑偏 (C)前轮摇摆(摆头) (D)转向失效

192. 蓄电池在放电时是由(　　)转变为电能。

(A)机械能 (B)化学能 (C)动能 (D)热能

193. 蓄电池电解液因蒸发而不足应加入(　　)。

(A)密度相同匐睥液 (B)自来水 (C)蒸馏水 (D)洁净水

194. 按发火方式不同,柴油发动机是一种(　　)式发动机。

(A)点燃 (B)压燃 (C)内燃 (D)喷射

195. 不属于柴油发动机燃料供给系统零部件的是(　　)。

(A)空气滤清器 (B)化油器 (C)输油泵 (D)柴油滤清器

196. 属于发动机冷却系统的零部件是(　　)。

(A)节温器 (B)机油泵 (C)滤清器 (D)气缸体

197. 柴油质量的主要性能指标有(　　)性、凝点和黏度。

(A)抗爆 (B)发火 (C)经济 (D)流动

198. 冷却系中控制冷却水大、小循环的元件是(　　)。

(A)水泵 (B)节温器 (C)放水开关 (D)节气门

199. 车辆行驶中,机油灯突然点亮,表示(　　)。

(A)机油不足或机油压力低 (B)机油过多

(C)机油压力高 (D)机油过多或机油压力高

200. 点火系统中能将低压电变为高压电的元件是(　　)。

(A)分电器 (B)电容器 (C)点火线圈 (D)火花塞

201. 四冲程内燃机每个工作循环进、排气门各开闭(　　)次。

(A)4 (B)2 (C)1 (D)零

202. 无内胎轮胎由于没有内胎,从而减少了由于(　　)导致的内胎破裂,安全性相对较高。

(A)气压过高 (B)内胎与外胎间摩擦

(C)弹性降低 (D)气嘴

203. 在水平道路上,等速行驶的车辆受到的阻力为(　　)。

(A)滚动阻力、加速阻力、空气阻力 (B)滚动阻力、上坡阻力

(C)滚动阻力、空气阻力 (D)空气阻力、加速阻力

204. 驾驶车辆确保安全的准则是(　　)。

(A)熟练的操作技术 (B)性能完好的车辆

(C)熟练的操作技术和严格遵守安全操作规程

(D)严格遵守安全操作规程

205. 在水平道路上,等速行驶的车辆受到的阻力为(　　)。

(A)滚动阻力、加速阻力、空气阻力 (B)滚动阻力、上坡阻力

(C)滚动阻力、空气阻力 (D)空气阻力、加速阻力

206. 驾驶车辆确保安全的准则是(　　)。

(A)熟练的操作技术 (B)性能完好的车辆

(C)熟练的操作技术和严格遵守安全操作规程

(D)严格遵守安全操作规程

207. 为了延长液压元件的寿命,叉车工作后收车时应将货叉(　　)。

(A)升至高处 (B)升至离地 30～40 cm

(C)降置地面 (D)升至离地 10～20 cm

208. 我国叉车标准规定,叉车应进行(　　)种稳定性试验。

(A)2 (B)3 (C)4 (D)5

209. 车辆行驶中,机油灯突然点亮,表示(　　)。

(A)机油不足或机油压力低 (B)机油过多

(C)机油压力高 (D)机油过多或机油压力高

三、多项选择题

1. 进气行程时(　　)。

(A)进排气门均关闭

(B)进气门关闭,排气门开启,活塞从下止点向上止点移动

(C)进气门开启

(D)排气门关闭

(E)活塞从上止点向下止点移动

2. 汽油机由(　　)组成。

(A)曲柄连杆机构

(B)缸体、气缸盖

(C)配气机构

(D)燃料供给系、点火系、起动系

(E)润滑系、冷却系

3. 柴油机的曲柄连杆机构由(　　)组成。

(A)曲轴及曲柄 (B)配气机构 (C)机体组

(D)活塞连杆组 (E)曲轴飞轮组

4. 机体组主要包括(　　)。

(A)气缸盖 (B)气缸垫 (C)气缸体

(D)气缸套 (E)油底壳

5. 活塞连杆组主要由(　　)等机件组成。

(A)活塞 (B)活塞环 (C)活塞销

(D)连杆 (E)连杆盖和连杆螺栓

6. 对活塞的要求是(　　)。

(A)足够的强度 (B)耐烧 (C)足够的刚度

(D)足够的厚度 (E)较轻的重量

7. 曲轴飞轮组由(　　)等机件组成。

(A)曲轴 (B)凸轮轴 (C)飞轮及齿圈

(D)起动爪 (E)曲轴正时齿轮

8. 曲轴的作用是(　　)。

(A)承受连杆传来的动力

(B)通过飞轮驱动传动系

(C)驱动配气机构

(D)通过连杆推动各气缸的进气、压缩、排气、作功

(E)驱动其他辅助装置

9. 四行程直列四缸发动机点火次序是(　　)。

(A)1—2—4—3 (B)1—3—4—2 (C)1—2—3—4

(D)4—3—2—1 (E)1—4—2—3

10. 四行程直列六缸发动机点火次序应是(　　)。

(A)1—6—2—5—3—4 (B)1—4—6—2—3—5 (C)1—3—4—2—6—5

(D)1—5—3—6—2—4 (E)1—4—2—6—3—5

11. 发动机飞轮的作用是(　　)。

(A)储存动能 (B)利用惯性 (C)曲轴匀速旋转

(D)防止飞车 (E)输出扭矩

12. 根据气门组的安装位置,配气机构的布置型式有(　　)。

(A)侧置气门式 (B)斜置式 (C)倒置气门式

(D)混合式 (E)顶柱式

13. 倒置气门式配气机构由(　　)组成。

(A)气门 (B)气门弹簧 (C)正时齿轮

(D)凸轮轴 (E)挺杆和摇臂

14. 侧置气门式配气机构由(　　)组成。

(A)气门 (B)气门弹簧 (C)正时齿轮

(D)凸轮轴 (E)挺杆和摇臂

15. 汽油机配气机构的凸轮轴可以驱动(　　)等部件工作。

(A)分电器 (B)机油泵 (C)汽油泵

(D)正时齿轮　(E)水泵

16. 汽油机燃料供给系由(　　)组成。

(A)汽油供给装置　(B)空气供给装置　(C)混合气配制装置

(D)进气装置　(E)排气装置

17. 表征汽油使用性能的指标有(　　)。

(A)发火性　(B)抗爆性　(C)黏度

(D)蒸发性　(E)凝点

18. 国产汽油按辛烷值高低不同分为(　　)。

(A)90 号　(B)85 号　(C)80 号

(D)75 号　(E)70 号

19. 现代化油器上都设有(　　)。

(A)起动装置　(B)怠速装置　(C)主供油装置

(D)加浓装置　(E)加速装置和浮子室装置

20. 空气滤清器分(　　)。

(A)干式　(B)湿式　(C)半干式

(D)半湿式　(E)混合式

21. 柴油机燃料供给系由(　　)等部分组成。

(A)柴油箱、输油泵

(B)柴油滤清器、喷油泵总成

(C)喷油器、空气滤清器

(D)进排气歧管和消声器

(E)点火提前装置

22. 叉车双轮偏转机械的转向组件有(　　)。

(A)转向节　(B)转向盘　(C)转向器　(D)转向轴

23. 评价柴油质量的主要性能指标有(　　)。

(A)燃点　(B)发火性　(C)凝点

(D)纯度　(E)黏度

24. 国产柴油按凝点命名牌号，分为(　　)。

(A)40　(B)0　(C)10

(D)20　(E)35

25. 喷油泵(总成)主要由(　　)组成。

(A)分泵　(B)油量控制机构　(C)传动机构

(D)泵体　(E)调速器

26. 统一式燃烧室分为(　　)。

(A)主燃烧室　(B)ω形　(C)球形　(D)杯形

27. 发动机润滑系主要由(　　)等工作元件组成。

(A)机油集滤器、机油泵

(B)机油集滤器、机油细滤器、机油散热器

(C)节温器　(D)压力表　(E)传感器

28. 在润滑系中,滤清元件主要是(　　)。

(A)空气滤清器　(B)机油集滤清器　(C)机油粗滤清器　(D)机油细滤清器

29. 机油的作用有(　　)。

(A)润滑　(B)冷却　(C)清洗

(D)密封　(E)防锈和缓冲

30. 汽油机一般冬天用(　　)号机油。

(A)6D　(B)6　(C)8D

(D)10　(E)15

31. 柴油机机油按黏度分为(　　)等几个牌号。

(A)8,11,14　(B)16,20　(C)6D,6,8D

(D)10,15　(E)6,10

32. 柴油机冬天用(　　)号机油。

(A)8　(B)11　(C)14

(D)16　(E)20

33. 柴油机使用机油的原则是(　　)。

(A)夏季用 6 号　(B)冬季用 8 号　(C)冬季用 11 号

(D)夏季用 14 号　(E)冬季用 15 号

34. 机油由(　　)滤清。

(A)机油散热器　(B)传感器　(C)机油集滤器

(D)机油粗滤清器　(E)机油细滤清器

35. 冷却系主要由(　　)等部分组成。

(A)风扇　(B)散热器　(C)水泵

(D)节温器　(E)水套

36. 节温器把冷却水分成(　　)。

(A)高压循环路线　(B)小循环路线　(C)低压循环路线

(D)大循环路线　(E)多支路线

37. 发动机的起动方式很多,常见的有(　　)。

(A)用低温起动剂起动　(B)气压起动　(C)人力起动

(D)电动机起动　(E)小汽油机起动

38. 人力起动发动机的主要方法是(　　)。

(A)摇　(B)拉　(C)踏

(D)拖　(E)推

39. 发动机的辅助起动装置包括(　　)。

(A)减压机构　(B)预热装置　(C)电热塞　(D)预热塞

40. 安装活塞环时,将(　　)。

(A)相邻两道环切口错开 180°

(B)活塞环的切口避开活塞受力面

(C)活塞环切口避开活塞销孔

(D)用环箍导入气缸

(E)油环装在气环之上

41. 安装活塞环时,应将其(　　),不可装反。

(A)内圆切槽向下　(B)外圆切槽向上　(C)内圆切槽向上

(D)切槽均朝上或朝下　(E)外圆切槽向下

42. 全液压转向系统的组成有(　　)等。

(A)转向装置总成　(B)阀块　(C)转向油缸　(D)转向桥

43. 气门的锥底角分别为(　　)。

(A)进气门 30°　(B)进气门 40°　(C)排气门 45°

(D)排气门 35°　(E)排气门 38°

44. 电气设备是车辆的重要组成部分,主要由(　　)等部分组成。

(A)电源设备　(B)导线　(C)点火系

(D)蓄电池　(E)用电设备

45. 属于装卸车辆电气系统特点的有(　　)。

(A)双线制　(B)单线制　(C)采用直流电源

(D)电源电压多采用 36 V 或 48 V

(E)电源电压多采用 12 V 或 24 V

46. 蓄电池的作用是(　　)。

(A)在发动机启动时,供给起动机电流

(B)当发动机停止时,向用电设备供电

(C)当发动机转速很低时,发电机供电不足,与发电机共同向点火系和用电设备供电

(D)向发电机供电

(E)接受发电机电能

47. 蓄电池由(　　)等部分组成。

(A)蒸馏水　(B)外壳　(C)接柱、极板、隔板　(D)电解液

48. 直流发电机调节器由(　　)组成。

(A)节压器　(B)节流器　(C)整流器

(D)断流器　(E)线圈

49. 发电机调节器的断流器作用是(　　)。

(A)自动调节电压　(B)当发电机电压高于蓄电池电压时,可向蓄电池充电

(C)当发电机发出的电压低于蓄电池电压时,将发电机和蓄电池之间的电路断开

(D)自动调节电流　(E)节能

50. 装卸车辆用的交流发电机主要由(　　)组成。

(A)转子总成　(B)定子总成　(C)整流子

(D)整流器　(E)电刷

51. 起动机主要由(　　)组成。

(A)发电机　(B)调节器　(C)电动机

(D)啮合器　(E)起动开关

52. 蓄电池点火系由(　　)等机件组成。

(A)蓄电池　(B)发电机　(C)分电器

(D)点火线圈　(E)高压导线及火花塞

53. 蓄电池点火系中的分电器主要由(　　)机件组成。

(A)分电器壳体　(B)断电器　(C)配电器

(D)容电器　(E)点火提前装置

54. 附加电阻的作用有(　　)。

(A)使发动机快速升温　(B)脉冲　(C)保持初级电流基本稳定

(D)改善点火性能　(E)提高高压电电压

55. 内燃叉车电气设备主要由(　　)等部件组成。

(A)发电机　(B)蓄电池　(C)调节器

(D)起动机　(E)转子

56. 电气控制的原则包括(　　)。

(A)随机原则　(B)时间原则　(C)电流原则

(D)电压原则　(E)速度原则

57. 底盘由(　　)组成。

(A)传动系统　(B)行驶系统　(C)电气系统

(D)转向系统　(E)制动系统

58. 液力机械式传动系统主要由(　　)组成。

(A)离合器　(B)液力变矩器　(C)差速器

(D)轮边减速器　(E)半轴

59. 机械式传动系统由(　　)组成。

(A)离合器　(B)变速器　(C)万向传动装置

(D)主减速器　(E)差速器和半轴

60. 摩擦式离合器有多种型式,按从动片数目分为(　　)。

(A)半爪式　(B)单片式　(C)双片式

(D)多片式　(E)牙嵌式

61. 液力变矩器由(　　)组成。

(A)泵壳　(B)泵轮　(C)涡轮

(D)导轮　(E)传动液

62. 主减速器的作用是(　　)。

(A)增加转速　(B)减低扭矩　(C)改变扭矩方向

(D)增大扭矩　(E)降低转速

63. 行驶系统主要由(　　)等部分组成。

(A)车架　(B)悬架　(C)车桥

(D)车轮　(E)传动轴

64. 根据转向系统具体结构的不同,企业内机动车辆有(　　)。

(A)前轮转向　(B)机械转向　(C)液压助力转向　(D)全液压转向

65. 叉车转向轮偏转角可达(　　)。

(A)70°　(B)80°　(C)85°

(D)90°　(E)60°

66. 偏转车轮转向系统有(　　)。
(A)机械转向系统　(B)液压助力转向系统　(C)梯形转向系统
(D)循环球转向系统　(E)全液压转向系统
67. 机动车辆常用的机械式转向器有(　　)等几种。
(A)球面蜗杆滚轮式　(B)偏心式　(C)循环球式
(D)拳式　(E)蜗杆曲柄指销式
68. 转向轮定位主要参数有(　　)。
(A)主销后倾　(B)主销内倾　(C)车轮外倾
(D)轮距　(E)车轮前束
69. 车轮制动器类型有(　　)。
(A)简单非平衡式　(B)自动增力对称式　(C)液压制动器　(D)气压制动器
70. 按结构型式,手制动器可分为(　　)。
(A)拉线式　(B)鼓式　(C)盘式　(D)带式
71. 液压式制动总泵主要由(　　)组成。
(A)泵体　(B)活塞　(C)皮碗　(D)回油阀
72. 差速器由(　　)组成。
(A)桥壳　(B)半轴齿轮　(C)行星齿轮
(D)十字轴　(E)差速器壳
73. 叉车工作装置由(　　)组成。
(A)货叉　(B)滑架　(C)内、外门架
(D)链条、滑轮　(E)油缸
74. 叉车主要属具有(　　)。
(A)倾翻叉　(B)横移叉　(C)货斗
(D)吊架　(E)串杆
75. 叉车门架主要由(　　)组成。
(A)外门架立柱　(B)内门架立柱　(C)导向补板
(D)滚轮组　(E)滑架
76. 叉车门架有(　　)等几种类型。
(A)一字型　(B)重叠式　(C)并开式
(D)并列式　(E)品字型
77. 对叉车门架系统的调整要求是(　　)。
(A)门架支承销孔轴线与门架中心线垂直　(B)两起重链松紧一致
(C)滑动件润滑良好　(D)滑架升降升降平稳可靠
(E)随时正确调整滑架自由行程
78. 门架系统的工作性能主要是(　　)。
(A)强度　(B)位移　(C)可靠
(D)液压系统密封　(E)最大起升高度可变
79. 确保门架寿命试验后不得有(　　)现象。
(A)永久变形　(B)开焊　(C)裂缝

(D)滚轮与导轨非正常磨损　(E)油缸漏油

80. 校核叉车货叉的承载能力要考虑(　　)等尺寸。

(A)水平段长度　(B)垂直段高度　(C)断面尺寸

(D)挂钩尺寸　(E)轴孔尺寸

81. 货叉的受力情况有(　　)。

(A)水平段受弯曲力　(B)水平段受剪切力　(C)垂直段受弯曲力

(D)垂直段受拉伸力　(E)水平段和垂直段均受扭转力

82. 按流量大小,液压泵有(　　)之分。

(A)定量泵　(B)变量泵　(C)高压泵

(D)低压泵　(E)中压泵

83. 按结构形式,齿轮泵可分为(　　)。

(A)叶片式　(B)刮板式　(C)单联泵

(D)双联泵　(E)三联泵

84. 按结构形式不同,液压泵可分为(　　)。

(A)齿轮泵　(B)叶片泵　(C)柱塞泵

(D)单向液压泵　(E)双向液压泵

85. 叉车工作装置液压系统由(　　)等部分组成。

(A)油箱、液压泵　(B)液压分配器

(C)高压油管、低压油管、回油管　(D)倾斜和起升油缸

(E)手柄

86. 装卸车辆工作装置的液压系统主要由(　　)组成。

(A)动力元件　(B)执行元件　(C)控制元件

(D)辅助元件　(E)工作介质

87. 容积式油泵主要有(　　)。

(A)齿轮泵　(B)摆线泵　(C)叶片泵

(D)柱塞泵　(E)螺杆泵

88. 泵的使用性能用(　　)基本性能参数表达。

(A)压力　(B)流量　(C)转速

(D)扭矩和功率　(E)自吸力

89. 油缸由(　　)等组成。

(A)油缸头部　(B)缸筒　(C)油缸底部

(D)活塞杆　(E)密封件

90. 集装箱重型叉车有(　　)油缸。

(A)起升　(B)倾斜　(C)横移

(D)转向　(E)变幅

91. 普通叉车液压系统的主要执行元件是(　　)。

(A)制动总泵　(B)制动分泵　(C)转向油缸

(D)起升油缸　(E)倾斜油缸

92. 叉车在作业中,不准(　　)。

(A)在坡道上横向行驶　(B)将货物升高作长距离行驶　(C)高速行驶
(D)用惯性力取货　(E)溜放圆形易滚货物

93. 严禁装载机(　　)。
(A)连续作业　(B)边行车,边升降铲斗
(C)边转向,边取货　(D)向汽车上卸货

94. 车辆超高速行驶的害处是(　　)。
(A)制动距离延长　(B)转向离心力增加　(C)行驶偏向
(D)过拱形路面时出现失重现象　(E)惯性冲击力加大

95. 车辆转向装置技术状况变坏的征兆是(　　)。
(A)转向沉重　(B)加速不畅　(C)制动跑偏
(D)车辆摆头　(E)行驶偏向

96. 制动装置技术状况变坏的征兆是(　　)。
(A)轮胎气压不足　(B)制动距离延长　(C)制动跑偏
(D)制动系统有空气　(E)制动侧滑

97. 在(　　)情况下,必须使用灯光。
(A)调头　(B)驶离停车地点　(C)夜间行车
(D)夜间起步　(E)夜间在车道停车

98. 机动车辆驾驶操纵机构和仪表大致可分为(　　)。
(A)车辆操纵装置　(B)指示仪表　(C)附件操纵装置
(D)特种设备操纵装置　(E)转向装置

99. 叉车和装载机的主要操纵装置包括(　　)。
(A)方向盘　(B)离合器踏板　(C)油门踏板
(D)变速杆、制动踏板、手制动杆　(E)工作装置操纵杆

100. 牵引车的操纵装置由(　　)组成。
(A)方向盘　(B)变速杆　(C)离合器踏板
(D)制动踏板　(E)手制动操纵杆

101. 燃油表用来指示油箱内部的存油量,表面上刻有(　　)刻度,分别表示油是不是为空、一半、满。
(A)1/4　(B)0　(C)1/2
(D)1　(E)2

102. 叉车工作装置由(　　)来操纵。
(A)变速杆　(B)滑架升降操纵杆　(C)手制动杆
(D)门架倾斜操纵杆　(E)前进后退操纵杆

103. 装载机工作装置靠(　　)操纵。
(A)变速杆　(B)动臂升降操纵杆　(C)铲斗翻转操纵杆
(D)手制动杆　(E)转向手柄

104. 在(　　)附近作业时,握住叉车方向盘上的手柄转向更灵活。
(A)货垛　(B)堆头　(C)仓库
(D)船舱　(E)平直路段

105. 转动牵引车的方向盘时,应根据转动方向,以(　　),适当地拉动或推送。
(A)双手紧握　(B)左手为主　(C)一手为主
(D)右手为主　(E)一手为辅
106. 踩放油门踏板时,要做到(　　)。
(A)用力柔和　(B)不宜过急　(C)轻踩
(D)轻回　(E)不断闪动
107. 使用牵引车的制动踏板时,应两手紧握方向盘,(　　)。
(A)先拉起手制动杆　(B)先放松油门踏板
(C)然后用左脚踩下离合器踏板
(D)然后用右脚掌踩下制动踏板上,以膝关节的屈伸动作踩下或放松
(E)不能放松油门踏板
108. 按具体环境不同,启动发动机有如下情况:(　　)。
(A)热车启动　(B)人力启动　(C)常温启动
(D)低温启动　(E)电动机启动
109. 发动机启动后应维持其较高的急速运转,使水温逐渐升到 50～60 ℃,然后经(　　)速运转检查。
(A)低　(B)中　(C)高
(D)超高　(E)超低
110. 启动发动机后,驾驶员应检视(　　)。
(A)车速里程表　(B)水温表　(C)电流表
(D)机油压力表　(E)气压表
111. 一般叉车、装载机有两个挡位,则(　　)。
(A)高速挡适用于在较好路况下作长距离行驶
(B)低速挡宜于带负荷在低洼路面上行驶
(C)高速挡适合轻载情况下作长距离行驶
(D)低速挡宜于带负荷情况下作长距离行驶
(E)"自动拨"叉车不受挡位限制
112. 制动方法可分为(　　)。
(A)手制动　(B)脚制动　(C)预见性制动
(D)紧急制动　(E)选择性制动
113. 轮差的大小与(　　)。
(A)轴距成正比　(B)转向轮偏转角成正比
(C)主车前轴至挂车后轴之间距离成正比　(D)前轮偏转角成正比
(E)前后轴之间距离成反比
114. 外轮差的大小与(　　)。
(A)前后轴之间距离成正比　(B)后轮偏转角的大小成正比
(C)主车前轴至挂车后轴之间距离成正比　(D)前轮偏转角的大小成正比
115. 应避免在(　　)调头。
(A)铁路的交叉道口　(B)交通繁杂　(C)桥梁

(D)坡道 (E)狭窄道路

116. 严禁在( )等处调头。

(A)厂(场)内 (B)桥梁 (C)隧道

(D)涵洞 (E)铁路交叉道口

117. 会车时,驾驶员必须作到( ),选择适当地点靠右边通过。

(A)先过 (B)先行 (C)先慢

(D)先让 (E)先停

118. 车辆不得在( )等处交会。

(A)单车道 (B)小型桥梁 (C)隧道 (D)涵洞

119. 为了保证车辆安全和交通畅通,通过铁路道口时要( )。

(A)提前减速 (B)先慢、先让、先停,选择适当的地点靠右边通过

(C)一慢、二看、三通过或一停、二看、三通过 (D)减速、鸣号、靠右行

120. 严禁在下列( )地点及情况下超车。

(A)限速 15 km/h 以内的地段 (B)轮式专用机械在道路上行驶

(C)交叉路口 (D)载运危险物品

121. 让车的规定是( )。

(A)低速车让高速车 (B)直行车让转弯车 (C)转弯车让直行车

(D)空车让重车 (E)重车让空车

122.( )严禁超车。

(A)装卸作业场地 (B)堆头 (C)货垛 (D)载运危险物品

123. 通过桥梁时,如确认安全时应一气通过,避免在桥上( )。

(A)变速 (B)制动 (C)会车

(D)调头 (E)停车

124. 穿越铁路应一气通过,严禁在火车通过区内( )。

(A)变速 (B)制动 (C)停车

(D)会车 (E)超车

125. 利用惯性行驶必须具备一定的条件,这些条件是( )。

(A)有专人指挥

(B)车辆技术状况正常,主要是怠速稳定、转向和制动机构无故障

(C)驾驶经验丰富,操作技术熟练

(D)道路宽直,交通空闲,视线良好

(E)空车

126. 严禁( )滑行。

(A)叉车载货 (B)牵引车载货 (C)装载机载货 (D)运载危险品

(E)运载高大、贵重货物

127. 因故障须在坡道上停车时,要选择路面较宽和前后视距较远的地点,停车时要( ),以防车辆自动溜动。

(A)拉紧手制动器 (B)将车轮转向安全的方向

(C)变速器挂入低速挡或倒挡 (D)用三角木或石块塞住车轮

(E)驾驶员不准离开车辆

128. 避免在(　　)停放车辆。

(A)弯道　(B)坡道　(C)隐蔽地点

(D)平直路段　(E)视线较远处

129. 夜间行驶时,(　　)应该降低车速,随时准备停车。

(A)弯道　(B)桥梁　(C)平直路段

(D)窄路　(E)坡道

130. 在泥泞道路上行车时,车轮容易(　　)。

(A)跑偏　(B)空转　(C)发热

(D)打滑　(E)松动

131. 通过泥泞路段及其他容易引起打滑的道路时,应提高警惕,(　　)。

(A)不可急转弯　(B)高速通过　(C)避免使用制动　(D)切忌使用紧急制动

132. 减速箱内润滑油变质可能造成传动系统的故障有(　　)。

(A)驱动桥发响　(B)驱动桥过热

(C)驱动装置不稳固　(D)电机运转但叉车不行走

133. 预防气阻的简易方法有(　　)。

(A)在汽油泵与排气管之间加隔热护板　(B)在输油管上缠石棉绳

(C)扩大散热器受风面积　(D)起动发动机后踩几脚空油

(E)降低冷却水温度

134. 机动车行驶时必须保持(　　)齐全有效。

(A)转向器　(B)制动器　(C)喇叭、灯光、雨刷、后视镜

(D)扶梯　(E)拉手、拉杆

135.(　　)是机动车辆的安全装置。

(A)制动器　(B)传动轴　(C)转向器

(D)喇叭　(E)灯光、后视镜

136. 机动车在通过铁路道口时(　　)。

(A)一气通过　(B)不准鸣号　(C)不准制动

(D)不准紧急制动　(E)不准停车

137. 机动车行经(　　)不得超过 15 km/h。

(A)无人看守道口　(B)交叉路口　(C)生产现场

(D)下坡道　(E)倒车

138. 机动车辆(　　)车速不得超过 5 km/h。

(A)进出厂房、仓库大门　(B)停车场、加油站

(C)上下地中衡、危险地段、生产现场　(D)倒车或拖拉损坏车辆

(E)恶劣天气能见度 5 m 以内

139.(　　)不得停放车辆。

(A)距通勤车站、加油站消防车库门口、消防栓 20 m 以内

(B)距交叉路口、平交道口、转弯处、隧道、桥梁、危险地段、地中衡和厂房、仓库、职工医院大门口 15 m 以内的地段

(C)道路一侧有障碍物时，与障碍物对面一侧长度相等地段两端各 20 m 以外
(D)厂房、仓库、医院门口

140. 机动车行经平交道口时必须(　　)。
(A)提前减速　　(B)伺机通过
(C)做到一慢、二看、三通过　　(D)减速、鸣号、靠右行

141. 距(　　)15 m 内的不得停放车辆。
(A)加油站、消防车库门口　　(B)交叉路口、平交道口、转弯处、隧道、桥梁
(C)厂房、仓库、医院门口　　(D)纵坡大于 5%路段

142.(　　)在保证安全的条件下不受规定速度限制。
(A)消防车　　(B)运载危险品车　　(C)救护车
(D)运载赤热货物车　　(E)工程抢险车

143. 厂(场)内机动车辆驾驶员驾驶车辆时必须携带(　　)。
(A)驾驶证　　(B)行驶证　　(C)安全帽　　(D)身份证

144. 道路交通标志分(　　)。
(A)安全标志　　(B)指示标志　　(C)警告标志
(D)禁令标志　　(E)停车标志

145. 指示标志是指引驾驶员(　　)。
(A)操作　　(B)行驶　　(C)等待
(D)停车　　(E)后退

146. 液压元件容易实现(　　)，便于设计、制造和推广使用。
(A)系列化　　(B)标准化　　(C)通用化　　(D)简单化

147. 造成企业内机动车辆伤害的原因有(　　)。
(A)道路不良　　(B)安全管理制度不健全　　(C)驾驶员素质不高
(D)驾驶员安全观念淡漠　　(E)车况差

148. 叉车载货不得超载，还应注意装载要(　　)，否则易造成翻车。
(A)分布均匀　　(B)尽量降低重心高度
(C)不准偏置装载　　(D)适当加速行驶

149. 保养车辆的目的是(　　)。
(A)降低零件的磨损速度　　(B)防止事故和故障的发生
(C)提高作业效率　　(D)保证安全生产

150. 例行保养是各级保养的基础，以(　　)为中心。
(A)清扫　　(B)清洗　　(C)清洁
(D)紧固　　(E)检查

151. 例行保养进行在(　　)，由驾驶员亲自进行。
(A)每周内　　(B)出车前　　(C)每旬中
(D)行驶中　　(E)收车后

152. 机动车辆的一级保养包括(　　)。
(A)检查油位和水位作业　　(B)清洁作业　　(C)润滑作业
(D)检查、紧固作业　　(E)电气作业

153. 车辆一级保养作业完毕以后应达到(　　)。
(A)车容整洁、装备齐全、连接牢固　(B)三滤畅通、四不漏
(C)油嘴齐全　(D)润滑良好
(E)车架、车身补漆
154. 三级保养以(　　)为中心。
(A)全车拆检　(B)总成解体清洗　(C)总成解体检查
(D)总成调整　(E)检查润滑
155. 厂(场)内机动车辆在走合期主要保养的工作内容有(　　)。
(A)限速、减载　(B)选用优质燃料和润滑油　(C)不超载
(D)加强检查和紧固作业　(E)载人
156. 厂(场)内机动车辆的定期保养通常是(　　)。
(A)每50工作小时后进行一级保养　(B)每200工作小时后进行二级保养
(C)每班收车后进行日常保养　(D)每600工作小时后进行三级保养
(E)换季保养
157. 厂(场)内机动车辆保养类别分为(　　)。
(A)例行保养　(B)定期保养　(C)走合保养
(D)换季保养　(E)不定期保养
158. 当车辆出现故障时,首先作系统、周密的检查,通过(　　)等方法去分析、判断故障的部位、性质,再加以排除。
(A)看　(B)听　(C)嗅
(D)摸　(E)试
159. 发动机故障的外在特征是(　　)。
(A)工作反常　(B)温度反常　(C)响声反常
(D)排气反常　(E)密封反常
160. 发动机工作反常外在特征有(　　)。
(A)起动困难　(B)转速异常　(C)运转振动
(D)润滑油消耗过多　(E)燃油消耗过多
161. 发动机排烟异常的外在特征是排气管排气呈(　　)色。
(A)白　(B)蓝　(C)青
(D)黄　(E)黑
162. 发动机密封反常的外在特征是(　　)。
(A)漏油　(B)漏水　(C)漏电
(D)漏气　(E)漏磁
163.(　　)汽油机混合气过稀。
(A)浮子室油面过低　(B)进排气歧管衬垫漏气
(C)汽油滤清器脏污堵塞　(D)汽油管接头漏油
164.(　　)汽油机的混合气过浓。
(A)主量孔调节油针旋入过多　(B)浮子室油面过高　(C)阻风门关闭
(D)空气滤清器过脏　(E)进气管漏气

165.(　　)柴油机起动困难。
(A)点火过迟　(B)阻风门关闭不严　(C)气温低
(D)喷油压力低　(E)油箱空
166.(　　)柴油机运转无力。
(A)燃料系有空气渗入　(B)燃料系有水分　(C)燃料系有气阻
(D)燃料标号低　(E)燃油滤清器脏污、堵塞
167.(　　)导致柴油机运转振动。
(A)个别分泵不喷油　(B)个别喷油器不喷油　(C)飞轮螺栓松动
(D)气门烧毁　(E)喷油头烧毁
168. 制止柴油机飞车的紧急措施包括(　　)。
(A)迅速切断供油系统　(B)拉起减压杆
(C)立即堵塞进气管　(D)迅速松开各缸高压油管
(E)变矩器车辆挂入高速挡,踩紧制动,突然放松离合器
169.(　　)均会引起柴油机飞车。
(A)机油进入燃烧室　(B)调速器飞锤销轴断裂　(C)调速器弹簧折断
(D)油门拉杆卡滞　(E)柱塞失控
170. 机油压力异常的外在特征包括(　　)。
(A)油温过高　(B)油温过低　(C)机油压力过高
(D)机油黏度过大　(E)机油压力过低
171.(　　)均表明机油压力过高。
(A)机油滤油器被冲坏
(B)冷车发动时,机油压力表指示压力在 5 kgf/cm^2 以上
(C)接通点火开关,机油压力表指示 2 kgf/cm^2 以上
(D)发动机运转中机油压力突然增高
(E)油温上升较快
172. 发动机运转中,机油压力突然增高的原因是(　　)。
(A)机油黏度过大　(B)限压阀调整不当　(C)润滑油道堵塞
(D)机油滤清器堵塞　(E)机油表或感应塞失灵
173. 机油压力过低的原因是(　　)。
(A)机油存量不足　(B)机油黏度过低
(C)机油油路中有严重泄漏处　(D)气缸体润滑油道有堵塞处
(E)限压阀弹力过弱
174. 发动机冷却水沸腾的原因是(　　)。
(A)天气炎热,长期大负荷行驶　(B)润滑油不适当
(C)冷却风被泥沙污物堵塞　(D)节温器失灵
(E)点火过迟
175. 可能造成叉车制动不平稳的原因是(　　)。
(A)制动鼓失圆　(B)制动鼓与制动蹄间隙不正常
(C)制动蹄调整不当　(D)主缸漏油

176. 发动机排气冒蓝烟的原因是(　　)。
(A)油底壳机油太高　(B)机油温度高　(C)机油黏度低
(D)活塞与缸壁间隙过大　(E)机油中有水分
177. 柴油机排气冒白烟的原因是(　　)。
(A)喷油时间过迟　(B)气门密封不严　(C)喷油中有水分
(D)喷油雾化不良　(E)空气滤清器脏污堵塞
178.(　　)柴油机排气冒黑烟。
(A)空气滤清器堵塞　(B)喷油量过大　(C)进气管堵塞
(D)空气滤清器漏气　(E)超负荷运转
179. 叉车起步发抖的原因是(　　)。
(A)联轴器螺栓松动　(B)变矩器缺油　(C)主减速器间隙过大
(D)半轴齿轮磨损　(E)轮胎气压过高
180. 转向系常见故障有(　　)。
(A)转向沉重　(B)车辆摆头　(C)制动侧滑
(D)行驶偏向　(E)车辆失重
181. 叉车行驶偏向的主要原因有(　　)。
(A)两车轮制动力不等　(B)单侧制动蹄咬死　(C)手制动器拉杆行程不等
(D)个别制动分泵漏油　(E)单侧制动鼓失圆
182. 液压制动失效的原因是(　　)。
(A)总泵内没有制动液　(B)总泵皮碗破损或被踏翻
(C)分泵皮碗破损或被踏翻　(D)制动管破裂或接头松脱
183. 液压制动的故障主要有(　　)。
(A)制动效果不良　(B)制动突然失灵　(C)制动拖滞
(D)车辆摆头　(E)制动跑偏
184. 叉车工作装置常见故障有(　　)。
(A)门架抖动　(B)下降速度过快　(C)起升过慢
(D)不能起升　(E)漏油
185. 变速器中变速传动机构的主要作用是改变(　　)。
(A)转矩　(B)转速　(C)旋转方向　(D)旋转角度
186. 叉车滑架下降速度过快会造成货物失重掉落的原因主要有(　　)。
(A)发动机转速过高　(B)起升油缸密封失效
(C)液压分配器阀芯间隙过大　(D)回路调压阀开放过大
(E)油管接头漏油
187. 装载机动臂提不起来或铲斗无力的原因有(　　)。
(A)安全阀调整不当　(B)吸油管、滤油器堵塞
(C)油泵、油缸、管路及接头有漏油处　(D)液压油漏入变速器内
188. 有级变速器根据操纵方式可分为(　　)。
(A)滚动齿轮变速器　(B)机械换挡变速器
(C)动力换挡变速器　(D)滑动齿轮变速器

189. 维修车辆的专用工具有(　　)。
(A)扭力扳手　　(B)火花塞套筒　　(C)活塞环钳
(D)气门弹簧钳　　(E)螺丝刀
190. 常用(　　)检测零件。
(A)钢板尺　　(B)游标卡尺　　(C)内径千分尺
(D)外径千分尺　　(E)内径千分表
191. 二级保养主要工作内容包括(　　)。
(A)查气门间隙　　(B)检查各总成油质　　(C)检查制动装置效能
(D)更换机油　　(E)更换机油滤清器
192. 三级保养主要工作内容包括:拆检发动机,对底盘各总成进行解体(　　)。
(A)清洗　　(B)检查　　(C)调整
(D)更换曲轴　　(E)更换活塞和气缸套
193. 内燃叉车的三级保养主要有(　　)。
(A)调整火花塞间隙　　(B)调整气门间隙　　(C)测量气缸压力
(D)校正点火正时　　(E)检查离合器工作效能
194. 渐开线齿轮传动的主要参数有(　　)。
(A)模数　　(B)压力角　　(C)分度圆直径
(D)全齿高　　(E)齿顶高
195. 螺纹的主要几何参数有(　　)。
(A)大径　　(B)小径　　(C)中径
(D)导程　　(E)升角
196. 曲轴的作用是(　　)。
(A)承受连杆传来的动力　　(B)通过飞轮驱动传动系　　(C)驱动配气机构
(D)通过连杆推动各气缸的进气、压缩、排气、作功　　(E)驱动其他辅助装置
197. 发电机调节器的断流器作用是(　　)。
(A)自动调节电压　　(B)当发电机电压高于蓄电池电压时,可向蓄电池充电
(C)当发电机发出的电压低于蓄电池电压时,将发电机和蓄电池之间的电路断开
(D)自动调节电流　　(E)节能
198. 机动车辆(　　)车速不得超过 5 km/h。
(A)进出厂房、仓库大门　　(B)停车场、加油站
(C)上下地中衡、危险地段、生产现场　　(D)倒车或拖拉损坏车辆
(E)恶劣天气能见度 5 m 以内
199. 厂(场)内机动车辆的定期保养通常是(　　)。
(A)每 50 工作小时后进行一级保养　　(B)每 200 工作小时后进行二级保养
(C)每班收车后进行日常保养　　(D)每 600 工作小时后进行三级保养
(E)换季保养
200. 发电机调节器的断流器作用是(　　)。
(A)自动调节电压　　(B)当发电机电压高于蓄电池电压时,可向蓄电池充电
(C)当发电机发出的电压低于蓄电池电压时,将发电机和蓄电池之间的电路断开

(D)自动调节电流　　　　(E)节能

201. 为了保证车辆安全和交通畅通,通过铁路道口时要(　　)。

(A)提前减速

(B)先慢、先让、先停,选择适当的地点靠右边通过

(C)一慢、二看、三通过或一停、二看、三通过

(D)减速、鸣号、靠右行

四、判 断 题

1. CPD3 是表示三吨油叉车的标准型号。(　　)
2. 油环的作用主要是加强密封气缸内气体,防止气体漏入曲轴箱内。(　　)
3. 清洗发动机时不必切断电瓶线路。(　　)
4. 在叉车侧面移位操作中应在两进两倒之后完成动作要求。(　　)
5. 遇厂内灯光交错或雨天光滑路面光线反射强烈应用大灯光。(　　)
6. 货叉举起后货叉下禁止站人但可进行维修工作。(　　)
7. 叉车各导线要卡子化,不得随意拉线以免绝缘破损着火。(　　)
8. 车辆加注燃油,发动机可不熄灭。(　　)
9. 在液压系统中,安全阀是保证行车安全的。(　　)
10. 冬季应该做好电瓶的防冻工作。(　　)
11. 叉车液压系统的工作压力为 12～16 MPa。(　　)
12. 单向限速阀的作用是限制油缸上升的速度。(　　)
13. 操纵性丧失往往导致车辆失去操纵。(　　)
14. 起步时要查看周围有无人员和障碍物然后再起步。(　　)
15. 闻到有焦臭味是因为离合器打滑制动拖滞所致。(　　)
16. 在工作中如发现有漏油现象,如问题不大可在工作后再维修。(　　)
17. 汽油机配气机构的凸轮轴可以驱动分电器、机油泵、汽油泵等部件工作。(　　)
18. 液压油过滤器安装在高压油管上,用来过滤从油缸回来的油。(　　)
19. 叉车伤害事故包括轻伤、重伤、死亡和多人事故。(　　)
20. 叉车驾驶员应树立“安全第一,预防为主”的观念。(　　)
21. 叉车作业既要保证作业人员人身安全,又要使叉车完好无损。(　　)
22. 叉车的维修制度包括零小修、中大修。(　　)
23. 企业对叉车工只需进行安全教育,无需建立考核制度。(　　)
24. 定电压充电是保持蓄电池充电压一定的充电方法。这种方法能保证蓄电池彻底充足。(　　)
25. 只要对叉车驾驶员做好三级安全教育和培训考核,就能做好叉车安全工作。(　　)
26. 叉车检验包括驾驶员自检、保养和维修后的检验。(　　)
27. 在出现意外情况下,驾驶员要能机动灵活地采取措施防止事故发生。(　　)
28. 要求叉车在起步或停车时,没有冲击,行驶时可颠簸摇晃。(　　)
29. 叉车堆码货物时要力争一次码放成功,禁止每次调整。(　　)
30. 节流阀是一种用改变油液流量的办法来控制工作机构移动方向的阀门。(　　)

31. 叉车驾驶员应绝对服从指挥人员的指挥。( )

32. 要对驾驶员加强法制安全教育杜绝违章驾驶。( )

33. 叉车驾驶员应养成修车拔钥匙,上车启动前做好各项检查后再启动车的习惯。( )

34. 变速器的作用是使发动机与传动系平稳地结合或彻底地分离,便于起步和换挡,以防止传动系统超过承载能力。( )

35. 不同车型的离合器踏板自由行程都是一样的。( )

36. 离合器分离不彻底的主要原因有:踏板自由行程过大,分离杠杆内端不在同一平面,从动盘翘曲或摩擦片过厚等。( )

37. 离合器的作用有:具有多种传动,倒退,能切断动力传递。( )

38. 差速器的作用是能使同一驱动桥的左右车轮以不同的速度旋转并传递扭矩。( )

39. 转向系的作用是在驾驶员的操纵下改变或保持车辆行驶的方向。( )

40. 液压制动系主要由制动总泵、分泵、车轮制动器、油管和制动踏板等组成。( )

41. 行车制动装置的作用是使停驶的车辆保持不动。( )

42. 蓄电池的接柱上,刻有“ +”为负极,以红色标示,刻有“－”为正极。( )

43. 点火系统中能将低压电变为高压电的元件是电容器。( )

44. 燃烧后的产物,一般具有窒息性,有一定毒性。( )

45. 液压制动主要依靠真空泵增压器来制动。( )

46. 冷却系中控制冷却水大、小循环的元件是节温器。( )

47. 柴油机与汽油机点火方式不一样,但都是点燃混合气使之燃烧。( )

48. 变速器是叉车传动系中改变扭矩和转速的机构。( )

49. 全液压转向系统由机械转向器和助力器构成。( )

50. 将几个蓄电池串联后,总电压仍为单个蓄电池的电压,而电流则等于各个蓄电池电流的总和。( )

51. 使用蓄电池时应保持液面高出极板 10～15 mm。( )

52. 使用启动机时,若连续启动时间过长将造成蓄电池大量放电和启动机线圈过热冒烟,极易损坏机件。( )

53. 判断发电机是否给电池充电最简单的方法是用小铁棒轻微接触发电机磁场,以是否有磁力来判断。( )

54. 图 2 中标志为注意信号灯标志。( )

图 2

55. 图 3 中标志为车辆行人减速慢行标志。( )

图 3

56. 图 4 中标志为地点识别标志。(　　)

图　4

57. 图 5 中标志为禁止通行标志。(　　)

图　5

58. 图 6 中标志为禁止直行标志。(　　)

图　6

59. 图 7 中标志为注意儿童标志。(　　)

图　7

60. 图 8 中标志为安全警告标志。(　　)

图　8

61. 图 9 中标志为停车让行标志。(　　)

图　9

62. 图 10 中警告标志为不要站在护顶架前面,门架意外的移动会造成事故。(　　)

图 10

63. 图 11 中标志为停放叉车时应将货叉降到最低并前倾门架,使货叉安全平置于地面上。(　　)

图 11

64. 图 12 中警告标志为等待行人穿过货叉。(　　)

图 12

65. 图 13 中警告标志为不允许将手或东西靠近转动的风扇叶片。(　　)

图 13

66. 图 14 中警告所示为造成触电事故。(　　)

图 14

67. 图 15 中警告标志为允许行人站在货叉上行走或起升。( )

图 15

68. 图 16 中“停止使用”是车辆出现故障需要修理的含义。( )

图 16

69. 图 17 所示为操作人员必须在防护装置内操作。( )

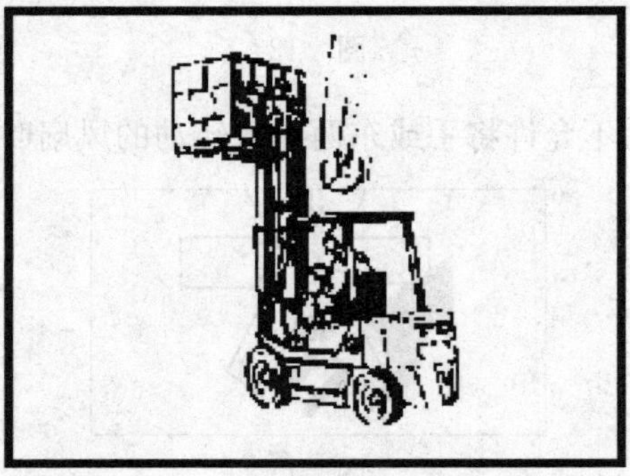

图 17

70. 图 18 所示为当车辆发生险情时,驾驶员应立即跳离车辆。( )

图　18

71. 运载庞大的货物阻碍前方视线并在上坡时，需要有人指挥。(　　)

72. 图 19 所示为加油或检查蓄电池时吸烟或有明火而发生的爆炸。(　　)

图　19

73. 图 20 所示为注意地板的支撑强度。(　　)

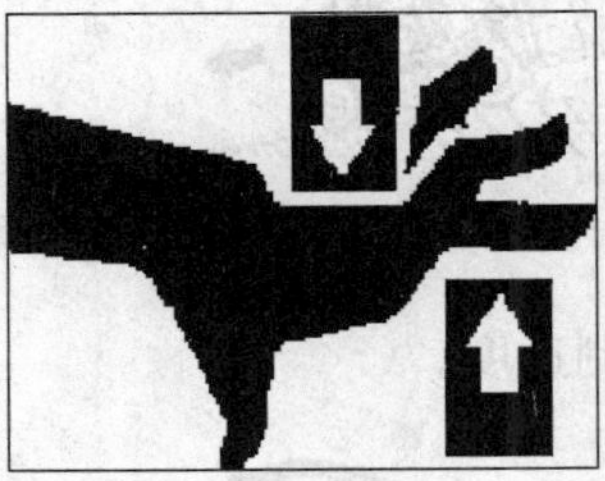

图　20

74. 图 21 所示为严禁在坡道上转弯，预防横向倾翻。(　　)

图　21

75. 图 22 所示为注意行人。(　　)

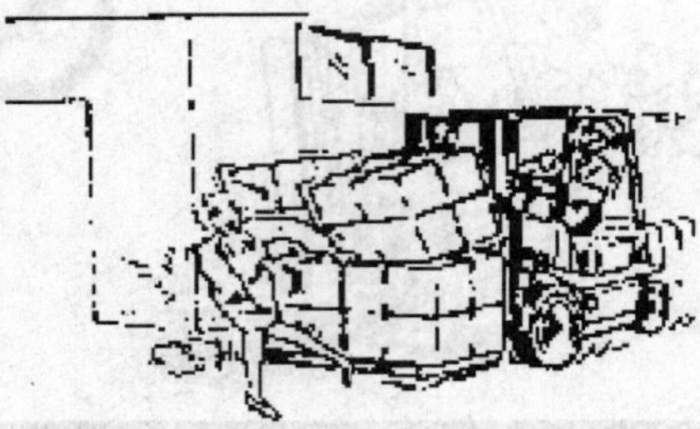

图　22

76. 图 23 所示为上下坡时,应让货物在斜坡较高的一侧。(　　)

图　23

77. 图 24 所示为严禁在斜坡上停车。(　　)

图　24

78. 图 25 所示警告符号为限制速度。(　　)

图　25

79. 图 26 所示警告符号为提醒直接的危险。(　　)

图　26

80. 图 27 所示警告符号意味着危险和不安全因素。(　　)

图 27

81. 造成半轴断裂的原因是半轴的钢圈紧固螺丝松动。(　　)

82. 驾驶人员不得驾驶安全设施不全或机件不符合技术标准等具有安全隐患的机动车。(　　)

83. 实习驾驶员可以驾驶运输危险物品的车辆。(　　)

84. 运输、装卸作业中的危险品是指在工业与民用中那些易燃、易爆、剧毒、放射等物品。(　　)

85. 当驾驶员踏下制动踏板开始制动时,轮胎与路面之间即出现路面制动力。路面制动力越大,停车就越快,制动距离就越长。(　　)

86. 叉车工作装置液压系统中的溢流阀的功用是保护液压系统元件不致损坏,防止系统超载。(　　)

87. 搬运车也属于厂内机动车辆。是指能自行的、小型的、搬运货物的平车,用于货物的搬运。(　　)

88. 发生事故刹那间肇事者的心理状态,一般有以下几种:(1)好奇心、好胜心;(2)习以为常,思想麻痹;(3)性急贪快;(4)违反劳动纪律;(5)侥幸心理;(6)心慌恐惧。(　　)

89. 厂内机动车驾驶员应忠于职守,钻研技术,不断提高业务能力,遵守各项规章制度,严格执行操作规程,以优良的技能提高自己的工作质量。(　　)

90. 违章超速,不全面观察,瞭望不够,事故判定驾驶员负全责。(　　)

91. 禁止用拖拉、顶推或利用坡道溜车猛抬离合器的方法启动发动机。(　　)

92. 使用中起重量与货叉的载荷中心距无关。(　　)

93. 方向盘的自由行程一般规定最大不超过 45°。(　　)

94. 有不足转向特性的车辆,在固定方向盘转角的情况下绕圆周加速行使时转弯半径会越来越小。(　　)

95. 气门间隙越小越能提高发动机功率。(　　)

96. 违章装载货物,驾驶员途中未做检查,应负一定责任,事故判定由肇事者负全部责任。(　　)

97. 变速杆挂不上挡或自动脱挡的原因是发动机转速太高。(　　)

98. 较多厂内车辆驾驶员只会开车不会排除故障,这同驾驶员的职能很不相符。(　　)

99. 全液压车亦可称为容积式传动叉车。(　　)

100. 轮子与联动轴相互位置装错是造成转向失灵的原因之一。(　　)

101. 液压系统中的溢流阀具有两种作用,当起限压作用时作安全阀用,起定压作用时作溢流阀用。(　　)

102. 工作油缸,是将液体的压力能转化为机械能的能量转换装置,用来驱动工作机构,它是液压传动系统的控制部分。(　　)

103. 车辆技术状况的好坏直接影响车辆行驶作业安全。(　　)

104. 轮胎气压符合标准是指充气气压不得低于标准,无上限。(　　)

105. 车辆走合期时要减载,不限速。(　　)

106. 车辆起步时,应完全踏下离合器,先松开驻车制动器,后挂挡。(　　)

107. 车辆转弯时,会产生离心力,车速越快,离心力越大。(　　)

108. 多辆机动车同时进行装卸作业时,沿纵向前后车的间距不能小于 1.5 m。(　　)

109. 车辆行驶中,驾驶员的视觉判断与车辆性能有直接关系。(　　)

110. 发动机正常工作水温是 80～90 ℃。(　　)

111. 车辆清洗后的废油,不能随地乱倒,应倒入下水道,以免发生火灾和爆炸。(　　)

112. 操作人员应根据地形位置掌握铲斗的安全高度,严禁铲斗在高空位置时行驶作业。(　　)

113. 两车相会时,应空车让重车、室内车让室外车、支线车让干线车。(　　)

114. 在用场(厂)内机动车辆有下列情形的,应当报废:(1) 超过国家标准、行业标准或者技术规范规定的寿命期限要求的;(2)经检验不能保证安全运行又无维修价值的。(　　)

115. 发动机各机件的润滑按供油方式分为激溅润滑两种。叉车发动机一般多采用以压力为主,激溅为辅的综合润滑方式。(　　)

116. 场(厂)内机动车辆使用单位,必须制定以岗位责任制为核心的特种设备使用的安全管理制度,并予以严格执行。(　　)

117. 叉车门架的前倾和后倾是依靠倾斜油缸的动作来完成的。(　　)

118. 事故三要素理论中的"三要素"指的是人、车、路环境三要素均等,人不是最重要的因素。(　　)

119. 车辆技术性能状况的好坏对安全行驶不起重要作用。(　　)

120. 在作业过程中可以使用手制动刹车机构。(　　)

121. 在爆炸危险场所使用的特种设备,必须符合《中华人民共和国爆炸危险场所电气安全规程》等相关规章或者标准中关于防爆安全技术的要求。(　　)

122. 场(厂)内机动车辆驾驶员一天作业时间以连续作业不超过 6 h 为好。(　　)

123. 只要取得厂里发放的安全作业证,就可驾驶叉车。(　　)

124. 30 岁以前和 55 岁以后,这两个年龄段驾驶员发生车辆肇事的事故发生率高。(　　)

125. 同方向行驶的车辆,前后两车应保持在至少 5 m 的间距。(　　)

126. 叉车按照动力不同可分为内燃叉车和电瓶叉车。(　　)

127. 负重时上坡倒向行驶,下坡正向行驶。(　　)

128. 叉车装卸货物,装货起升时要先水平面或稍向后倾再升高,卸货时应先下降后再水平或稍向前倾。(　　)

129. 叉车作业中发生突然熄火或断电,应立即将控制器恢复"0"位,关闭总开关。(　　)

130. 叉车装卸或搬运集装箱时,要稳起轻放。叉车作业时,禁止叠摞两箱搬运,禁止擦地推拖。(　　)

131. 蓄电池经过使用,应添加电解液或自来水。(　　)

132. 叉车的电气设备的开关和电线应按规定负责装设,不得以小代大。各种电气设备的保险丝禁止加粗或以其他金属丝代替。(　　)

133. 叉车禁止在坡道上停放,禁止在站台边垂直于线路方向停放。遇有故障不能行走

时,应拉紧手制动以三角木掩住车轮后才可排除故障。( )

134. 机动车辆的制动器、转向器、喇叭、灯光、雨刷和后视镜必须齐全有效,行驶途中上述部件发生故障,要注意谨慎行驶。( )

135. 驾驶员对信号刺激物的反应时间,听觉、触觉最短,痛觉最长。( )

136. 动力换挡变速器是通过拨叉完成换挡动作。( )

137. 特种叉车在进行危险品中的毒害品、放射性物品作业时,应降低 25% 负荷使用。( )

138. 只要不超载就可预防轮胎早期磨损。( )

139. 叉车行驶靠右边,货叉应升起离地面 200～300 mm。出入车门、库门时,让出库门、出车门的车先行。( )

140. 机动车辆上陡坡时采用慢速挡的作用是增加驱动轮的扭矩。( )

141. 禁止叉车作业时用货叉顶货、拉货,禁止叉车超载。叉车禁止载人行驶。( )

142. 悬架连接车架和车轮,并在车架与车轮之间传递各种作用力。( )

143. 叉车在作业时的稳定性与驾驶员操作无关。( )

144. 对制动装置的要求是完好、工作可靠、吸收能量快。( )

145. 制动器起作用的时间与驾驶员踩下制动踏板的速度无关。( )

146. 内燃叉车可以进入化学危险品仓库作业。( )

147. 为满足装卸特殊体积货物的需要,允许拆卸挡货架。( )

148. 有不足转向特性的车辆,在固定方向盘转角的情况下,绕圆周加速行使时转弯半径会越来越小。( )

149. 柴油机机油油位偏高可能使发动机排烟呈黑色。( )

150. 一级保养作业时,清洗空气滤清器。( )

151. 一级保养以检查、调整为中心。( )

152. 出车前、行驶中、收车后的勤清洁、勤检查、勤调整是“三勤”的具体内容。( )

153. 码垛时要分清先后次序,便于“先进先出”和收发、检查等工作。( )

154. 车辆起步时,应查看周围是否有人或障碍物,然后先起步、后鸣号。( )

155. 道路、场地宽敞时,往往主观估计的车速要比实际速度高。( )

156. 车辆速度过快,延长了车辆的制动距离,扩大了车辆的制动非安全区。( )

157. 实习驾驶员可以操纵被拖带的机动车辆。( )

158. 拖带制动失灵的车辆,牵引的长度须在 5～7 m 之间。( )

159. 操作人员离开驾驶座时,需关掉电门,货叉平放在地面,拉紧手制动后方可离开。( )

160. 当全液压转向叉车的发动机熄火时,摆线油马达可起到油泵作用,驱动转向系统工作。( )

161. 叉车在结构上采用后轮为转向轮,所以转弯半径小。( )

162. 叉车是由自行的轮式底盘和一套能垂直升降、前后倾斜的工作装置所组成。( )

163. 液压传动容易实现定比传动。( )

164. 叉车根据使用动力装置的不同可分为汽油机式叉车和柴油机式叉车。( )

165. 机体组的主要工作零件是曲轴。( )

166. 叉车的传动轴实际上是一胶块式弹性联轴器。(   )
167. 安全阀是保障车辆安全行驶的重要元件。(   )
168. 脚制动无论是气制动或液压制动均要求一脚有效。(   )
169. 预热启动通电时间一般为 2 min。(   )
170. 叉车装卸货物,装货起升时要先平面或稍向后倾再升高,卸货时应先下降后再前倾。(   )
171. 叉车运行时,货叉离地面高度应不大于 500 mm。(   )
172. 车辆平时应加强保养,按时计划修理,必要时以修带保。(   )
173. 爆炸性混合物的浓度,达到爆炸浓度极限就会爆炸。(   )
174. 蓄电池就是储存电能的一种设备,它能把化学能转变为电能储存起来。(   )
175. 装载液化气的槽车必须装有防静电接地链。(   )
176. 给伤员包扎伤口和止血时,可用棉垫、纱布、止血带或用毛巾、手帕、领带等代用。(   )
177. 伤员呼吸不畅时,应解开伤员的衣领和腰带。(   )
178. 烧伤严重的伤员口渴时,可喝些盐水补充水分。(   )
179. 运输易爆物品的车辆,可以不用配备干粉灭火器。(   )
180. 车辆着火时,最好用水去灭火。(   )
181. 运输液化气的罐体及附件必须固定在车辆的底架上,并设有安全标志。(   )
182. 缺乏安全技术知识教育,违反操作规程,是厂内运输事故的原因之一。(   )
183. 叉车在启动的情况下可以进行维修,但严禁拆装零部件。(   )
184. 全液压车转向系统有空气是造成转向沉重的原因之一。(   )
185. 为防止静电着火,运送油料的油罐车必须有接地铁链。(   )
186. 柴油机在进气行程中吸入的是一定配比的可燃混合气。(   )
187. 叉车上限速阀的功用主要是限制叉车行驶的车速,以保证安全。(   )
188. 叉车上制动装置有两套,一是机械式的脚制动器,二是液压式的手制动器。(   )
189. 叉车可以随意停放在纵坡大于 5%的路段上。(   )
190. 叉车在运行中应时刻将脚搁在离合器踏板上,便于控制车速。(   )
191. 液压转向系统在控制原理上一种液压随动控制系统(又称液压伺服控制系统)。(   )
192. 装完转向器后应进行试验,检验动力转向和手动转向是否符合要求。(   )
193. 进出厂房、仓库大门、停车场、加油站、上下地中衡、危险地段、生产现场、倒车或拖带损坏车辆时速度不得超过 5 km/h。(   )
194. 液压传动可在较大范围内不停止进行无级调速,而且速度变换平稳。(   )

五、简 答 题

1. 叉车制动系统制动跑偏的故障现象有哪些?
2. 什么是剖视图?
3. 叉车技术检查有哪些具体要求?
4. 什么是垂直度?
5. 什么是下止点?
6. 什么是附着力?
7. 什么是正火?

8. 叉车空载试验有哪些具体要求?
9. 什么是上坡阻力?
10. 什么是活塞行程?
11. 车辆伤害事故的主要原因有哪些?
12. 蓄电池和充电机的连接时有哪些注意事项?
13. 叉车传动系的作用是什么?
14. 发动机曲轴弯曲变形的原因是什么?
15. 为什么在一般情况下不允许走行电机与油泵电机同时工作?
16. 叉车的安全操作规程有哪些主要内容?
17. 变速箱的作用是什么?
18. 什么是气缸工作容积、气缸总容积、气缸压缩比?
19. 什么时候使用手制动机构?
20. 叉车标准化作业出车前试车检查的技术要求是什么?
21. 各种机械发生突然熄火或断电应如何处理?
22. 判断机械故障一般方法有哪些?
23. 叉车装卸集装箱有什么规定?
24. 叉车叉取搬运货物对位进叉有哪些内容和技术要求?
25. 离合器接合时有声响的原因是什么?
26. 一般货物堆码标准的技术要求是什么?
27. 内燃叉车液压系统压力不足是什么原因?
28. 单向阀异响有哪些原因?
29. 叉车液压系统起重量达不到额定值原因有什么?
30. 叉车制动踏板不起制动作用的原因有哪些?
31. 齿轮泵故障中噪声大的原因有哪些?
32. 简述水冷却系统的组成。
33. 机动车在冰雪、泥泞的道路上行驶应遵守哪些规定?
34. 简述机动车辆安全生产的重要意义。
35. 简述发电机与调节器的功用。
36. 转向桥的作用是什么?
37. 叉车传动装置的功能是什么?
38. 请列举以内燃机为动力的叉车电气系统的组成。
39. 叉车的工作装置由哪些主要部分组成?
40. 制动装置的作用是什么?
41. 简述三视图之间的投影关系。
42. 弹簧的用途有哪些?其主要特点是什么?
43. 金属材料的物理性能主要有哪些?
44. Q235 钢的牌号意义是什么?主要用途有哪些?
45. 防止蓄电池自行放电的措施有哪些?
46. 叉车货叉起升速度太慢故障的排除方法是什么?

47. 在游标卡尺上读尺寸时,一般可分为哪三个步骤?
48. 曲柄连杆机构由哪些组件组成?
49. 活塞的功用是什么?
50. 配气机构的功用是什么?
51. 顶置式配气机构由哪些部件组成?
52. 柴油机燃料供给系由哪些部件组成?
53. 叉车、装载机传动装置的作用是什么?
54. 叉车工作装置的作用是什么?
55. 叉车的技术性能包括哪些方面?
56. 叉车、装载机工作部分液压系统由哪些部分组成?
57. 如何诊断叉车液压系统噪声较大、压力脉动较大的故障?
58. 回火处理的目的是什么?
59. 叉车液压系统噪声较大、压力脉动较大的故障的排除方法是什么?
60. 叉车掉头的操作要求有哪些?
61. 润滑系统的常见故障是什么?
62. 内燃叉车电气设备的特点有哪些?
63. 发动机起火系统的组成是什么?
64. 叉车的操纵装置包括哪些?
65. 叉起货物上升后,货叉自动下降故障排除方法是什么?
66. 如图 28 所示的带传动,已知 $n_1 = 1\,450$ r/min,$d_1 = 130$ mm,$d_2 = 260$ mm,求 n_2。

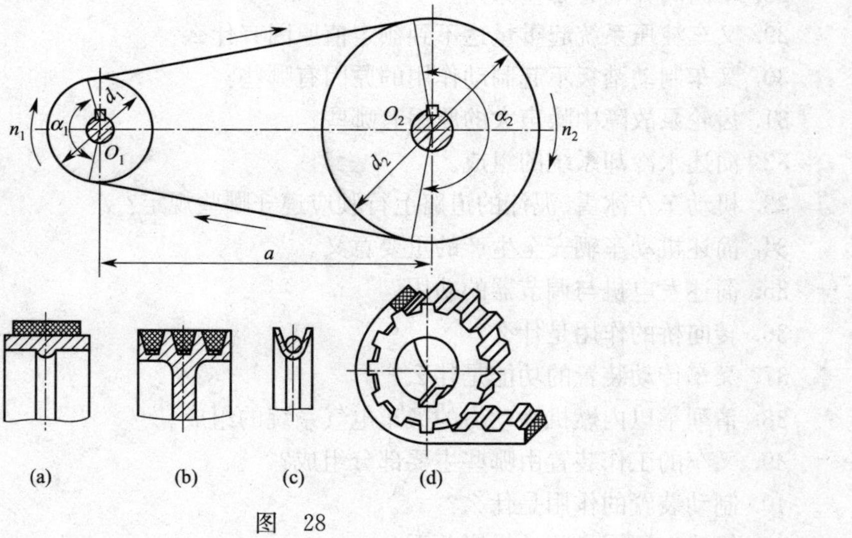

图 28

67. 一标准圆柱齿轮,测得分度圆直径为 150 mm,齿数 30。求齿轮的模数。
68. 一零件图上标注的尺寸为 $\phi 60r7\,(^{+0.071}_{+0.041})$,请计算出公差 T_s。
69. 差速器的工作原理是什么?
70. 简述齿轮泵噪声大故障的诊断和排除方法。
71. 叉车离合器的功能是什么?

72. 定期保养工作有哪几种?

六、综 合 题

1. 叉车制动系统产生制动失灵的故障原因有哪些?
2. 论述机动车辆事故发生后的处理程序。
3. 叉车安全操作要点是什么?
4. 何谓超标装载?
5. 何谓内燃叉车方向跑偏,产生的原因有哪些?
6. 内燃叉车差速器的工作原理是什么?
7. 论述内燃机的基本构造及四冲程汽油机主要组成。
8. 曲轴有哪些作用?
9. 一级保养每隔多长时间进行一次?其中门架部分的保养内容和技术要求是什么?
10. 叉车作业对位落叉工序有哪些?
11. 叉车机械故障的类型有哪些?
12. 叉车行驶"八禁止"的具体内容是什么?
13. 叉车作业中"稳"具体指哪些方面?
14. 内燃叉车工作液压系统一级保养技术要求有哪些?
15. 内燃发动机是由哪几个行程循环工作的?简述作功行程的过程。
16. 内燃发动机机油压力过高的原因是什么?
17. 调整怠速的方法有哪些?
18. 内燃机械安全操作有哪些注意事项?
19. 装卸作业前、后"三检"具体内容是什么?
20. 叉车行驶速度有哪些具体规定?
21. 叉车叉取搬运货物中提叉有哪些技术要求?
22. 内燃机叉车制动系统手制动、脚制动、试验制动选择阀性能的一级保养技术要求是什么?
23. 机油与冷却水相混的原因是什么?
24. 机油消耗量大的原因是什么?
25. 冷却水泵的构造如何?它是如何工作的?
26. 机油泵有什么作用?它是如何工作的?
27. 论述与叉车机动性有关的主要参数。
28. 论述全液压式转向机构的特点。
29. 论述叉车的起重量与载荷中心距的关系。
30. 如何扑灭油类火、电气火?
31. 风扇皮带过紧或过松有什么害处,其松紧度如何检查?
32. 论述曲柄连杆机构的作用和组成。
33. 试分析叉车轮边减速器过热的原因。
34. 发动机不能起动的原因有哪些?
35. 什么是液力变矩器?它有什么特点?
36. 发动机工作无力是什么原因?

叉车司机(内燃)(高级工)答案

一、填 空 题

1. 三年	2. 0.05 mm	3. 单向限速阀	4. 密封圈
5. 张紧度	6. 道路环境	7. 制动跑偏	8. 顶翻
9. 沟槽	10. 油污	11. 分离轴承	12. 高度
13. 2 mm	14. 左右	15. 30°	16. 弯曲
17. 磨损	18. 满载起步	19. 25%	20. 防震
21. 电阻值	22. 短路	23. 搭铁	24. 空转试验
25. 转矩	26. 弹簧失效	27. 高压无火	28. 黑烟
29. 碰火	30. 触点	31. 螺母	32. 浓硫酸
33. 可见轮廓线	34. 尺寸线	35. 不可见过渡线	36. 轴线
37. 相邻零件	38. 特殊要求	39. 断裂处	40. 边界线
41. 细实线	42. 方向	43. 涂黑	44. 平面投影
45. 箭头	46. 线段	47. 细实线	48. 尺寸
49. 细实线	50. 真实性	51. 结构大小	52. 粗实线
53. 内外螺纹	54. 基准直线	55. 降低	56. 基孔制
57. 标准件	58. 任一孔	59. H	60. 蓄电池
61. 气	62. 过高或过低	63. 左	64. 10
65. 3～4	66. 600	67. 9	68. 停车
69. 制动蹄	70. 越挡	71. 垫块	72. 过快
73. 50～100	74. 倒挡	75. 200～300 mm	76. 500
77. 2.5	78. 拆除	79. 明火照明	80. 二级
81. 15	82. 充电设备	83. 转速	84. 低压油管
85. 2	86. 记录	87. 裂纹	88. 弹簧
89. 动力不足	90. 热车	91. 压缩空气	92. 锈蚀腐蚀
93. 保养	94. 转向传动机构	95. 行车无力	96. 黑色
97. 起动困难	98. 缸体	99. 90%	100. 0.15 mm
101. 开带病车	102. 停车	103. 无缝钢管	104. 温度
105. 转速异常	106. 增高	107. 下降	108. 车轮制动器
109. 延长	110. 离合器	111. 跑偏	112. 比例
113. 1	114. 精度	115. 较好	116. 低于
117. 塑性	118. 毫米	119. 大	120. 孔与轴
121. 正火	122. 动力	123. 执行	124. 单作用

125. 4　126. 垂直　127. 铝合金　128. 直喷式
129. 黑烟　130. 双作用　131. 并列　132. CC
133. 视野宽　134. 清洁无风　135. 低　136. 帘布层
137. 大于　138. 越小　139. 负荷　140. 工作行程
141. 转动副　142. 不变　143. 有空气　144. 不相等
145. 扭矩大　146. 车轮　147. 制冷　148. 定子
149. 故障检测仪　150. h　151. 架升降操纵杆　152. 检查
153. 亏电　154. 定电流充电　155. 方向盘　156. 充电压
157. 气门弹簧　158. 充电时间长　159. 调节器　160. 移动速度
161. 倾斜油缸　162. 下降　163. 动力装置　164. 起升链条
165. 片式　166. 横移货叉　167. 制动泵　168. 灯光信号
169. 起动机　170. 直流电动机　171. 机体组　172. 气缸体
173. 连杆　174. 足够的强度　175. 起动爪　176. 侧置气门式
177. 气门弹簧　178. 气门　179. 机油泵
180. 工作装置、常用属具　181. 全自由起升　182. 双
183. 1/2　184. 属具　185. 双作用　186. 装卸物料
187. 0.6　188. 过载　189. 中碳钢锻制　190. 整体
191. 工作介质　192. 控制　193. 无级　194. 定量
195. 变量　196. 相等　197. 执行　198. 辅助
199. 液压油

二、单项选择题

1. C　2. C　3. B　4. D　5. A　6. B　7. A　8. D　9. A
10. B　11. A　12. B　13. B　14. C　15. D　16. C　17. A　18. A
19. A　20. B　21. B　22. D　23. A　24. D　25. A　26. A　27. B
28. A　29. C　30. A　31. D　32. A　33. B　34. A　35. C　36. A
37. B　38. C　39. C　40. B　41. A　42. B　43. C　44. D　45. B
46. A　47. C　48. A　49. A　50. B　51. C　52. A　53. A　54. A
55. B　56. A　57. B　58. C　59. B　60. C　61. A　62. D　63. C
64. B　65. C　66. D　67. C　68. B　69. A　70. A　71. B　72. A
73. C　74. A　75. B　76. C　77. C　78. C　79. B　80. C　81. A
82. C　83. C　84. A　85. A　86. C　87. C　88. A　89. B　90. C
91. C　92. A　93. C　94. A　95. B　96. A　97. C　98. A　99. C
100. C　101. B　102. C　103. C　104. B　105. A　106. A　107. D　108. A
109. A　110. A　111. B　112. A　113. D　114. A　115. D　116. D　117. D
118. A　119. B　120. A　121. D　122. A　123. C　124. A　125. B　126. C
127. A　128. B　129. D　130. B　131. A　132. B　133. C　134. C　135. C
136. B　137. C　138. C　139. D　140. D　141. D　142. A　143. B　144. D
145. D　146. D　147. D　148. A　149. A　150. B　151. D　152. B　153. B

154. A	155. A	156. A	157. B	158. A	159. D	160. C	161. B	162. B
163. A	164. A	165. B	166. D	167. C	168. A	169. C	170. C	171. C
172. A	173. A	174. B	175. C	176. D	177. A	178. A	179. B	180. B
181. C	182. B	183. B	184. D	185. C	186. C	187. B	188. C	189. C
190. B	191. C	192. B	193. C	194. B	195. B	196. A	197. B	198. B
199. A	200. C	201. C	202. B	203. C	204. C	205. C	206. C	207. C
208. C	209. A							

三、多项选择题

1. CDE	2. ACDE	3. CDE	4. ABCDE	5. ABCDE	6. ACE	7. ACDE
8. ABCDE	9. AB	10. DE	11. ABCE	12. AC	13. ABCDE	14. ABCD
15. ABC	16. ABCDE	17. BD	18. ABCDE	19. ABCDE	20. AB	21. ABCD
22. BCD	23. BCE	24. BCDE	25. ABCD	26. BCD	27. ABDE	28. BCD
29. ABCDE	30. BD	31. AB	32. AB	33. BCD	34. CDE	35. ABCDE
36. BD	37. CDE	38. ABC	39. AB	40. ABCD	41. CE	42. ABCD
43. AC	44. ACE	45. BCE	46. ABCE	47. BCE	48. ABD	49. BC
50. ABD	51. CDE	52. ABCDE	53. ABCDE	54. CD	55. ABCD	56. BCDE
57. ABDE	58. BCDE	59. ABCDE	60. BCD	61. ABCDE	62. CDE	63. ABCD
64. BCD	65. ABC	66. ABE	67. ACE	68. ABCE	69. AB	70. BCD
71. ABCD	72. BCDE	73. ABCDE	74. CDE	75. ABCD	76. BCD	77. ABCD
78. ABCD	79. ABCDE	80. ABCDE	81. ABCD	82. AB	83. CDE	84. ABC
85. ABCDE	86. ABCDE	87. ABCDE	88. ABCDE	89. ABCDE	90. ABCDE	91. CDE
92. ABCDE	93. BC	94. ABDE	95. ADE	96. BCE	97. ABCDE	98. ABCD
99. ABCDE	100. ABCDE	101. BCD	102. BD	103. BC	104. ABCD	105. CE
106. ABCD	107. BCD	108. ACD	109. ABC	110. BCDE	111. AB	112. CD
113. ABC	114. AB	115. BDE	116. BCDE	117. CDE	118. ABCD	119. AC
120. ACD	121. ACD	122. ABCD	123. ABCDE	124. ABC	125. BCD	126. ABCDE
127. ABCD	128. ABC	129. ABDE	130. BD	131. ACD	132. AE	133. ABC
134. ABC	135. ACDE	136. ACE	137. ABD	138. ABCD	139. AB	140. AC
141. BC	142. ACE	143. ABC	144. BCD	145. BD	146. ABC	147. ABCDE
148. ABC	149. AB	150. CE	151. BDE	152. BCDE	153. ABCD	154. BCD
155. ABD	156. ABD	157. ABCDE	158. ABCDE	159. ABCDE	160. ABCDE	161. ABE
162. ABD	163. ABD	164. BCD	165. CDE	166. ABCDE	167. ABCDE	168. ABCD
169. ABCDE	170. CE	171. ABCD	172. ABCDE	173. ABCDE	174. ACDE	175. ABC
176. ACD	177. ACD	178. ABCDE	179. ACDE	180. ABD	181. ABCDE	182. ABCD
183. ABCE	184. ABCD	185. ABC	186. BCDE	187. ABCD	188. BC	189. ABCD

190. ABCDE 191. ABCDE 192. ABC 193. ABCDE 194. ABCDE 195. ABCDE 196. ABCDE
197. BC 198. ABCD 199. ABD 200. BC 201. AC

四、判 断 题

1. × 2. × 3. × 4. √ 5. × 6. × 7. √ 8. × 9. ×
10. √ 11. √ 12. × 13. × 14. × 15. √ 16. × 17. √ 18. ×
19. √ 20. √ 21. × 22. × 23. × 24. × 25. × 26. × 27. √
28. × 29. × 30. × 31. × 32. √ 33. √ 34. √ 35. × 36. √
37. × 38. √ 39. √ 40. √ 41. × 42. × 43. × 44. √ 45. ×
46. √ 47. × 48. × 49. × 50. × 51. √ 52. √ 53. √ 54. √
55. √ 56. × 57. √ 58. √ 59. √ 60. √ 61. √ 62. √ 63. √
64. × 65. √ 66. × 67. × 68. √ 69. √ 70. × 71. × 72. √
73. × 74. √ 75. √ 76. × 77. × 78. √ 79. √ 80. √ 81. ×
82. √ 83. × 84. √ 85. × 86. √ 87. √ 88. √ 89. √ 90. √
91. √ 92. × 93. × 94. × 95. × 96. √ 97. × 98. √ 99. √
100. √ 101. √ 102. × 103. √ 104. × 105. × 106. × 107. √ 108. √
109. × 110. √ 111. √ 112. √ 113. √ 114. √ 115. √ 116. √ 117. √
118. × 119. × 120. × 121. √ 122. × 123. × 124. √ 125. √ 126. √
127. × 128. √ 129. √ 130. √ 131. × 132. √ 133. √ 134. × 135. √
136. × 137. √ 138. × 139. √ 140. √ 141. √ 142. × 143. × 144. √
145. × 146. √ 147. × 148. × 149. × 150. √ 151. × 152. √ 153. √
154. × 155. √ 156. √ 157. × 158. √ 159. × 160. √ 161. × 162. √
163. × 164. × 165. × 166. √ 167. √ 168. √ 169. × 170. √ 171. √
172. × 173. √ 174. √ 175. √ 176. √ 177. √ 178. √ 179. × 180. ×
181. √ 182. √ 183. × 184. √ 185. √ 186. × 187. × 188. × 189. ×
190. × 191. √ 192. × 193. × 194. √

五、简 答 题

1. 答:叉车制动时,同轴两侧车轮制动器不能同时起制动作用(2 分),甚至出现一边制动轮制动而另一边制动轮仍在转动的现象,使机械制动时,不能直线运行而向一侧偏斜(3 分)。

2. 答:为了清晰表达机件内部结构,假想在适当部位剖开机件,把处在观察者和剖切面之间的部分移去(3 分),将其余部分向投影面投影,所得到的图样就叫剖视图(2 分)。

3. 答:在操作试验之前,先按有关技术文件和图纸,复核各零部件、原动机、传动件、紧固件和走行部分,并检查卷筒槽面和滑轮槽面、吊钩挂架、各种电器设备、金属构架部分等是否符合规定要求(3 分)。根据安全技术规则的规定,检查各种安全防护装置是否完善。此外,叉车外表应除锈涂漆,门窗完整,标志正确、清晰(2 分)。

4. 答:是用来控制零件上被测表面(或轴线)相对于基准表面(或轴线)垂直的程度(5 分)。

5. 答:活塞离曲轴中心最近处,即活塞顶在汽缸中的最低位置(5 分)。

6. 答:轮胎与路面间所能传递的最大牵引力,它等于作用在车轮上重量与滚动阻力系数的乘积(5分)。

7. 答:钢加热至临界点(Ac_3 或 Ac_m)以上 30～50 ℃,保温一定时间后,取出炉外,然后在空气中冷却的工艺过程。经正火后,钢的强度和硬度比退火高(5分)。

8. 答:此试验在无载荷情况下操作。进行空载试验时,应反复观察原动机和传动机的工作状况,应保证起重性能良好,运转均应、平稳,声音正常,温升在允许范围内,各种仪表显示准确,操作系统动作灵活可靠(3分)。

叉车空载试验:油缸上下动作灵活,前后倾斜自如,转向轻便,走行正常,无漏油、漏水、漏气或漏电现象(2分)。

9. 答:机动车在上坡时,机动车总重沿路面方向的分力形成上坡阻力(5分)。

10. 答:上下止点之间的距离叫活塞行程(5分)。

11. 答:(1)思想麻痹(1分);

(2)违章操作(2分);

(3)车况不良(1分);

(4)环境缺陷(1分);

(5)管理不善(1分)。

12. 答:蓄电池充电应在充电机(直流电源)上进行。在连接时,必须保证蓄电池的正极接充电机的正极,蓄电池的负极接充电机的负极(2分)。通常充电机和蓄电池上均标有正负极,或正极涂红色。若无把握,在打开充电机开关之前,可试接一下,如电压表正向摆动,则为正确(3分)。

13. 答:是把发动机发出的动力传给叉车驱动轮(1分)。它还要保证叉车能减速、增扭(2分);改变发动机的动力传动方向(1分);能变速,以改变叉车行驶速度(1分)。

14. 答:曲轴经过长期使用后,各轴颈会产生不均匀的磨损(1分),由于发动机工作不稳定,各轴颈受力不均衡,发动机超负荷、突爆及主轴颈和连杆轴颈间隙过大等原因(4分),曲轴就会产生弯曲变形。

15. 答:当两电机同时工作时,会造成蓄电池放电电流过大,而影响其使用性能和寿命(5分)。

16. 答:(1)检查车辆(1分);(2)起步(1分);(3)行驶(2分);(4)装卸(1分)。

17. 答:改变发动机的扭矩和转速(1分),使叉车获得所需的牵引力和行驶速度(1分),以适应各种道路条件下的起步、爬坡和速度的要求(3分)。

18. 答:上止点与下止点之间的容积叫气缸工作容积(1分)。燃烧室容积与气缸工作容积之和为气缸总容积(2分)。气缸总容积与燃烧室容积之比叫气缸压缩比(2分)。

19. 答:(1)作业完了,叉车停放时(1分);(2)脚制动失灵时(2分);(3)叉车负重下坡脚制动力不足时(2分)。

20. 答:(1)接通电源动车试验(1分)。(2)转向、制动走行机构灵敏可靠(1分)。(3)液压机构正常(1分)。(4)各部无异响,无漏油(漏水)现象(1分)。(5)灯、喇叭齐全有效(1分)。

21. 答:各种机械发生突然熄火或断电,应立即将控制器恢复"0"位,关闭总开关(5)。

22. 答:问:是了解情况,询问故障原因(1分)。

看:是观察外观、形状、状态、位置是否正常(1分)。

听:是通过声音来判断故障(1分)。

查:是解体检查(2分)。

23. 答:叉车装卸或搬运集装箱时,要稳起轻放(2分)。叉车作业时,禁止叠摞两箱搬运,禁止擦地推拖(3分)。

24. 答:(1)对位:减速,对正要叉取的货物,门架前倾,落下货叉(2分)。(2)进叉:水平平稳进叉,叉架与货件贴靠,不冲撞,不刮碰其他货件。叉取货物时,要做到"五不叉"(3分)。

25. 答:(1)分离轴承缺油咬住,座套松旷(1分)。(2)分离杠杆损坏(1分)。(3)分离叉松动(1分)。(4)摩擦片碎裂或铆钉松动、露头(1分)。(5)减振弹簧折断(1分)。

26. 答:稳固整齐,大不压小,重不压轻,箭头向上,卸车货物要好坏分码,破损不入垛,车内空隙较大时要阶梯码放(5分)。

27. 答:(1)油箱液面太低或吸油管堵塞(1分);(2)安全阀压力调整过低,提早溢流(1分);(3)压力管路与回油路有串通现象(1分);(4)油管或油管接头漏油(1分);(5)油泵故障(1分)。

28. 答:(1)通过单向阀的流量超过允许值(1分)。

(2)单向阀与其他元件发生共振(2分)。

(3)在卸压单向阀中,没有卸压装置(2分)。

29. 答:(1)齿轮泵损坏或漏油(1分)。

(2)安全阀压力过低(1分)。

(3)油管或起升液压缸漏油(1分)。

(4)起升液压缸变形损坏(1分)。

(5)邮箱缺油(1分)。

30. 答:制动主缸内无油;制动系统管路漏油(1分);主缸皮碗破裂造成漏油(1分);主缸活塞密封圈破损、发胀(1分);主缸活塞密封圈装反(1分);轮缸活塞漏油或半轴油封损坏,造成制动鼓与摩擦衬片制动失效(1分)。

31. 答:(1)空气由吸油管或密封处进入泵内(1分)。

(2)吸油管阻力过大,甚至部分堵塞(2分)。

(3)齿轮本身精度不高(1分)。

(4)泵与连接轴不同心(1分)。

32. 答:水冷却系统一般由水泵、水套、散热器、百叶窗、风扇、分水管、节温器、冷却液温度表等组成(5分)。

33. 答:(1)在冰雪路上行驶时,轮胎上应装有防滑链(2分)。

(2)缓慢行驶,避免紧急制动(2分)。

(3)同向行驶车辆,两车之间的距离应保持50 m距离(1分)。

34. 答:(1)机动车辆安全生产是我们党的一贯方针(1分);

(2)机动车辆安全生产是我们国家的一项重要政策(2分);

(3)机动车辆安全生产是厂矿企业管理的一项基本原则(2分)。

35. 答:交流发电机的功用是当发动机在怠速以上运行时,向除启动机以外的所有用电系统供电,同时还向蓄电池充电(3分)。调节器是一种电压调节装置,是在发电机转速变化时自动调节发电机的输出电压并使其保持稳定(2分)。

36. 答:(1)将车架传来的垂直力、纵向力、横向力传给转向轮,承担叉车后部重量(3分)。(2)使叉车正常转向和直线行驶(2分)。

37. 答:(1)有减速增距的作用(1分)。(2)有变速变向的作用(1分)。(3)有中断传递的作用(1分)。(4)实现差速,转向灵活(2分)。

38. 答:主要由蓄电池、照明、信号设备、控制仪表以及与发动机配套的启动电机、点火系组成(5 分)。

39. 答:由门架、叉架、货架、链条、导向滑轮、起升油缸、倾斜油缸七部分组成(5 分)。

40. 答:(1)使叉车减速(1 分)。(2)最短距离内将车停下(2 分)。(3)在叉车停驶时,能够防止叉车自行移动(2 分)。

41. 答:三视图之间的投影关系是:

(1)主、俯视图长对正(1 分);

(2)主、左视图高平齐(2 分);

(3)俯、左视图宽相等(2 分)。

42. 答:弹簧的用途很广,它可以用来减振、夹紧、承受冲击、储存能量和测力等,其特点是在外力去掉后能立即恢复原状(5 分)。

43. 答:金属材料的物理性能有:密度、熔点、导电性、导热性、热膨胀性等(5 分)。

44. 答:Q235 表示屈服强度值为 235 MPa 的普通碳素结构钢,这类钢大多数用于制造机械零件(5 分)。

45. 答:(1)加入蓄电池中的电解液要用纯净的硫酸和水配制而成(1 分)。(2)电解液液面不足时,添加的水要纯净,电解液的液面也不要超过最高限度(1 分)。(3)保持电池表面清洁,电池充电打开液孔旋塞时,避免灰尘、污水和金属物进入(1 分)。(4)叉车停止工作时,及时关断电源或切断应急开关(2 分)。

46. 答:首先检查发动机转速是否过低。在泵的出口接故障检测仪测量泵的容积效率。检查油箱内油量是否充足,滤清器是否太脏、堵塞,如存在,应加足油量,清洗滤清器(2 分)。将叉车置于室内常温下一天以上。拆除单稳分流阀。检查换向阀上安全阀压力调整是否适当,如不当,应以 1.1 倍额定载荷为标准调整安全阀的压力值,调好后一般情况下不许变动安全阀调整螺钉。检修或更换换向阀(3 分)。

47. 答:第一步:读出游标上零线在尺身多少毫米后面(2 分)。

第二步:读出游标上哪一条线与尺身上刻线对齐(1 分)。

第三步:把尺身上和游标上读出的尺寸加起来(2 分)。

48. 答:曲柄连杆机构由活塞组、连杆组、曲轴飞轮组等组成(5 分)。

49. 答:活塞的主要作用承受气缸中的燃气力,并将此力通过活塞销传给连杆,以推动曲轴旋转(4 分)。活塞顶部还与缸盖、气缸壁共同组成燃烧室(1 分)。

50. 答:按照发动机各缸工作过程的需要,定时地开启和关闭进、排气门(5 分)。

51. 答:按其功用可分为气门组和气门驱动组(1 分)。气门组主要有气门、气门导管、气门弹簧、弹簧座、锁片(2 分)。气门驱动组有凸轮轴、挺杆、推杆、摇臂、摇臂轴和支架等(2 分)。

52. 答:柴油机燃料供给系由燃油供给、空气供给、混合气形成及废气排出四部分组成(5 分)。

53. 答:传动装置的主要作用是将发动机输出的有效扭矩传给驱动轮(1 分),并根据叉车、装载机行驶条件的变化,相应地改变传递给驱动轮的扭矩,以适应车辆在不同工况下的行驶要求(4 分)。

54. 答:直接承受全部货物重量,完成货物的叉取或用其他方式取货、起升、下降和堆码、卸载等装卸作业(5 分)。

55. 答:叉车的技术性能包括:装卸性、牵引性、制动性、机动性、通过性、操纵性、稳定性、经济性(5 分)。

56. 答:工作部分液压系统由工作油箱、工作油泵、油管路、多路换向阀、溢流阀、单向节流阀、起升油缸、倾斜油缸等组成(5 分)。

57. 答:(1)齿轮泵进油口处密封不严、进气(1 分)。(2)齿轮泵结合面密封不严、进气(1 分)。(3)油箱内油量不足或油液中含有大量气泡(1 分)。(4)滤油器堵塞或油液温度低黏度过高造成吸油不足,油液气化(1 分)。(5)换油后或更换液压系统件,使系统中有大量气体,使回油含有大量气泡,而未完全消失(1 分)。

58. 答:回火处理的目的主要是提高钢的韧性(2 分),减小或消除工件淬火时产生的内应力(2 分),稳定组织,稳定尺寸,保证工件的精度(1 分)。

59. 答:运行中利用塑料薄膜检查齿轮泵进油管、结合面是否有漏气,如存在,应更换进油管和密封圈。检查油箱油量,应加至油标线(2 分);观察油箱中油液颜色,若呈现乳白色,则含有大量气泡。静止一段时间,可使油箱油液中气体溢出。清洗或更换滤油器。如系统中有大量气体,可短期空载重复操纵起升、下降、前倾、后倾等动作,使系统中空气排到油箱(3 分)。

60. 答:(1)在掉头过程中不得熄火,不得转死方向,车轮不得接触边线(1 分)。

(2)车辆停稳后不得转向转向盘(2 分)。

(3)必须在规定较短时间内完成掉头(2 分)。

61. 答:润滑系统的常见故障主要有:机油压力过低或过高(1 分)、气缸窜油(2 分)、曲轴箱机油增多等(2 分)。

62. 答:内燃叉车电气设备的特点是低压、直流、单线制、负极搭铁和并联(5 分)。

63. 答:起火系统主要由点火开关、起动机、起动开关、起动继电器等组成(5 分)。

64. 答:叉车的操纵装置包括转向盘、离合器踏板、加速踏板、变速与换向操纵杆、起升与倾斜操纵杆、制动踏板与驻车制动操纵杆六大操作部件(5 分)。

65. 答:首先检查起升油缸上腔通气管是否有大量油液流过,若有,则分解起升油缸,检查更换密封圈(2 分);检查缸体内壁磨损情况,根据情况予以修复或更换新件;分解检查多路阀的起升阀,根据情况修复或更换起升阀(3 分)。

66. 解:$\frac{n_1}{n_2}=\frac{d_2}{d_1}$(4 分)

$n_2=\frac{d_1}{d_2}\times n_1=130/260\times 1\,450 = 725$ r/min

答:n_2 转速为 725 r/min(1 分)。

67. 解:由:$d=mz$(4 分)

所以:$m=\frac{150}{30}=5$(1 分)

答:齿轮的模数是 5。

68. 解:T_S=上偏差−下偏差=0.071−0.041=0.30 mm(4 分)

答:公差为 0.030 mm(1 分)。

69. 答:当两侧车轮以相同的转速转动时,行星齿轮绕半轴轴线转动,即公转(2 分)。若两侧车轮阻力不同,则行星齿轮在作上述公转运动的同时,还可绕自身轴线转动(自转),以适应两侧车轮的不同转速(3 分)。

70. 答:首先加润滑油于连接处,若噪声减小,说明有泄漏,拧紧接头或更换密封(2 分);若噪声无变化,则检查齿轮精度,进行研配与调整,必要时更换齿轮(2 分)。最后检查泵与联轴器的同心度,注意工作状态与静止状态的不同,按技术要求进行调整(1 分)。

71. 答:(1)起步时,将发动机的动力与传动系统平顺结合(1 分)。

(2)换挡时,将发动机的动能与传动系统分离(2 分)。

(3)紧急制动时,离合器中的摩擦片打滑,从而保护传动系统不受损坏(2 分)。

72. 答:包括一级保养、二级保养、日常保养和磨合保养四种(5 分)。

六、综 合 题

1. 答:(1)制动传动机构连接部位脱开(3 分)。

(2)液压制动管路(或接头部位)严重漏油,气压制动管路(或接头部位)严重漏气(3 分)。

(3)制动总泵内缺油过多,总泵皮碗破裂损坏或踩反(4 分)。

2. 答:(1)积极抢救受伤者,按急救措施的要求救护(2 分)。

(2)积极抢救国家、集体和一切受社会法律保护的财产,严防事态扩大(2 分)。

(3)要保护好现场,为救伤者移动现场时,必须在原地设立标记(2 分)。

(4)立即报告厂内机动车辆管理部门,以便及时调查事故原因和事故责任(2 分)。

(5)对事故责任者,要视其责任轻重分别做出正确处理,并提出防范措施(2 分)。

3. 答:(1)严格执行例行保养规范,对车辆和工作属具进行严格检查保养(2 分)。

(2)货物装卸要平稳、牢固,分布均匀。铲运高大、贵重易损货物时要捆牢(2 分)。

(3)行驶中,货叉距地面 20～30 cm,起重门架要后倾;避免急刹车和高速转弯;铲运影响视线的货物,应倒车、低速行驶(2 分)。

(4)作业中应遵守"八不准"(2 分)。

(5)工作完毕,对机械进行检查、整理、清洁等(2 分)。

4. 答:指长、宽、高、重不得超过规定标准(2 分)。

(1)装载宽度。其左右最多不得超出车箱 20 cm(2 分)。

(2)装载高度。从地面算起,大型货车(3 t 以上)不超过 4 m,小型货车不超过 3 m;载重 2 t以下的拖拉机和简易机动车不超过 2.5 m;电瓶车不超过 1.5 m(2 分)。

(3)装载长度。载重汽车和大中型拖拉机装载长度前后不得超过车身 2 m;小型及手扶拖拉机前后不得超过车身 1.5 m;电瓶车不得超过 0.5 m。超长部分不准触地,货物必须栓牢(2 分)。

(4)装载质量。均不准超过额定载荷(2 分)。

5. 答:方向跑偏是指叉车在行驶中自动偏向一边,须将方向盘握住,并且不断校正方向,才能保持方向行驶(2 分)。其原因有:(1)转向轮定位不当(2 分)。(2)两转向轮轮胎气压不足(2 分)。(3)一边转向轮轴承过紧(2 分)。(4)一边车轮螺栓松动。(5)转向节主销与衬套间隙过大(2 分)。

6. 答:(1)叉车在走直线行驶时,左右两轮通过半轴传给每个半轴齿轮的力相等(5 分)。(2)引星齿轮不能绕自己的轴旋转,它像一根直杆插入两个半轴齿轮中,使两个半轴齿轮在十字轴差速壳的带动下以相等的转速旋转(5 分)。

7. 答:(1)内燃机的基本构造是:缸盖、进气门、火花塞、排气门、活塞、油底壳、缸体、连杆、曲轴、飞轮(5 分)。

(2)四冲程汽油机主要由曲柄连杆机构、配气机构和燃料供给系、点火系、润滑系、冷却系等组成(5分)。

8. 答:曲轴的作用有:(1)把连杆传来的推力变为旋转的力量(扭矩),经过曲轴、飞轮传给传动装置(5分)。(2)带动凸轮轴、风扇、冷却水泵、液压油泵等其他装置工作。以475C汽油机为例,曲轴的组成包括前端轴、正时齿轮、主轴颈、连杆轴颈、曲轴臂、平衡铁、飞轮接合盘(5分)。

9. 答:一级保养每月进行一次,保养内容:(1)检查、调整起重链条(1分)。(2)检查货叉、卡铁及叉架(1分)。(3)检查内、外门架及主侧滚轮(2分)。

技术要求:(1)链条无裂纹、锈蚀及破损现象,两链条长度应一致锁紧罗母齐全,紧固(2分)。(2)货叉、卡铁及叉架无变形、裂纹及开焊现象,货叉折角不大于90°,两货叉应处于同一水平面上(2分)。(3)门架升降自如,滚轮转向灵活,无阻滞及松旷现象(2分)。

10. 答:(1)重载叉车开到放货地点停稳(2分)。(2)货叉起升到放货必需的高度(2分)。(3)叉车缓行前进,使货叉位于待放托盘(货物)处的上方进行制动(3分)。(4)货叉落到运行高度,叉车离开,开始下一轮循环(3分)。

11. 答:(1)机械故障的一般现象有:连接松动、脱落、零件变形、磨损配合不良、锈蚀腐蚀、断裂、发热、噪声和性能明显降低等(5分)。

(2)主要类型有外壳与结构部位损坏、传动零部件的损坏、连接件的损坏等(5分)。

12. 答:(1)严禁叉车在道口上停留(1分)。(2)严禁叉车行驶中突然换向(1分)。(3)严禁硬拐死弯(1分)。(4)严禁两台叉车同抬一件货物行走(1分)。(5)严禁高速转弯(2分)。(6)非紧急情况下,禁止使用紧急制动(1分)。(7)在10%以上坡道上行驶时,禁止转向(2分)。(8)叉车在长站台上作业时,禁止长距离倒车行驶(1分)。

13. 答:(1)从一挡起步,逐挡加速(1分)。(2)先减速滑行,而后制动停车(1分)。(3)走行时不可曲折蛇行(1分)。(4)车未停稳不得反向行驶(2分)。(5)转向前应先减速(3分)。(6)过道口或不平坦路面要慢行(2分)。

14. 答:(1)放净液压油箱内的液压油,清洗滤清器,更换破损滤网,清洗磁性螺塞,重新加入过滤沉淀的液压油(3分)。(2)调整倾斜油缸、起升油缸和侧移油缸V型密封圈,压紧螺母,排除起升缸、倾斜缸、侧移缸漏油现象(3分)。(3)更换管路上漏油的(油封)密封件和损坏接头(4分)。

15. 答:(1)进气行程;(2)压缩行程;(3)作功行程;(4)排气行程(4分)。活塞运动到上止点压缩行程终了,进、排气门均关闭,气缸内的可燃混合气被火花塞点燃,燃烧的气体猛烈膨胀,产生很大的压力(4分),迫使活塞从上止点向下止点运动,通过连杆推动曲轴旋转,将气体的热能转换为机械能并对外作功,所以工作行程又叫膨胀行程(2分)。

16. 答:机油压力过高的原因有:(1)机油黏度大(2分);(2)发动机温度低(2分);(3)机油主油道堵塞(2分)。以上三种情况,机油都难于润滑零部件表面,加剧零部件的磨损(2分)。(4)减压阀弹簧压力调整过大(2分)。

17. 答:(1)起动发动机,达到正常工作温度(1分)。

(2)检查点火系、配气机构工作是否良好(1分)。

(3)开大阻风门(1分)。

(4)用螺丝刀将调整螺钉旋出,使发动机达到最低转速,以不熄火为止(1分)。

(5)用螺丝刀旋动怠速调整螺钉,使发动机在上述节气门的开度下,以最高速度运转(2分)。

(6)再缓缓旋出节气门调整螺钉,使发动机达到最低转速,以不熄火为止(2分)。

(7)两个调整螺钉互相配合,反复多次调整,达到节气门开度最小,发动机在最低稳定的转速下运转。调整后,提高发动机转速并突然关闭节气门,发动机不熄火,还能稳定运转即为合适(2分)。

18. 答:(1)发动前将各操纵杆置于空挡,发动后要查看各个仪表工作是否正常,监听发动机声音有无异响。启动马达一次工作时间和重新起动间隔时间不得超越过有关规定,连续起动不超过三次(2分)。(2)作业前发动机应怠速运转10 min,室外气温0℃以下时应预热起动,空载运转到水温达规定温度以上时才能作业,起动时禁止明火预热(2分)。(3)停止作业时应将机械停放在指定位置并排列整齐,挂入低速挡,拉紧手制动,取下钥匙,关好门窗。冬季室外停放要放水(不冻液及冬季不结冰地区除外)(3分)。(4)加油时要熄火。工作时汽油机的火花塞与高压线之间不得"吊火"运行(3分)。

19. 答:作业前"三检":(1)车门、钩链、槽轮、车窗、车底板是否完好,车内清洁状及有无异味、异状(2分)。(2)货物状态(2分)。(3)机具、防护用品和防护信号安设情况(2分)。

作业后"三检":(1)车辆清扫、门窗关闭、道沿清理情况(2分)。(2)货物码放、装载加固、苫盖情况。(3)防护信号的撤除情况和装卸机具齐全完好及熄火断电停放状态(2分)。

20. 答:应根据场地和机械性能限定机械在货场内的行驶速度,一般情况下货场内不超过15 km/h,站台上不超过10 km/h(4分)。在10%以上坡道上行驶时不得转向,负重时上坡正向行驶,下坡倒向行驶。在平整路面走行转向时速度不得过5 km/h,不得在5%以上坡地上堆码作业(4分)。各种机械横过铁路道口应有专人瞭望,要一慢二看三通过(2分)。

21. 答:(1)销提贴紧,后倾门架,提升货叉至要求高度(4分)。(2)叉取码高货物时,要将货盘升至距下盘货物0.1 m时鸣笛、退车,在不挂碰其他货物时平稳落叉(4分)。(3)易倒塌货物和危险货物,以安全绳捆绑或扶护(2分)。

22. 答:(1)手制动:润滑手制动器操作杆各销轴。检查和调整使制动蹄片与制动鼓之间的间隙值达0.4~0.6 mm,接触面达85%以上(4分)。

(2) 脚制动:润滑各销轴,调整踏板自由行程至10~15 mm(2分)。

(3)试验制动选择阀性能:在上下坡道将制动选择阀放到不切断动力的位置,其作用应良好,效果明显(4分)。

23. 答:机油与冷却水相混有两种情况:(1)在整个冷却系统都有油、水相混现象(2分)。(2)仅在油底壳内发现有水(2分)。前一种情况是油道破裂与水道相通了。后一种情况是汽缸床垫上火花塞冷却堵塞渗漏造成的。发现以上情况,应及时修复处理(6分)。

24. 答:(1)机油压力过高(2分)。(2)管路、接头成油底壳漏油(2分)。(3)发动机长期高速运转,使机油过热蒸发而损坏(2分)。(4)汽缸窜油,是因活塞、活塞环或缸臂磨损造成的(2分)。(5)油底壳内贮油过多,运转时机油从曲轴箱通风管甩出(2分)。

25. 答:发动机的冷却水泵一般都采用离心式水泵,它主要由泵体、泵轴、叶轮、水封、进水管等部分组成(5分)。工作情况:泵体外的皮带盘在曲轴的驱动下,经水泵轴带动叶轮在泵体内旋转,产生旋转离心力,并在进水管处形成部分真空,水就从进水口进入叶轮中心,由叶轮片将水甩向泵体的内壁,由于水的流速增大,产生一定压力,然后经水泵出水口流到汽缸体水套中,实现冷却系的水流循环(5分)。

26. 答:机油泵的作用是把机油送到发动机各摩擦部位,使机油在润滑路中循环,以保证发动机得到良好的润滑(4 分)。机油泵多为齿轮泵,它由齿轮泵体等组成。当发动机工作时,凸轮轴带动泵体的主动齿轮转动。齿轮甩动机油沿泵体内壁从进油口流至出油口,形成低压,产生吸力,机油箱内的机油即被吸入进油口(4 分)。而出油口处的机油越积越多,因而压力增高,机油便被压到各摩擦部分,实现强制润滑(2 分)。

27. 答:与叉车机动性有关的主要参数:(1)最小转弯半径(2 分);(2)直角通道宽度:叉车直角通道宽度是可供叉车往复行驶之直角路段或场地的最小理论宽度(4 分);(3)回转通道宽度:指可供叉车回转 180°而返向行驶的最小直线通道宽度(4 分)。

28. 答:全液压转向机构由全液压转向器及转向液压缸等组成(2 分)。这种转向装置取消了方向盘与转向轮之间的机械连接。其方向盘与全液压转向器相连,转向液压缸通过转向机构与转向轮相连,两根油管将全液压转向器的压力油按转向要求输送到转向液压缸相应的油腔,以实现转向(4 分)。与其他转向装置相比,该液压转向机构操纵轻便灵活、结构紧凑、布置方便、安装容易、保养简单,即使在发动机熄火后,也可以实现人力手动转向(4 分)。

29. 答:额定起重量和载荷中心距是叉车的两个相关联的指标(2 分)。作业时,只有当货物的实际重心在规定的载荷中心距之内时,才允许起重最大起重量的货物,如果货物实际重心超出了规定的载荷中心距,为了保证叉车的纵向稳定性,起重量应相应减小,否则叉车将有倾翻的危险(5 分)。货物的实际重心超出载荷中心距越远,则允许的起重量越小(3 分)。

30. 答:(1)油类火,应首先切断油源,重点保护油箱。使用化学泡沫灭火机、干粉灭火机、二氧化碳灭火机、四氯化碳灭火机效果较好。使用砂土、浸水的麻袋、衣服等覆盖效果亦可(5 分)。

(2)电气火,应首先切断电源,对靠近易燃的部位加强扑救,一般不要用手拉拽导线。电气火势不如油类火势凶猛,故应沉着对待。对于电气火,使用干粉灭火机灭火效果好(5 分)。

31. 答:(1)发动机风扇一般都采用三角皮带传动,此带的松紧度应适宜(2 分)。皮带过紧会增大拉力,使三角皮带两边斜面与皮带过分摩擦,不但易损伤皮带,而且也会使发动机的轴承磨损加快(2 分)。皮带过松,风扇皮带轮转速降低造成散热不良,同时使发电机输出电流降低或不稳定,所以风扇皮带松紧应适当(3 分)。

(2)检查皮带松紧度的方法是用手指或直尺以 30～50 N 压力在皮带中间皮带下挠 20～30 mm 为宜(3 分)。

32. 答:曲柄连杆机构的作用:

(1)运动形式的转换——直线运动变为旋转运动(3 分);

(2)能量的转化——变热能为机械功(3 分)。

曲柄连杆机构的组成:包括汽缸体曲轴箱组、活塞组、连杆组和曲轴飞轮组(4 分)。

33. 答:主要原因是:(1)轴承调整过紧(2 分);(2)轮边减速器内缺油(2 分);(3)轮边减速器中润滑油的品质发生变化(2 分);(4)行星齿轮套、座孔磨损,间隙变大(2 分);(5)制动摩擦片回位不良,造成过多热量传递到轮边减速器(2 分)。

34. 答:发动机不能启动,或有时启动但很快熄火,产生的原因:(1)汽油箱缺油或油管开关没打开(2 分)。(2)油管堵塞、破损或接头处泄漏(2 分)。(3)汽化器工作不良,混合气少或混合气过稀(2 分)。(4)汽油泵皮膜破裂,连杆脱落使油量供应不足,甚至完全泵不上油(2 分)。(5)汽油中有水,在汽化器主喷口处结冰堵塞(1 分)。(6)产生气阻使供油中断(1 分)。

35. 答:液力变矩器是一个以泵轮、涡轮和导轮组成形成的封闭液力循环圆系统。循环圆系由叶轮组成,以液体为工作介质,将旋转的机械能转换成高速流动的液体动能,再把液体的动能换为机械能的传动装置(5 分)。液力变矩器的特点是输入轴与输出轴之间不是刚性连接,因此它们之间的转速可以是不同的(3 分)。而且由于导轮对液体的作用,能够保持输出的扭矩与输入的扭矩不相等,可以在很宽的速比范围内输出扭矩大于输入扭矩(2 分)。

36. 答:(1)活塞汽缸磨损过大,汽缸内压缩压力不足(1 分)。(2)点火时间过迟,使气门不能按时关闭(1 分)。(3)气门间隙过小,气门关闭不严(1 分)。(4)空气滤清器堵塞,空气流量过少(1 分)。(5)点火系故障,电火花太弱(1 分)。(6)汽化器故障,汽油泵或油路故障造成供油不畅(1 分)。(7)发动机过热(1 分)。(8)进气歧管漏气(1 分)。(9)机油黏度过浓或油中杂质较多,使运动阻力增大(2 分)。

叉车司机(内燃)(初级工)技能操作考核框架

一、框架说明

1. 依据《国家职业标准》注,以及中国北车确定的"岗位个性服从于职业共性"的原则,提出叉车司机(内燃)(初级工)技能操作考核框架(以下简称:技能考核框架)。

2. 本职业等级技能操作考核评分采用百分制。即:满分为 100 分,60 分为及格,低于 60 分为不及格。

3. 实施"技能考核框架"时,考核制件(活动)命题可以选用本企业的加工件(活动项目),也可以结合实际另外组织命题。

4. 实施"技能考核框架"时,考核的时间和场地条件等应依据《国家职业标准》,并结合企业实际确定。

5. 实施"技能考核框架"时,其"职业功能"的分类按以下要求确定:

(1)"道路行驶"、"坡道行驶"、"叉车倒车"、"停车、定位"、"叉车作业"属于本职业等级技能操作的核心职业活动,其"项目代码"为"E"。

(2)"出车"、"日常保养"、"季节性保养"、"故障处理"属于本职业等级技能操作的辅助性活动,其"项目代码"分别为"D"和"F"。

6. 实施"技能考核框架"时,其"鉴定项目"和"选考数量"按以下要求确定:

(1)按照《国家职业标准》有关技能操作鉴定比重的要求,本职业等级技能操作考核制件的"鉴定项目"应按"D"+"E"+"F"组合,其考核配分比例相应为:"D"占 20 分,"E"占 60 分,"F"占 20 分。

(2)依据中国北车确定的"核心职业活动选取 2/3,并向上取整"的规定,在"E"类鉴定项目——"道路行驶"、"坡道行驶"、"叉车倒车"、"停车、定位"、"叉车作业"的全部 5 项中,至少选取 4 项。

(3)依据中国北车确定的"其余'鉴定项目'的数量可以任选"的规定,"D"和"F"类鉴定项目——"出车"、"日常保养"、"季节性保养"、"故障处理"中至少分别选取 1 项。

(4)依据中国北车确定的"确定'选考数量'时,所涉及'鉴定要素'的数量占比,应不低于对应'鉴定项目'范围内'鉴定要素'总数的 60%,并向上取整"的规定,考核制件(活动)的鉴定要素"选考数量"应按以下要求确定:

①在"D"类"鉴定项目"中,在已选定的 1 个或全部鉴定项目中,至少选取已选鉴定项目所对应的全部鉴定要素的 60%项,并向上保留整数。

②在"E"类"鉴定项目"中,在已选的 5 个鉴定项目所包含的全部鉴定要素中,至少选取总数的 60%项,并向上保留整数。

③在"F"类"鉴定项目"中,对应"日常保养"的 8 个鉴定要素,至少选取 5 项;对应"季节性保养",在已选定的 1 个或全部鉴定项目中,至少选取已选鉴定项目所对应的全部鉴定要素的

60%项,并向上保留整数。

举例分析:

按照上述"第 6 条"要求,若命题时按最少数量选取,即:在"D"类鉴定项目中的选取了"出车"1 项,在"E"类鉴定项目中选取了"道路行驶"、"叉车倒车"、"停车、定位"、"叉车作业"4 项,在"F"类鉴定项目中分别选取了"日常保养"1 项,则:

此考核制件所涉及的"鉴定项目"总数为 6 项,具体包括:"出车","道路行驶"、"叉车倒车"、"停车、定位"、"叉车作业","日常保养"。

此考核制件所涉及的鉴定要素"选考数量"相应为 22 项,具体包括:"出车"鉴定项目包含的全部 8 个鉴定要素中的 5 项,"道路行驶"、"叉车倒车"、"停车、定位"、"叉车作业"4 个鉴定项目包括的全部 19 个鉴定要素中的 12 项,"日常保养"鉴定项目包含的全部 8 个鉴定要素中的 5 项。

7. 本职业等级技能操作需要两人及以上共同作业的,可由鉴定组织机构根据"必要、辅助"的原则,结合实际情况确定协助人员的数量。在整个操作过程中,协助人员只能起必要、简单的辅助作用。否则,每违反一次,至少扣减应考者的技能考核总成绩 10 分,直至取消其考试资格。

8. 实施"技能考核框架"时,应同时对应考者在质量、安全、工艺纪律、文明生产等方面行为进行考核。对于在技能操作考核过程中出现的违章作业现象,每违反一项(次)至少扣减技能考核总成绩 10 分,直至取消其考试资格。

注:按照中国北车规定,各《职业技能操作考核框架》的编制依据现行的《国家职业标准》或现行的《行业职业标准》或现行的《中国北车职业标准》的顺序执行。

二、叉车司机(内燃)(初级工)技能操作鉴定要素细目表

职业功能	鉴定项目				鉴定要素		
	项目代码	名称	鉴定比重(%)	选考方式	要素代码	名称	重要程度
叉车驾驶基本技能	D	出车	20	必选	001	履行叉车交接班手续,做记录	Y
					002	随车工具检查	Y
					003	启动前叉车车况检查	X
					004	驾驶姿势	X
					005	驾驶室仪表操纵装置检查	X
					006	叉车启动	X
					007	叉车试车检查	X
					008	叉车起步	X
叉车作业技能	E	道路行驶	60	至少选择 4 项	001	叉车空载直线曲线行驶	X
					002	叉车空载进出厂房大门等限宽门	X
					003	叉车空载直线加减速行驶	X
					004	规定时间内完成直线曲线行驶	X
		坡道行驶			001	叉车空载上坡道	X
					002	叉车空载下坡道	X
		叉车倒车			001	叉车直线倒车行驶	X
					002	叉车曲线倒车行驶	X

续上表

职业功能	鉴定项目				鉴定要素		
	项目代码	名称	鉴定比重(%)	选考方式	要素代码	名称	重要程度
叉车作业技能	E	停车、定位			001	叉车前进停车、定位	X
					002	叉车倒车停车、定位	X
					003	入库定位	X
					004	叉车路边定位停车	X
		叉车作业			001	判断货箱的重量重心	Y
					002	判断长大件的重量重心	Y
					003	判断异型件的重心	Y
					004	根据货物选择属具和托盘	Y
					005	叉车进叉抽叉动作	X
					006	叉车起叉落叉动作	X
					007	叉取货箱(0.9×0.8×0.6)	X
					008	起运货箱,提升到规定高度	X
					009	定位卸放货箱	X
叉车保养和故障处理	F	日常保养	20	任选	001	叉车全面擦拭、清洁处理	Y
					002	检查燃油、润滑油是否加足	X
					003	检查液压油和冷却液是否加足	X
					004	检查全车油、水有无渗漏现象	X
					005	检查发动机有无异响	X
					006	检查转向、制动、轮胎	X
					007	检查起升机构、叉架的技术状况	X
					008	检查仪表、灯光信号、开关按钮	X
		季节性保养			001	清洗燃油箱,检查防冻液状况	X
					002	更换润滑油、燃油、液压油	X
					003	清洁蓄电池,进行充电	X
					004	检查放水开关的完好情况	X
					005	检查发动机冷启动装置	X
		故障处理			001	处理一般的油路系统跑冒滴漏	X
					002	处理一般的液压系统跑冒滴漏	X
					003	处理一般冷却系统的跑冒滴漏	X
					004	处理连接松动的机械故障	X
					005	处理连接脱落等机械故障	X
					006	更换熔断器	X
					007	更换照明灯泡	X
					008	处理导线接头松动等电气故障	X
					009	处理导线接头脱落等电气故障	X

注:重要程度中X表示核心要素,Y表示一般要素,Z表示辅助要素。下同。

叉车司机(内燃)(初级工)
技能操作考核样题与分析

职业名称：______________________

考核等级：______________________

存档编号：______________________

考核站名称：______________________

鉴定责任人：______________________

命题责任人：______________________

主管负责人：______________________

中国北车股份有限公司劳动工资部制

职业技能鉴定技能操作考核制件图示或内容

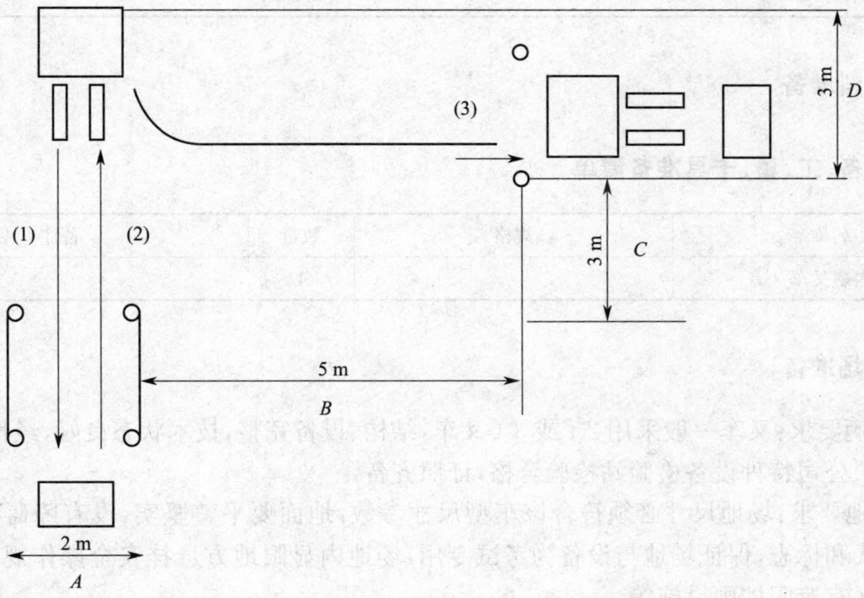

场地尺寸：A=2 000 mm，B=5 000 mm，C=3 000 mm，D=3 000 mm。

行驶路线：叉车从车库由(1)路线至货盘，叉起货盘后由(2)倒车回原位置，通过转弯由(3)路线行驶，放下货盘后，停止。

职业名称	叉车司机(内燃)
考核等级	初级工
试题名称	货物移位
材质等信息：所有板材 5083－H111	

职业技能鉴定技能操作考核准备单

职业名称	叉车司机(内燃)
考核等级	初级工
试题名称	货物移位

一、材料准备

二、设备、工、量、卡具准备清单

名称	规格	数量	备注
内燃叉车		1	

三、考场准备

1. 车辆要求:叉车一般采用2 t或3 t叉车,结构、设备完整,技术状态良好,经长春轨道客车股份有限公司特种设备检验站检验合格,证照齐备。

2. 场地要求:场地尺寸必须符合该车型尺寸参数,地面要平整坚实,没有障碍物,周围设置安全标线和标志,保证场地与设备为考试专用,场地内显眼地方悬挂安全操作规程、考场纪律及候考区有遮阳挡雨设施等。

3. 场地标线要求:用黄色油漆描画,线宽50 mm。

4. 场内标杆要求:标杆高度1 500 mm,间距300 mm,采用考委会指定的标杆,以保证标杆的稳定性和防止标杆被车轮挤压飞出伤人。

5. 货盘尺寸要求:叉板一件,尺寸为长×宽×高(内孔)=1 100 mm×1 100 mm×100 mm,上下面板用10 mm,侧板和中间隔板用15 mm钢板焊接而成。

四、考核内容及要求

1. 考核内容(按考核制件图示及要求制作):

操作要求:

(1)车辆严格按规定路线行驶;

(2)起步要鸣号,起步和转向时都要打转向灯;

(3)行驶中不准碰桩,发动机不得无故熄火;

(4)行驶中和停车后,车辆任何部分都不能出线和压线;

(5)装卸货盘时门架要垂直,拉手刹,挂空挡;

(6)操作要平稳,不得碰撞和推移货盘,叉载时叉齿必须完全进入货盘,卸载时货盘必须放置在画线范围内并且堆叠要整齐;

(7)行驶中货盘离地面200～300 mm,门架要略往后倾,不得边行驶边调整货叉高度和角度;

(8)不得原地打方向盘和长时间半联动行车;

(9)车没停稳不得反向起步;

(10)倒车时必须向后瞭望,确定安全后再倒车;

(11)动作要规范,操作要熟练准确,不得有明显的失误;

(12)整个操作过程要连贯,中途不得无故停顿、反复操作和调整;

(13)行驶中车轮不得频繁左摇右摆或车速过高造成单边车轮离地;

(14)行驶中双手不准同时离开方向盘;

(15)操作完成后,整车必须停在车库内,挂空挡,拉手刹,货叉水平落地,并鸣号示意;

(16)听从指挥,不得有违规违纪行为。

2. 考核时限:不少于60分钟。

3. 考核评分(表)

职业名称	叉车司机(内燃)		考核等级	初级工	
试题名称	货物移位		考核时限	60分钟	
鉴定项目	考核内容	配分	评分标准	扣分说明	得分
出车	履行叉车交接班手续,做记录	4	不查看扣1分		
	启动前叉车车况检查	6	不正确检查车况各系统一次扣1分		
	驾驶姿势	2	不正确一次扣1分		
	驾驶室仪表和操纵装置检查	4	不检查一项扣1分		
	叉车启动	4	不正确启动不得分		
道路行驶	叉车空载直线和曲线行驶	5	未按规定直线或曲线行驶扣3分		
	叉车空载直线加速和减速	5	未按规定直线加减速行驶扣5分		
叉车倒车	叉车直线倒车行驶	5	未直线倒车扣3分		
	叉车曲线倒车行驶	5	未曲线倒车扣3分		
停车、定位	叉车前进停车、定位	5	未正确前进定位扣3分		
	叉车倒车停车、定位	5	未正确倒车定位扣3分		
	入库定位	5	未正确入库定位扣5分		
叉车作业	判断货箱的重量和重心	5	未正确判断扣3分		
	叉车进叉、抽叉动作	5	未正确进叉、抽叉每项扣3分		
	叉车起叉和落叉动作	5	未正确起叉和落叉每项扣3分		
	叉取货箱	5	未叉取货箱扣3分		
	定位卸放货箱	5	未正确定位卸放货箱扣3分		
日常保养	检查燃油、润滑油是否加足	4	未检查一项扣2分		
	检查液压油和冷却液是否加足	4	未检查一项扣2分		
	检查全车油、水有无渗漏现象	2	未检查每项扣1分		
	检查发动机有无异响	5	未进行检查扣3分		
	检查仪表、灯光信号、开关按钮	5	未检查一项扣2分		
质量、安全、工艺纪律、文明生产等综合考核项目	考核时限	不限	每超时5分钟,扣10分		
	工艺纪律	不限	依据企业有关工艺纪律规定执行,每违反一次扣10分		
	劳动保护	不限	依据企业有关劳动保护管理规定执行,每违反一次扣10分		

续上表

鉴定项目	考核内容	配分	评分标准	扣分说明	得分
质量、安全、工艺纪律、文明生产等综合考核项目	文明生产	不限	依据企业有关文明生产管理规定执行,每违反一次扣10分		
	安全生产	不限	依据企业有关安全生产管理规定执行,每违反一次扣10分		

职业技能鉴定技能考核制件(内容)分析

职业名称	叉车司机(内燃)
考核等级	初级工
试题名称	货物移位
职业标准依据	国家职业标准

试题中鉴定项目及鉴定要素的分析与确定

分析事项 \ 鉴定项目分类	基本技能"D"	专业技能"E"	相关技能"F"	合计	数量与占比说明
鉴定项目总数	2	5	4	11	
选取的鉴定项目数量	1	4	1	6	核心技能"E"未满足占比高于2/3的要求,但因鉴定项目涵盖范围较大,60%的占比能满足对技能的鉴定
选取的鉴定项目数量占比	50%	80%	25%	55%	
对应选取鉴定项目所包含的鉴定要素总数	8	20	8	32	
选取的鉴定要素数量	5	12	5	22	
选取的鉴定要素数量占比	63%	60%	63%	62%	

所选取鉴定项目及相应鉴定要素分解与说明

鉴定项目类别	鉴定项目名称	国家职业标准规定比重(%)	《框架》中鉴定要素名称	本命题中具体鉴定要素分解	配分	评分标准	考核难点说明
"D"	出车	20	履行叉车交接班手续,做记录	履行叉车交接班手续,做记录	4	不查看扣1分	
			启动前叉车车况检查	启动前叉车车况检查	6	不正确检查车况各系统一次扣1分	
			驾驶姿势	驾驶姿势	2	不正确一次扣1分	
			驾驶室仪表和操纵装置检查	驾驶室仪表和操纵装置检查	4	不检查一项扣1分	
			叉车启动	叉车启动	4	不正确启动不得分	
"E"	道路行驶	60	叉车空载直线和曲线行驶	叉车空载直线和曲线行驶	5	未按规定直线或曲线行驶扣3分	难点
			叉车空载直线加速和减速	叉车空载直线加速和减速	5	未按规定直线加减速行驶扣5分	
	叉车倒车		叉车直线倒车行驶	叉车直线倒车行驶	5	未直线倒车扣3分	
			叉车曲线倒车行驶	叉车曲线倒车行驶	5	未曲线倒车扣3分	
	停车、定位		叉车前进停车、定位	叉车前进停车、定位	5	未正确前进定位扣3分	
			叉车倒车停车、定位	叉车倒车停车、定位	5	未正确倒车定位扣3分	难点
			入库定位	入库定位	5	未正确入库定位扣5分	难点

续上表

鉴定项目类别	鉴定项目名称	国家职业标准规定比重(%)	《框架》中鉴定要素名称	本命题中具体鉴定要素分解	配分	评分标准	考核难点说明
"E"	叉车作业		判断货箱的重量和重心	判断货箱的重量和重心	5	未正确判断扣3分	
			叉车进叉、抽叉动作	叉车进叉、抽叉动作	5	未正确进叉、抽叉每项扣3分	难点
			叉车起叉和落叉动作	叉车起叉和落叉动作	5	未正确起叉和落叉每项扣3分	
			叉取货箱	叉取货箱	5	未叉取货箱扣3分	
			定位卸放货箱	定位卸放货箱	5	未正确定位卸放货箱扣3分	
"F"	日常保养	20	检查燃油、润滑油是否加足	检查燃油、润滑油是否加足	4	未检查一项扣2分	
			检查液压油和冷却液是否加足	检查液压油和冷却液是否加足	4	未检查一项扣2分	
			检查全车油、水有无渗漏现象	检查全车油、水有无渗漏现象	2	未检查每项扣1分	
			检查发动机有无异响	检查发动机有无异响	5	未进行检查扣3分	
			检查仪表、灯光信号、开关按钮	检查仪表、灯光信号、开关按钮	5	未检查一项扣2分	
质量、安全、工艺纪律、文明生产等综合考核项目				考核时限	不限	每超时5分钟,扣10分	
				工艺纪律	不限	依据企业有关工艺纪律规定执行,每违反一次扣10分	
				劳动保护	不限	依据企业有关劳动保护管理规定执行,每违反一次扣10分	
				文明生产	不限	依据企业有关文明生产管理规定执行,每违反一次扣10分	
				安全生产	不限	依据企业有关安全生产管理规定执行,每违反一次扣10分	

叉车司机(内燃)(中级工)技能操作考核框架

一、框架说明

1. 依据《国家职业标准》注,以及中国北车确定的“岗位个性服从于职业共性”的原则,提出叉车司机(内燃)(中级工)技能操作考核框架(以下简称:技能考核框架)。

2. 本职业等级技能操作考核评分采用百分制。即:满分为 100 分,60 分为及格,低于 60 分为不及格。

3. 实施“技能考核框架”时,考核制件(活动)命题可以选用本企业的加工件(活动项目),也可以结合实际另外组织命题。

4. 实施“技能考核框架”时,考核的时间和场地条件等应依据《国家职业标准》,并结合企业实际确定。

5. 实施“技能考核框架”时,其“职业功能”的分类按以下要求确定:

(1)“道路行驶”、“坡道行驶”、“叉车倒车”、“停车、定位”、“叉车作业”属于本职业等级技能操作的核心职业活动,其“项目代码”为“E”。

(2)“出车”、“应急处理”、“日常保养”、“季节性保养”、“二级保养”、“故障处理”属于本职业等级技能操作的辅助性活动,其“项目代码”分别为“D”和“F”。

6. 实施“技能考核框架”时,其“鉴定项目”和“选考数量”按以下要求确定:

(1)按照《国家职业标准》有关技能操作鉴定比重的要求,本职业等级技能操作考核制件的“鉴定项目”应按“D”+“E”+“F”组合,其考核配分比例相应为:“D”占 20 分,“E”占 50 分,“F”占 30 分。

(2)依据中国北车确定的“核心职业活动选取 2/3,并向上取整”的规定,在“E”类鉴定项目——“道路行驶”、“坡道行驶”、“叉车倒车”、“停车、定位”、“叉车作业”的全部 5 项中,至少选取 4 项。

(3)依据中国北车确定的“其余‘鉴定项目’的数量可以任选”的规定,“D”和“F”类鉴定项目——“出车”、“应急处理”、“日常保养”、“季节性保养”、“一级保养”、“故障处理”中至少分别选取 1 项。

(4)依据中国北车确定的“确定‘选考数量’时,所涉及‘鉴定要素’的数量占比,应不低于对应‘鉴定项目’范围内‘鉴定要素’总数的 60%,并向上取整”的规定,考核制件(活动)的鉴定要素“选考数量”应按以下要求确定:

①在“D”类“鉴定项目”中,在已选定的 1 个或全部鉴定项目中,至少选取已选鉴定项目所对应的全部鉴定要素的 60%项,并向上保留整数。

②在“E”类“鉴定项目”中,在已选的 4 个鉴定项目所包含的全部鉴定要素中,至少选取总数的 60%项,并向上保留整数。

③在“F”类“鉴定项目”中,对应“日常保养”的 7 个鉴定要素,至少选取 5 项。

举例分析:

按照上述“第6条”要求，若命题时按最少数量选取，即：在“D”类鉴定项目中的选取了“出车”1项，在“E”类鉴定项目中选取了“道路行驶”、“叉车倒车”、“停车、定位”、“叉车作业”4项，在“F”类鉴定项目中分别选取了“季节性保养”、“日常保养”2项，则：

此考核制件所涉及的“鉴定项目”总数为7项，具体包括：“出车”，“道路行驶”、“叉车倒车”、“停车、定位”、“叉车作业”、“季节性保养”、“日常保养”。

此考核制件所涉及的鉴定要素“选考数量”相应为26项，具体包括：“出车”鉴定项目包含的全部8个鉴定要素中的5项，“道路行驶”、“叉车倒车”、“停车、定位”、“叉车作业”4个鉴定项目包括的全部20个鉴定要素中的12项，“日常保养”鉴定项目包含的全部10个鉴定要素中的6项，“季节性保养”鉴定项目包含的全部5个鉴定要素中的3项。

7. 本职业等级技能操作需要两人及以上共同作业的，可由鉴定组织机构根据“必要、辅助”的原则，结合实际情况确定协助人员的数量。在整个操作过程中，协助人员只能起必要、简单的辅助作用。否则，每违反一次，至少扣减应考者的技能考核总成绩10分，直至取消其考试资格。

8. 实施“技能考核框架”时，应同时对应考者在质量、安全、工艺纪律、文明生产等方面行为进行考核。对于在技能操作考核过程中出现的违章作业现象，每违反一项(次)至少扣减技能考核总成绩10分，直至取消其考试资格。

注：按照中国北车规定，各《职业技能操作考核框架》的编制依据现行的《国家职业标准》或现行的《行业职业标准》或现行的《中国北车职业标准》的顺序执行。

二、内燃叉车司机(中级工)技能操作鉴定要素细目表

职业功能	鉴定项目				鉴定要素		
	项目代码	名称	鉴定比重(%)	选考方式	要素代码	名称	重要程度
出车前的检测和应急	D	出车	20	任选	001	履行叉车交接班手续，做记录	Y
					002	随车工具检查	Y
					003	启动前叉车车况检查	X
					004	驾驶姿势	X
					005	驾驶室仪表和操纵装置检查	X
					006	叉车启动	X
					007	叉车试车检查	X
					008	叉车起步	X
		应急处理			001	灭火器的检查	Y
					002	灭火器的使用方法	X
					003	安设和撤除防护信号装置	X
					004	危险品进行安全防护	X
					005	硫酸泄漏的应急处理	Y
					006	突发事件处理和组织施救	X

续上表

职业功能	鉴定项目				鉴定要素		
	项目代码	名称	鉴定比重(%)	选考方式	要素代码	名称	重要程度
叉车驾驶基本技能	E	道路行驶	50	至少选择4项	001	叉车空载直线和曲线行驶	X
					002	叉车空载进出厂房大门等限宽门	X
					003	叉车空载直线加速和减速	X
					004	规定时间内完成直线、曲线行驶	X
		坡道行驶			001	叉车空载上坡道	X
					002	叉车空载下坡道	X
		叉车倒车			001	叉车直线倒车行驶	X
					002	叉车曲线倒车行驶	X
		停车、定位			001	叉车前进停车、定位	X
					002	叉车倒车停车、定位	X
					003	入库定位	X
					004	叉车路边定位停车	X
		叉车作业			001	判断货箱的重量和重心	Y
					002	判断长大件的重量和重心	Y
					003	判断异型件的重心	Y
					004	长大、笨重货物的装卸搬运及堆码	X
					005	根据货物选择属具和托盘	Y
					006	叉车进叉、抽叉动作	X
					007	叉车起叉和落叉动作	X
					008	叉取货箱	X
					009	雨雪恶劣天气装卸作业	X
					010	定位卸放货箱	X
叉车保养和故障应急处理	F	日常保养	30	任选	001	叉车全面擦拭、清洁处理	Y
					002	检查燃油、润滑油液压油、冷却液是否加足	X
					003	检查全车油、水有无渗漏现象	X
					004	检查发动机有无异响	X
					005	检查转向、制动、轮胎	X
					006	检查起升机构、叉架的技术状况	X
					007	检查仪表、灯光信号、开关按钮	X
					008	检查随车工具	Y
					009	工作中的检查	X
					010	回库后的保养项目	X
		季节性保养			001	清洗燃油箱，检查防冻液状况	X
					002	更换润滑油、燃油、液压油	X

续上表

职业功能	鉴定项目				鉴定要素		
	项目代码	名称	鉴定比重(%)	选考方式	要素代码	名称	重要程度
叉车保养和故障应急处理	F	季节性保养			003	清洁蓄电池,进行充电	X
					004	检查放水开关的完好情况	X
					005	检查发动机冷启动装置	X
		一级保养			001	清洁空气、机油、汽油滤清器	X
					002	更换机油滤芯	Y
					003	检查润滑油液面,清洁通气塞孔	Y
					004	检查、调整气门间隙	X
					005	清洗、检查、调整汽油泵	Y
					006	清洗冷却系统,检查水泵和节温器	Y
					007	检查调整离合器踏板、制动踏板自由行程	X
					008	调整门架导轮、叉架导轮、链条	X
					009	更换液压系统管接头密封件、磨损碳刷、失效弹簧	Y
					010	检查制动装置	X
		故障处理			001	处理一般的油路系统、液压系统、冷却系统跑冒滴漏	Y
					002	处理连接松动、脱落等机械故障	X
					003	更换熔断器、照明灯泡	X
					004	常见液压系统故障查找判断排除	X
					005	使用电工、钳工常用工具	X
					006	灯光不亮、喇叭不响	X
					007	机械配合不良、发热、噪声	X
					008	无电、线圈不吸、烧坏保险	Y
					009	处理导线接头松动、线接头脱落等电气故障	X

叉车司机(内燃)(中级工)
技能操作考核样题与分析

职 业 名 称：________________

考 核 等 级：________________

存 档 编 号：________________

考核站名称：________________

鉴定责任人：________________

命题责任人：________________

主管负责人：________________

中国北车股份有限公司劳动工资部制

职业技能鉴定技能操作考核制件图示或内容

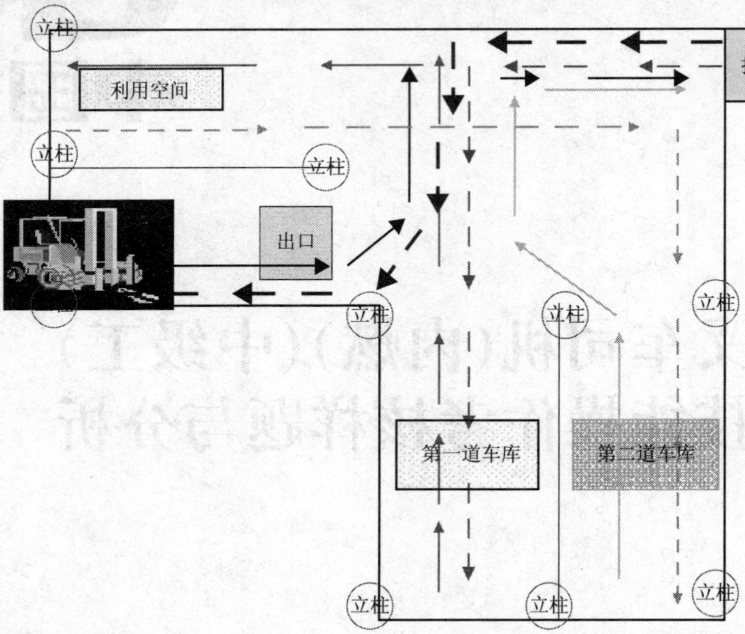

1.出库为:
2.第一道倒库为:
3.第一道出库为:
4.第二道倒库为:
5.第二道出库为:
6.倒回到出库为:

场地尺寸:以上三个车库的面积,宽 1 330 mm,长 5 000 mm;场地实操总面积为长 14 100 mm,宽 12 000 mm。

行驶路线:从叉车出库扣缓慢向前转一个"S"形的弯去叉前面的托盘,再往后倒回第一道车库,然后缓慢行驶到利用空间,再从利用空间倒回第二道车库位,然后从第二道出库缓慢向前转一个"S"把托盘放回原来的位置,返回到原来的出库。

职业名称	叉车司机(内燃)
考核等级	中级工
试题名称	场内直角行驶考核
材质等信息:所有板材 5083－H111	

职业技能鉴定技能操作考核准备单

职业名称	叉车司机(内燃)
考核等级	中级工
试题名称	场内直角行驶考核

一、材料准备

二、设备、工、量、卡具准备清单

名称	规格	数量	备注
内燃叉车		1	

三、考场准备

1. 车辆要求:叉车一般采用 2 t 或 3 t 叉车,结构、设备完整,技术状态良好,经长春轨道客车股份有限公司特种设备检验站检验合格,证照齐备。

2. 场地要求:场地尺寸必须符合该车型尺寸参数,地面要平整坚实,没有障碍物,周围设置安全标线和标志,保证场地与设备为考试专用,场地内显眼地方悬挂安全操作规程、考场纪律及候考区有遮阳挡雨设施等。

3. 场地标线要求:用黄色油漆描画,线宽 50 mm。

4. 场内标杆要求:桩头高度 15 cm,杆孔直径 40 mm,采用考委会指定的扇形铸铁桩头,以保证标杆的稳定性和防止桩头被车轮挤压飞出伤人。标杆高度 1 500 mm,采用红白相间,间距 300 mm。

5. 货盘尺寸要求:叉板共两件,每件尺寸为长×宽×高(内孔)=1 100 mm×1 100 mm×100 mm,上下面板用 10 mm,侧板和中间隔板用 15 mm 钢板焊接而成。

四、考核内容及要求

1. 考核内容(按考核制件图示及要求制作):

操作要求:

(1)车辆严格按规定路线行驶;

(2)起步要鸣号,起步和转向时都要打转向灯;

(3)行驶中不准碰桩,发动机不得无故熄火;

(4)行驶中和停车后,车辆任何部分都不能出线和压线;

(5)装卸货盘时门架要垂直,拉手刹,挂空挡;

(6)操作要平稳,不得碰撞和推移货盘,叉载时叉齿必须完全进入货盘,卸载时货盘必须放置在画线范围内并且堆叠要整齐;

(7)行驶中货盘离地面 200～300 mm,门架要略往后倾,不得边行驶边调整货叉高度和角度;

(8)不得原地打方向盘和长时间半联动行车;

(9)车没停稳不得反向起步；

(10)倒车时必须向后瞭望,确定安全后再倒车；

(11)动作要规范,操作要熟练准确,不得有明显的失误；

(12)整个操作过程要连贯,中途不得无故停顿、反复操作和调整；

(13)行驶中车轮不得频繁左摇右摆或车速过高造成单边车轮离地；

(14)行驶中双手不准同时离开方向盘；

(15)操作完成后,整车必须停在车库内,挂空挡,拉手刹,货叉水平落地,并鸣号示意；

(16)听从指挥,不得有违规违纪行为。

2. 考核时限:不少于60分钟。

3. 考核评分(表)

职业名称	叉车司机(内燃)		考核等级	中级工	
试题名称	场内直角行驶考核		考核时限	60分钟	
鉴定项目	考核内容	配分	评分标准	扣分说明	得分
出车	履行叉车交接班手续,做记录	4	不查看扣1分		
	启动前叉车车况检查	4	不正确检查车况各系统一次扣1分		
	驾驶姿势	4	不正确一次扣1分		
	驾驶室仪表和操纵装置检查	4	不检查一项扣1分		
	叉车启动	4	不正确启动不得分		
道路行驶	叉车空载直线和曲线行驶	4	未按规定直线或曲线行驶扣2分		
	叉车空载直线加速和减速	4	未按规定直线加减速行驶扣2分		
叉车倒车	叉车直线倒车行驶	4	未直线倒车扣2分		
	叉车曲线倒车行驶	4	未曲线倒车扣2分		
停车、定位	叉车前进停车、定位	4	未正确前进定位扣2分		
	叉车倒车停车、定位	4	未正确倒车定位扣3分		
	入库定位	5	未正确入库定位扣3分		
叉车作业	判断货箱的重量和重心	4	未正确判断扣2分		
	叉车进叉、抽叉动作	5	未正确进叉、抽叉每项扣2分		
	叉车起叉和落叉动作	4	未正确起叉和落叉每项扣2分		
	叉取货箱	4	未叉取货箱扣2分		
	定位卸放货箱	4	未定位卸放货箱扣2分		
季节性保养	检查放水开关的完好情况	2	未进行检查扣1分		
	更换润滑油、燃油、液压油	2	不能更换每项扣1分		
	检查发动机冷启动装置	4	未进行检查扣2分		
日常保养	检查燃油、润滑油液压油、冷却液是否加足	4	未进行检查扣2分		
	检查全车油、水有无渗漏现象	2	未检查每项扣1分		
	检查发动机有无异响	4	未进行检查扣2分		

续上表

鉴定项目	考核内容	配分	评分标准	扣分说明	得分
日常保养	检查转向、制动、轮胎	4	未检查每项扣2分		
	检查起升机构、叉架的技术状况	2	少检查一项扣1分		
	检查仪表、灯光信号、开关按钮	2	少检查一项每次扣1分		
质量、安全、工艺纪律、文明生产等综合考核项目	考核时限	不限	每超时5分钟,扣10分		
	工艺纪律	不限	依据企业有关工艺纪律规定执行,每违反一次扣10分		
	劳动保护	不限	依据企业有关劳动保护管理规定执行,每违反一次扣10分		
	文明生产	不限	依据企业有关文明生产管理规定执行,每违反一次扣10分		
	安全生产	不限	依据企业有关安全生产管理规定执行,每违反一次扣10分		

职业技能鉴定技能考核制件(内容)分析

职业名称	叉车司机(内燃)
考核等级	中级工
试题名称	场内直角行驶考核
职业标准依据	国家职业标准

试题中鉴定项目及鉴定要素的分析与确定

分析事项 \ 鉴定项目分类	基本技能“D”	专业技能“E”	相关技能“F”	合计	数量与占比说明
鉴定项目总数	2	5	4	11	专业技能满足2/3,鉴定要素满足60%的要求
选取的鉴定项目数量	1	4	2	7	
选取的鉴定项目数量占比	50%	80%	50%	60%	
对应选取鉴定项目所包含的鉴定要素总数	8	20	15	43	
选取的鉴定要素数量	5	12	9	26	
选取的鉴定要素数量占比	63%	60%	60%	61%	

所选取鉴定项目及相应鉴定要素分解与说明

鉴定项目类别	鉴定项目名称	国家职业标准规定比重(%)	《框架》中鉴定要素名称	本命题中具体鉴定要素分解	配分	评分标准	考核难点说明
“D”	出车	20	履行叉车交接班手续,做记录	履行叉车交接班手续,做记录	4	不查看扣1分	
			启动前叉车车况检查	启动前叉车车况检查	4	不正确检查车况各系统一次扣1分	
			驾驶姿势	驾驶姿势	4	不正确一次扣1分	
			驾驶室仪表和操纵装置检查	驾驶室仪表和操纵装置检查	4	不检查一项扣1分	
			叉车启动	叉车启动	4	不正确启动不得分	
“E”	道路行驶	50	叉车空载直线和曲线行驶	叉车空载直线和曲线行驶	4	未按规定直线或曲线行驶扣2分	
			叉车空载直线加速和减速	叉车空载直线加速和减速	4	未按规定直线加减速行驶扣2分	
	叉车倒车		叉车直线倒车行驶	叉车直线倒车行驶	4	未直线倒车扣2分	
			叉车曲线倒车行驶	叉车曲线倒车行驶	4	未曲线倒车扣2分	
	停车、定位		叉车前进停车、定位	叉车前进停车、定位	4	未正确前进定位扣2分	
			叉车倒车停车、定位	叉车倒车停车、定位	4	未正确倒车定位扣3分	
			入库定位	入库定位	5	未正确入库定位扣3分	难点
	叉车作业		判断货箱的重量和重心	判断货箱的重量和重心	4	未正确判断扣2分	
			叉车进叉、抽叉动作	叉车进叉、抽叉动作	5	未正确进叉、抽叉每项扣2分	难点

续上表

鉴定项目类别	鉴定项目名称	国家职业标准规定比重(%)	《框架》中鉴定要素名称	本命题中具体鉴定要素分解	配分	评分标准	考核难点说明
“E”	叉车作业		叉车起叉和落叉动作	叉车起叉和落叉动作	4	未正确起叉和落叉每项扣2分	
			叉取货箱	叉取货箱	4	未叉取货箱扣2分	
			定位卸放货箱	定位卸放货箱	4	未定位卸放货箱扣2分	
“F”	季节性保养	30	检查放水开关的完好情况	检查放水开关的完好情况	2	未进行检查扣1分	
			更换润滑油、燃油、液压油	更换润滑油、燃油、液压油	2	不能更换每项扣1分	
			检查发动机冷启动装置	检查发动机冷启动装置	4	未进行检查扣2分	
	日常保养		检查燃油、润滑油液压油、冷却液是否加足	检查燃油、润滑油液压油、冷却液是否加足	4	未进行检查扣2分	
			检查全车油、水有无渗漏现象	检查全车油、水有无渗漏现象	2	未检查每项扣1分	
			检查发动机有无异响	检查发动机有无异响	4	未进行检查扣2分	
			检查转向、制动、轮胎	检查转向、制动、轮胎	4	未检查每项扣2分	
			检查起升机构、叉架的技术状况	检查起升机构、叉架的技术状况	2	少检查一项扣1分	
			检查仪表、灯光信号、开关按钮	检查仪表、灯光信号、开关按钮	2	少检查一项每次扣1分	
质量、安全、工艺纪律、文明生产等综合考核项目				考核时限	不限	每超时5分钟,扣10分	考核时限
				工艺纪律	不限	依据企业有关工艺纪律规定执行,每违反一次扣10分	工艺纪律
				劳动保护	不限	依据企业有关劳动保护管理规定执行,每违反一次扣10分	劳动保护
				文明生产	不限	依据企业有关文明生产管理规定执行,每违反一次扣10分	文明生产
				安全生产	不限	依据企业有关安全生产管理规定执行,每违反一次扣10分	安全生产

叉车司机(内燃)(高级工)技能操作考核框架

一、框架说明

1. 依据《国家职业标准》[注]，以及中国北车确定的“岗位个性服从于职业共性”的原则，提出叉车司机(内燃)(高级工)技能操作考核框架(以下简称：技能考核框架)。

2. 本职业等级技能操作考核评分采用百分制。即：满分为100分，60分为及格，低于60分为不及格。

3. 实施“技能考核框架”时，考核制件(活动)命题可以选用本企业的加工件(活动项目)，也可以结合实际另外组织命题。

4. 实施“技能考核框架”时，考核的时间和场地条件等应依据《国家职业标准》，并结合企业实际确定。

5. 实施“技能考核框架”时，其“职业功能”的分类按以下要求确定：

(1)“道路行驶”、“坡道行驶”、“叉车倒车”、“停车、定位”、“叉车作业”属于本职业等级技能操作的核心职业活动，其“项目代码”为“E”。

(2)“出车”、“应急处理”、“日常保养”、“季节性保养”、“二级保养”、“故障处理”属于本职业等级技能操作的辅助性活动，其“项目代码”分别为“D”和“F”。

6. 实施“技能考核框架”时，其“鉴定项目”和“选考数量”按以下要求确定：

(1)按照《国家职业标准》有关技能操作鉴定比重的要求，本职业等级技能操作考核制件的“鉴定项目”应按“D”+“E”+“F”组合，其考核配分比例相应为：“D”占20分，“E”占40分，“F”占40分(其中：季节性保养15分，故障处理25分)。

(2)依据中国北车确定的“核心职业活动选取2/3，并向上取整”的规定，在“E”类鉴定项目——“道路行驶”、“坡道行驶”、“叉车倒车”、“停车、定位”、“叉车作业”的全部5项中，至少选取4项。

(3)依据中国北车确定的“其余‘鉴定项目’的数量可以任选”的规定，“D”和“F”类鉴定项目——“出车”、“应急处理”、“日常保养”、“季节性保养”、“二级保养”、“故障处理”中至少分别选取1项。

(4)依据中国北车确定的“确定‘选考数量’时，所涉及‘鉴定要素’的数量占比，应不低于对应‘鉴定项目’范围内‘鉴定要素’总数的60%，并向上取整”的规定，考核制件(活动)的鉴定要素“选考数量”应按以下要求确定：

①在“D”类“鉴定项目”中，在已选定的1个或全部鉴定项目中，至少选取已选鉴定项目所对应的全部鉴定要素的60%项，并向上保留整数。

②在“E”类“鉴定项目”中，在已选的5个鉴定项目所包含的全部鉴定要素中，至少选取总数的60%项，并向上保留整数。

③在“F”类“鉴定项目”中，对应“季节性保养”，在已选定的1个或全部鉴定项目中，至少

选取已选鉴定项目所对应的全部鉴定要素的60%项,并向上保留整数。

举例分析:

按照上述"第6条"要求,若命题时按最少数量选取,即:在"D"类鉴定项目中的选取了"出车"1项,在"E"类鉴定项目中选取了"道路行驶"、"叉车倒车"、"停车、定位"、"叉车作业"4项,在"F"类鉴定项目中分别选取了"季节性保养"1项,则:

此考核制件所涉及的"鉴定项目"总数为6项,具体包括:"出车","道路行驶"、"叉车倒车"、"停车、定位"、"叉车作业","季节性保养"。

此考核制件所涉及的鉴定要素"选考数量"相应为20项,具体包括:"出车"鉴定项目包含的全部8个鉴定要素中的5项,"道路行驶"、"叉车倒车"、"停车、定位"、"叉车作业"4个鉴定项目包括的全部20个鉴定要素中的12项,"季节性保养"鉴定项目包含的全部4个鉴定要素中的3项。

7. 本职业等级技能操作需要两人及以上共同作业的,可由鉴定组织机构根据"必要、辅助"的原则,结合实际情况确定协助人员的数量。在整个操作过程中,协助人员只能起必要、简单的辅助作用。否则,每违反一次,至少扣减应考者的技能考核总成绩10分,直至取消其考试资格。

8. 实施"技能考核框架"时,应同时对应考者在质量、安全、工艺纪律、文明生产等方面行为进行考核。对于在技能操作考核过程中出现的违章作业现象,每违反一项(次)至少扣减技能考核总成绩10分,直至取消其考试资格。

注:按照中国北车规定,各《职业技能操作考核框架》的编制依据现行的《国家职业标准》或现行的《行业职业标准》或现行的《中国北车职业标准》的顺序执行。

二、叉车司机(内燃)(高级工)技能操作鉴定要素细目表

职业功能	鉴定项目				鉴定要素		
	项目代码	名称	鉴定比重(%)	选考方式	要素代码	名称	重要程度
出车前的检测和准备	D	出车	20	任选	001	履行叉车交接班手续,做记录	Y
					002	随车工具检查	Y
					003	启动前叉车车况检查	X
					004	驾驶姿势	X
					005	驾驶室仪表和操纵装置检查	X
					006	叉车启动	X
					007	叉车试车检查	X
					008	叉车起步	X
		应急处理			001	灭火器的检查和使用方法	Y
					002	安设和撤除防护信号装置	X
					003	危险品进行安全防护	X
					004	硫酸泄漏的应急处理	Y
					005	柴油机"飞车"故障紧急处理	X
					006	突发事件处理和组织施救	X

续上表

职业功能	鉴定项目				鉴定要素		
	项目代码	名称	鉴定比重(%)	选考方式	要素代码	名　称	重要程度
叉车驾驶基本技能	E	道路行驶	40	至少选择4项	001	叉车空载直线和曲线行驶	X
					002	叉车空载进出厂房大门等限宽门	X
					003	叉车空载直线加速和减速	X
					004	规定时间内完成直线、曲线行驶	X
		坡道行驶			001	叉车空载上坡道	X
					002	叉车空载下坡道	X
		叉车倒车			001	叉车直线倒车行驶	X
					002	叉车曲线倒车行驶	X
		停车、定位			001	叉车前进停车、定位	X
					002	叉车倒车停车、定位	X
					003	入库定位	X
					004	叉车路边定位停车	X
		叉车作业			001	判断货箱的重量和重心	Y
					002	判断长大件的重量和重心	Y
					003	判断异型件的重心	Y
					004	长大、笨重货物的装卸搬运及堆码	X
					005	根据货物选择属具和托盘	Y
					006	叉车进叉、抽叉动作	X
					007	叉车起叉和落叉动作	X
					008	叉取货箱	X
					009	雨雪恶劣天气装卸作业	X
					010	定位卸放货箱	X
叉车保养和故障应急处理	F	日常保养	40	任选	001	叉车全面擦拭、清洁处理	Y
					002	检查燃油、润滑油液压油、冷却液是否加足	X
					003	检查全车油、水有无渗漏现象	X
					004	检查发动机有无异响	X
					005	检查转向、制动、轮胎	X
					006	检查起升机构、叉架的技术状况	X
					007	检查仪表、灯光信号、开关按钮	X
		季节性保养			001	清洗燃油箱，检查防冻液状况	X
					002	更换润滑油、燃油、液压油	X
					003	清洁蓄电池，进行充电	X
					004	检查放水开关的完好情况	X

续上表

职业功能	鉴定项目				鉴定要素		
	项目代码	名称	鉴定比重(%)	选考方式	要素代码	名　称	重要程度
叉车保养和故障应急处理	F	二级保养			001	清洁空气、机油、汽油滤清器	X
					002	更换机油滤芯、磨损碳刷和失效弹簧	Y
					003	检查润滑油液面，清洁通气塞孔	Y
					004	检查、调整气门间隙和汽油泵	X
					005	清洗冷却系统，检查水泵和节温器	Y
					006	检查调整离合器踏板和整制动踏板自由行程	X
					007	调整门架导轮、叉架导轮、链条	X
					008	清洗发动机润滑系统，更换润滑油	X
					009	测量气缸压力，检查气缸磨损情况	X
					010	检查曲轴、凸轮轴轴向间隙	X
					011	检查液压系统和制动装置	X
					012	检查驾驶座椅和护顶架的状况	Y
		故障处理			001	清洁空气、机油、汽油滤清器	X
					002	处理连接松动、脱落等机械故障	X
					003	更换熔断器、照明灯泡	X
					004	常见液压系统故障查找判断排除	X
					005	灯光不亮、喇叭不响	X
					006	机械配合不良、发热、噪声	X
					007	无电、线圈不吸、烧坏保险	Y
					008	处理导线接头脱落等电气故障	X

叉车司机(内燃)(高级工)
技能操作考核样题与分析

职业名称：____________________
考核等级：____________________
存档编号：____________________
考核站名称：____________________
鉴定责任人：____________________
命题责任人：____________________
主管负责人：____________________

中国北车股份有限公司劳动工资部制

职业技能鉴定技能操作考核制件图示或内容

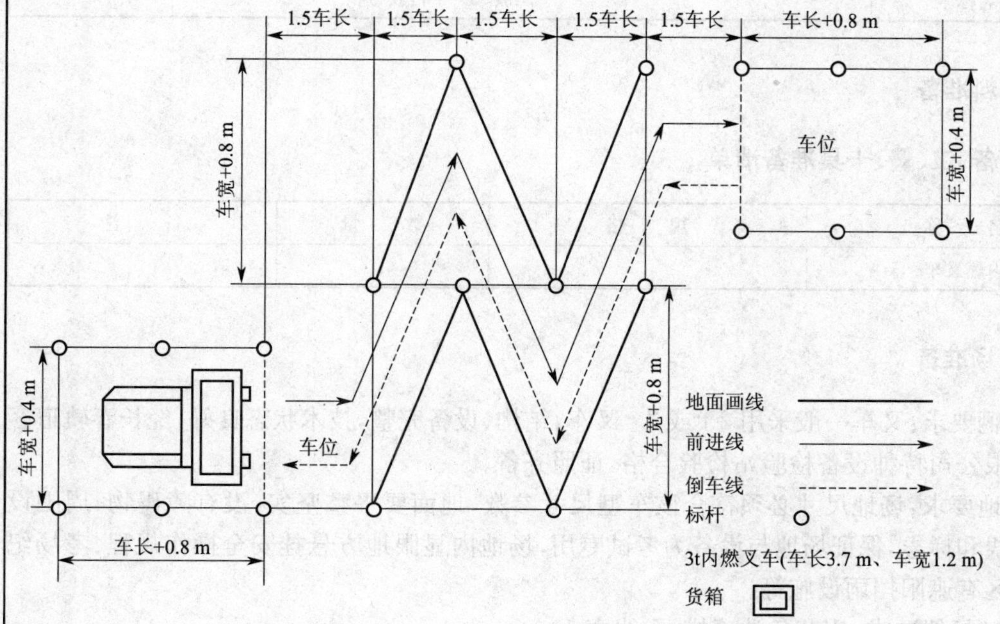

场地尺寸按示意图布置，车长 3.7 m、车宽 1.2 m，货箱一个(长 0.9 m，宽 0.8 m，高 0.6 m)，毛重 300 kg，按照场地路线示意图完成叉车驾驶操作。叉取货物，负载起步，曲线行驶，倒车定位和负载停车。

职业名称	叉车司机(内燃)
考核等级	高级工
试题名称	叉载"工"字行驶考核
材质等信息：所有板材 5083－H111	

职业技能鉴定技能操作考核准备单

职业名称	叉车司机(内燃)
考核等级	高级工
试题名称	叉载"工"字行驶考核

一、材料准备

二、设备、工、量、卡具准备清单

名　称	规　格	数　量	备　注
内燃叉车		1	

三、考场准备

1. 车辆要求：叉车一般采用2 t或3 t叉车，结构、设备完整，技术状态良好，经长春轨道客车股份有限公司特种设备检验站检验合格，证照齐备。

2. 场地要求：场地尺寸必须符合该车型尺寸参数，地面要平整坚实，没有障碍物，周围设置安全标线和标志，保证场地与设备为考试专用，场地内显眼地方悬挂安全操作规程、考场纪律及候考区有遮阳挡雨设施等。

3. 场地标线要求：用黄色油漆描画，线宽50 mm。

4. 场内标杆要求：标杆高度1 500 mm，间距300 mm，采用考委会指定的标杆，以保证标杆的稳定性和防止标杆被车轮挤压飞出伤人。

四、考核内容及要求

1. 考核内容(按考核制件图示及要求制作)：

操作要求：

(1)车辆严格按规定路线行驶；

(2)起步要鸣号，起步和转向时都要打转向灯；

(3)行驶中不准碰桩，发动机不得无故熄火；

(4)行驶中和停车后，车辆任何部分都不能出线和压线；

(5)装卸货盘时门架要垂直，拉手刹，挂空挡；

(6)操作要平稳，不得碰撞和推移货盘，叉载时叉齿必须完全进入货盘，卸载时货盘必须放置在画线范围内并且堆叠要整齐；

(7)行驶中货盘离地面200～300 mm，门架要略往后倾，不得边行驶边调整货叉高度和角度；

(8)不得原地打方向盘和长时间半联动行车；

(9)车没停稳不得反向起步；

(10)倒车时必须向后瞭望，确定安全后再倒车；

(11)动作要规范，操作要熟练准确，不得有明显的失误；

(12)整个操作过程要连贯，中途不得无故停顿、反复操作和调整；

(13)行驶中车轮不得频繁左摇右摆或车速过高造成单边车轮离地；

(14)行驶中双手不准同时离开方向盘；

(15)操作完成后，整车必须停在车库内，挂空挡，拉手刹，货叉水平落地，并鸣号示意；

(16)听从指挥，不得有违规违纪行为。

2. 考核时限：不少于60分钟。

3. 考核评分(表)

职业名称	叉车司机(内燃)		考核等级	高级工	
试题名称	叉载"工"字行驶考核		考核时限	60分钟	
鉴定项目	考核内容	配分	评分标准	扣分说明	得分
出车	履行叉车交接班手续，做记录	4	不查看扣2分		
	启动前叉车车况检查	5	不正确检查车况各系统一次扣3分		
	驾驶姿势	2	不正确一次扣1分		
	驾驶室仪表和操纵装置检查	5	不检查一项扣3分		
	叉车启动	4	不正确启动不得分		
道路行驶	叉车空载直线和曲线行驶	3	未按规定直线或曲线行驶扣1分		
	叉车空载直线加速和减速	4	未按规定直线加减速行驶扣2分		
叉车倒车	叉车直线倒车行驶	3	未直线倒车扣1分		
	叉车曲线倒车行驶	3	未曲线倒车扣1分		
停车、定位	叉车前进停车、定位	3	未正确前进定位扣1分		
	叉车倒车停车、定位	3	未正确倒车定位扣1分		
	入库定位	4	未正确入库定位扣2分		
叉车作业	判断货箱的重量和重心	3	未正确判断扣1分		
	叉车进叉、抽叉动作	4	未正确进叉、抽叉每项扣1分		
	叉车起叉和落叉动作	3	未正确起叉和落叉每项扣1分		
	叉取货箱	3	未叉取货箱扣1分		
	定位卸放货箱	4	未定位卸放货箱扣2分		
叉车保养和故障应急处理	调整起升链条的松紧度	15	未进行检查扣10分		
	检查润滑油、液压油	15	未检查一项扣5分		
	检查电气线路各接点接触情况	10	未进行检查扣5分		
质量、安全、工艺纪律、文明生产等综合考核项目	考核时限	不限	每超时5分钟，扣10分		
	工艺纪律	不限	依据企业有关工艺纪律规定执行，每违反一次扣10分		
	劳动保护	不限	依据企业有关劳动保护管理规定执行，每违反一次扣10分		
	文明生产	不限	依据企业有关文明生产管理规定执行，每违反一次扣10分		
	安全生产	不限	依据企业有关安全生产管理规定执行，每违反一次扣10分		

职业技能鉴定技能考核制件(内容)分析

职业名称	叉车司机(内燃)
考核等级	高级工
试题名称	叉载"工"字行驶考核
职业标准依据	国家职业标准

试题中鉴定项目及鉴定要素的分析与确定

分析事项 \ 鉴定项目分类	基本技能"D"	专业技能"E"	相关技能"F"	合计	数量与占比说明
鉴定项目总数	2	5	4	11	专业技能满足2/3,鉴定要素满足60%的要求
选取的鉴定项目数量	1	4	1	6	
选取的鉴定项目数量占比	50%	80%	25%	55%	
对应选取鉴定项目所包含的鉴定要素总数	8	20	4	32	
选取的鉴定要素数量	5	12	3	20	
选取的鉴定要素数量占比	63%	60%	75%	66%	

所选取鉴定项目及相应鉴定要素分解与说明

鉴定项目类别	鉴定项目名称	国家职业标准规定比重(%)	《框架》中鉴定要素名称	本命题中具体鉴定要素分解	配分	评分标准	考核难点说明
"D"	出车	20	履行叉车交接班手续,做记录	履行叉车交接班手续,做记录	4	不查看扣2分	
			启动前叉车车况检查	启动前叉车车况检查	5	不正确检查车况各系统一次扣3分	
			驾驶姿势	驾驶姿势	2	不正确一次扣1分	
			驾驶室仪表和操纵装置检查	驾驶室仪表和操纵装置检查	5	不检查一项扣3分	
			叉车启动	叉车启动	4	不正确启动不得分	
"E"	道路行驶	40	叉车空载直线和曲线行驶	叉车空载直线和曲线行驶	3	未按规定直线或曲线行驶扣1分	难点
			叉车空载直线加速和减速	叉车空载直线加速和减速	4	未按规定直线加减速行驶扣2分	
	叉车倒车		叉车直线倒车行驶	叉车直线倒车行驶	3	未直线倒车扣1分	
			叉车曲线倒车行驶	叉车曲线倒车行驶	3	未曲线倒车扣1分	
	停车、定位		叉车前进停车、定位	叉车前进停车、定位	3	未正确前进定位扣1分	
			叉车倒车停车、定位	叉车倒车停车、定位	3	未正确倒车定位扣1分	难点
			入库定位	入库定位	4	未正确入库定位扣2分	难点

续上表

鉴定项目类别	鉴定项目名称	国家职业标准规定比重(%)	《框架》中鉴定要素名称	本命题中具体鉴定要素分解	配分	评分标准	考核难点说明
"E"	叉车作业		判断货箱的重量和重心	判断货箱的重量和重心	3	未正确判断扣1分	
			叉车进叉、抽叉动作	叉车进叉、抽叉动作	4	未正确进叉、抽叉每项扣1分	难点
			叉车起叉和落叉动作	叉车起叉和落叉动作	3	未正确起叉和落叉每项扣1分	
			叉取货箱	叉取货箱	3	未叉取货箱扣1分	
			定位卸放货箱	定位卸放货箱	4	未定位卸放货箱扣2分	
"F"	叉车保养和故障应急处理	40	季节性保养	调整起升链条的松紧度	15	未进行检查扣10分	
				检查润滑油、液压油	15	未检查一项扣5分	
				检查电气线路各接点接触情况	10	未进行检查扣5分	
质量、安全、工艺纪律、文明生产等综合考核项目				考核时限	不限	每超时5分钟，扣10分	考核时限
				工艺纪律	不限	依据企业有关工艺纪律规定执行，每违反一次扣10分	工艺纪律
				劳动保护	不限	依据企业有关劳动保护管理规定执行，每违反一次扣10分	劳动保护
				文明生产	不限	依据企业有关文明生产管理规定执行，每违反一次扣10分	文明生产
				安全生产	不限	依据企业有关安全生产管理规定执行，每违反一次扣10分	安全生产